गांधी और नेहरू

भारतीय सर्वधर्मसमभावी राष्ट्रवाद की साझी विरासत

गांधी और नेहरू

भारतीय सर्वधर्मसमभावी राष्ट्रवाद की साझी विरासत

प्रो. दीपक मलिक

राजकमल प्रकाशन

ISBN : 978-81-267-2427-7

मूल्य : ₹400

पहला संस्करण : 2013
दूसरा संस्करण : 2019

प्रकाशक : राजकमल प्रकाशन प्रा. लि.
1-बी, नेताजी सुभाष मार्ग, दरियागंज
नई दिल्ली-110 002

शाखाएँ : अशोक राजपथ, साइंस कॉलेज के सामने, पटना-800 006
पहली मंजिल, दरबारी बिल्डिंग, महात्मा गांधी मार्ग, इलाहाबाद-211 001
36 ए, शेक्सपियर सरणी, कोलकाता-700 017

वेबसाइट : www.rajkamalprakashan.com
ई-मेल : info@rajkamalprakashan.com

मुद्रक : बी.के. ऑफ़सेट
नवीन शाहदरा, दिल्ली-110 032

GANDHI AUR NEHRU
Bhartiya Sarvdharmsambhavi Rashtravaad ki Sajhi Virasat
by Prof. Deepak Malik

दो शब्द

गांधी–नेहरू साझा आधुनिक भारत के निर्माण की नींव रखते हैं। दोनों की दृष्टियों में भिन्नता अन्तिम दौर में एक आम सहमति में परिवर्तित होती रहती है। भारत का राष्ट्रीय आन्दोलन वस्तुतः आम सहमतियों और व्यापक संयुक्त मोर्चों एवं सम्मिलित जन–आन्दोलन को लेकर राजनीतिशास्त्र की दुनिया में एक 'नए गतिकी' को निर्मित करता है, यह विश्व इतिहास में एक नई कड़ी है।

इस पुस्तक की योजना लम्बी अवधि से थी पर महात्मा गांधी अन्तर्राष्ट्रीय हिन्दी विश्वविद्यालय में नेहरू केन्द्र में शिरकत ने इसे अमली जामा पहना दिया।

गांधी विमर्श तो न केवल भारत में अपितु पूरे विश्व में बड़े दमखम के साथ चल रहा है पर जवाहरलाल के बारे में इस दौर में कुछ ही पुस्तकें बाजार में आ रही हैं, गांधी–नेहरू साझा विमर्श एक देर से ही सही लेकिन निहायत ही मौजू सिलसिला है।

वैश्वीकरण के आक्रामक दौर में नेहरू जो एक स्वतंत्र वैकल्पिक अर्थतंत्र और राज्य सत्ता के स्थपति थे उन्हें भुला देना अस्वाभाविक नहीं लगता है। इस दौर में मौजूदा राज्य सत्ता से लेकर प्रमुख विपक्ष तक के वैश्वीकरण और उदारीकरण को स्वीकार कर लिया है। साम्प्रदायिकता की तस्वीर में भी 1992 और 2002 के बाद शताब्दियों से चल रहे मुशतरका संस्कृति पर दीमक लग गयी है। गांधी को तो वैश्वीकरण के स्टीमरोलर ने बेरहमी से जमींदोज कर दिया है। ऐसे दौर में गांधी–नेहरू के ऐतिहासिक साझा और उनके कृतित्व पर पुनः रोशनी पड़नी चाहिए, इस पुस्तक की रचना का मकसद यही था।

इस विमर्श की रूपरेखा एक लम्बे समय से प्रो. गणेशप्रसाद उनियाल एवं डॉ. हीरा सिंह और प्रो. बोहरा से बातचीत के दौर में बनी है, आज ये दोनों हमारे बीच में नहीं हैं, पर उनकी स्मृतियाँ इस विमर्श को आगे बढ़ाने में बेहद कारगर रहीं। साथ–ही–साथ मैं अतीत में श्री परमेश्वरी नारायण हक्सर योजना कमिशन के लम्बे समय तक उपाध्यक्ष, इंगलैंड में भारत के राजदूत और इन्दिरा सरकार के शुरुआती दौर को वामपंथी दायरे में लाने वाले और शिमला समझौते के मुख्य

स्थपति, कांग्रेस के महत्त्वपूर्ण विचारक श्री देवेन्द्र द्विवेदी महामंत्री भारतीय राष्ट्रीय कांग्रेस से लेकर मोहित सेन जैसे विचारकों और श्री विश्वेश्वर मुखर्जी जैसे ट्रेड यूनियन के नेता श्री रुस्तम सैटिन एवं श्री रमेश सिंह जैसे राजनैतिक विचारकों व चिन्तकों द्वारा समय-समय पर की गयीं टिप्पणियों से भी मैं लाभान्वित हुआ हूँ। वे आज हमारे बीच नहीं हैं पर उन सबका मैं बेहद ऋणी हूँ।

मैं इस पुस्तक की रचना के सिलसिले में महात्मा गांधी अन्तर्राष्ट्रीय हिन्दी विश्वविद्यालय, वर्धा के कुलपति श्री विभूति नारायण राय, प्रति कुलपति प्रो. अरविंदाक्षन, श्री मिथिलेश कुमार संयोजक जाकिर हुसैन केन्द्र, महात्मा गांधी अन्तर्राष्ट्रीय हिन्दी विश्वविद्यालय, श्री शिवप्रिय संयोजक नेहरू केन्द्र, महात्मा गांधी अन्तर्राष्ट्रीय हिन्दी विश्वविद्यालय, कु. अदिति भट्टाचार्य गांधियन इन्स्टीट्यूट ऑफ स्टडीज, डॉ. दीप्ति पाण्डेय रीडर बेसेंट कॉलेज फार वीमेन, राजघाट, वाराणसी, डॉ. मुनीज़ा रफ़ीक खान संयुक्त सचिव, गांधियन इन्स्टीट्यूट ऑफ स्टडीज, डॉ. मिरिया जुनटुनेन निदेशक नार्डिक सेन्टर इन इंडिया का विशेष आभारी हूँ जिन्होंने हमें न केवल प्रोत्साहन दिया बल्कि सामग्री चयन में भी मदद की।

मैं राजकमल प्रकाशन और विशेष तौर पर श्री अशोक महेश्वरी का विशेष आभारी हूँ जिन्होंने इस पुस्तक को शीघ्रातिशीघ्र प्रकाशित करने में विशेष रुचि ली।

–प्रो. दीपक मलिक

22 मार्च, 2012
बी. 7/66, हाड़ारबाग, सोनारपुरा
वाराणसी-221 001

अनुक्रम

गांधी और नेहरू

भारतीय सर्वधर्मसमभावी राष्ट्रवाद की साझी विरासत

1

गांधी और नेहरू : भारतीय सर्वधर्मसमभावी राष्ट्रवाद की साझी विरासत

जवाहरलाल ने अपनी पुस्तक डिस्कवरी आफ इण्डिया[1] (1946) में गांधी का जो जिक्र किया है उससे महात्मा गांधी की शुरुआती दिनों में राष्ट्रीय आंदोलन में उभरती हुई केन्द्रीयता का एक स्पष्ट चित्र उभरता है। इस विमर्श में राष्ट्रवाद बनाम साम्राज्यवाद-श्रमिक वर्ग एवं मध्यम वर्ग की बेबसी के सन्दर्भ में गांधी आगमन की चर्चा जवाहरलाल ने निम्नलिखित शब्दों में रखी है "प्रथम महायुद्ध ने बंगाल के जूट मिलों और बम्बई के सूती मिलों और उनके मालिकों को 100 से 200% का फायदा पहुँचाया था पर आम आदमी और मजदूरों की हालत इतनी खराब थी कि ब्रिटिश ट्रेड यूनियन के एक प्रतिनिधिमण्डल ने आसाम के चाय बागानों का वर्णन करते हुए कहा कि "श्रमिकों का भोजन इतना अस्वास्थ्यकर और अपर्याप्त था कि चूहे भी उसे खाकर पाँच हफ्ते से ज्यादा जी नहीं सकते थे। यह रपट ट्रेड यूनियन प्रतिनिधिमण्डल को बंगाल के स्वास्थ्य विभाग से ही मिली थी।"[1]

नया मध्यम वर्ग निराशा में डूबा हुआ था–पुराने रीति-रिवाज से बँधा–पर परम्परा शून्य एक ओर और दूसरी ओर उसी मध्यम वर्ग का एक हिस्सा जो अतीत के मृत हिस्सों में अपना जीवन देखता था, जिसके बारे में रवीन्द्रनाथ टैगोर ने कहा था कि हम अपनी संमृद्ध अतीत के मृत अध्यायों पर आधारित नहीं हो सकते थे।[2] नेहरू ने गांधी आगमन का वर्णन करते हुए कहा,

"ऐसे वक्त में गांधी आए...बेहद उधेड़बुन में मुल्क डूबा हुआ था। वह एक

1. नेहरू, जवाहरलाल, डिस्कवरी आफ इण्डिया। सिगनेट प्रेस कलकत्ता द्वारा सन् 1946 में प्रकाशित, अगले संस्करण तीनमूर्ति हाउस दिल्ली द्वारा और नेहरू मेमोरियल फण्ड द्वारा प्रकाशित 1994, पृ. 357
2. वही पृ. 358

स्वच्छ हवा के झोंके की तरह थे हम उस झोंके में गहरा साँस ले पाए। वे एक प्रकाश की झलक के समान थे जिसने हमारे सामने पसरे अँधेरे को चीर कर हमारी आँखों के ऊपर बँधी पट्टियों को खोल दिया। वे एक तूफान की तरह थे जिन्होंने हमारी जिन्दगी को उलट-पलट दिया। वे ऊपर से थोपे हुए नहीं बल्कि जनता के बीच से उभरे थे। उनके सन्देशों का मर्म था 'अभय'। याज्ञवल्क और जनक ने पौराणिक पाठ्य में 'अभय' की चर्चा की, पर औपनिवेशिक जमाने का आम आदमी उसे भूल चुका था। जवाहरलाल ने आगे लिखा-"लेकिन आज की तारीख में लोग भयभीत हैं पुलिस से, सेना से, आयकर से, सेठ साहूकार से। गांधी का सन्देश था निर्भय हो।"[1]

आखिर गांधी और जवाहर में पृष्ठभूमि की इतनी भिन्नता के बाद कौन सा रिश्ता या रसायन बनता था जिसने इन दोनों व्यक्तियों को भारतीय स्वातन्त्र्य आंदोलन के मुख्य शिल्पियों में बदल दिया था। गांधी की दृष्टि नैतिकता, प्रतिवाद, सामाजिक क्रांति और अध्यात्म के मिश्रण से बन कर आयी थी-नेहरू का स्पष्ट रुझान समाजवाद और आधुनिक राष्ट्र निर्माण में था पर ऐसा भी नहीं था कि वे कभी भी न मिलनेवाले विपरीत ध्रुवों पर टिके थे।

गांधी और जवाहरलाल की उम्र में 20 साल का अन्तर था, लेकिन यहीं तक नहीं, जवाहरलाल अपने लन्दन शिक्षा प्रवास के दिनों में फेवियन समाजवाद से प्रभावित थे। आस्कर वाइल्ड से लेकर बर्नार्ड शा उनके संदर्भ बिंदु थे। आइरिश साम्राज्यविरोधी आंदोलन से वे हिंदुस्तानी संघर्ष के लिए सबक लेना चाहते थे।[2] जवाहरलाल विज्ञान और मानवतावाद को अपने जीवन का मूल आधार मानते थे उसी जवाहरलाल ने एक सन्तनुमा व्यक्तित्व के अधिकारी, जिनकी दुनिया परिभाषित होती थी उपवास, अन्तर्मन की यात्रा, प्रार्थना, चरखा से, आखिर ऐसे व्यक्ति के सामने समर्पण कैसे किया? ब्रिटिश इतिहासविद पर्सिवियल स्पीयर का कहना था कि जवाहरलाल को मूलत: एक अभिभावक चाहिए था। शुरू में वे मोतीलाल को अपने स्वाभाविक अभिभावक के रूप में देखते थे और बाद में गांधी पर उसी प्रकार की निर्भरशीलता बनी जो पिता-पुत्र सम्बन्धों में देखी जा सकती है, पर यह व्याख्या भी असम्पूर्ण है।[3] यह महज पिता-पुत्र सम्बन्ध नहीं है। जवाहरलाल ने अपने पिता मोतीलाल को राष्ट्रीय आंदोलन में खीच ले आने में एक मुख्य उत्प्रेरक की भूमिका

1. नेहरू, जवाहरलाल। पूर्व उद्धृत। पृ. 358
2. नन्दा, बी. आर.। जवाहरलाल नेहरू। रिवेल एण्ड स्टेट्समैन. आक्सफोर्ड प्रकाशन 2004, पृ. 24
3. स्पीयर, पर्सिवियल। नेहरू इन माडर्न एशियन स्टडीज़। खण्ड 4 (जनवरी 1967), पृ. 8

निभायी थी। मोतीलाल ने जवाहरलाल की विश्व दृष्टि नहीं बनाई थी बल्कि जवाहरलाल ने ही अपने पिता की दृष्टि बदल दी थी। यह भी तथ्य है कि बहुत हद तक पुत्रमोह में ही शुरुआती दिनों में मोतीलाल ने राष्ट्रीय आंदोलन में कूदने का मन बनाया था।

मानवेन्द्र नाथ राय का कहना था कि "जवाहरलाल हृदय की आवाज को अधिक महत्व देते थे और वे उसके अधीन थे, उन्होंने जानबूझकर अपना व्यक्तित्व दबाए रखा जिससे कि वे 'भारतीय राष्ट्रवाद' के नायक और गांधी के आध्यात्मिक वारिस बन सके।"[1]

पिता-पुत्र अन्योन्याश्रितता और अपने व्यक्तित्व को दबाकर नायकत्व हासिल करने की इन बहसों से सम्भवतः जवाहरलाल का पूरा आकलन नहीं हो पाएगा। इसी कड़ी में 50 और 60 के दशक के कम्युनिस्ट नेता और सांसद हीरेन मुखर्जी का भी वक्तव्य आता है जिसके अनुसार गांधी ने जवाहरलाल को अपने साथ रखा था जिससे कि वे जवाहरलाल के करिश्मा और प्रभाव पर नियन्त्रण रख सकें। चूँकि गांधी को पूँजीपतियों और अन्य शक्तिशाली वर्गों को राष्ट्रीय आंदोलन में बनाए रखना था। मुखर्जी के अनुसार नेहरू पर गांधी का अधिकार महज एक कूटनीतिक चाल थी जिसके तहत वे उभरते हुए वामपंथी विद्रोही मनोभाव पर नियन्त्रण करना चाहते थे जिससे यथास्थितिवादी ताकतों को परेशानी न हो।[2]

नेहरू-गांधी रिश्तों के बारे में टिप्पणियाँ कहीं महज मनस्तत्वीय मनोविज्ञान और कहीं षड्यन्त्रमूलक वर्चस्ववाद और कहीं कूटनीति के विमर्श के बीच लटकती रहती है। कहीं पुत्र का पिता के अभिभावकत्व की आवश्यकता, तो कहीं नेहरू द्वारा राष्ट्रीय जीवन में अपनी जगह बनाने के लिए अपनी स्वाभाविक वृत्तियों को दबा कर गांधी का साथ देना तो कहीं गांधी द्वारा उभरते युवा वामपंथी विद्रोही मनोभाव पर नियन्त्रण करने के लिए जवाहरलाल को अपने नियन्त्रण में रखने जैसे संदर्भों में नेहरू-गांधी रिश्तों को देखना तथ्यों को पूरी तरह से नजरअन्दाज करना होगा।

डिस्कवरी आफ इण्डिया में जवाहरलाल ने पूरे विश्व इतिहास और भारतीय इतिहास के पन्नों को पार करते हुए गांधी पर आए हैं जिसने उनके आँखों पर बँधी पट्टी खोल दी और वे एक स्वच्छ हवा के झोंके में श्वास ले पाए। इतिहास

---

1. जवाहरलाल नेहरू: ऐन एनिगमा आर ट्रैजेडी ए.बी. शाह (सम्पादित) जवाहरलाल नेहरू, ए क्रिटिकल ट्रिब्युट। मुम्बई, 1965, पृ. 39
2. मुखर्जी, हीरेन। जेन्टल कोलोसस : ए स्टडी आफ जवाहरलाल नेहरू। कलकत्ता, 1964, पृ. 71-75

प्रदक्षिणा के बाद निष्कर्ष पर पहुँचने के लिए नेहरू इतिहास को उलट-पुलट कर चन्द्रगुप्त मौर्य से लेकर अशोक प्रियदर्शी और अकबर तक, भारत से लेकर चीन और भारत से अबसिनिया तक और फिर अपने जीवन, मिथक, कालिदास साहित्य, संस्कृति की प्रदक्षिणा करते हुए निष्कर्ष वाले अध्याय में वे गांधी तक पहुँचते हैं।

गांधी का 'अभय' उन्हें 'गुणमुग्ध शिष्य' में परिवर्तित कर देता है। इतिहास के झंझावात में वे एक पतवार की खोज में थे। वह मिल गया-केवल जवाहरलाल को ही नहीं, गांधी को भी। इन दोनों की अन्योन्याश्रिता के बिना हिन्दुस्तानी इतिहास की विवेचना एकतरफा और असम्पूर्ण ही रह जायगी। मदन मोहन मालवीय से लेकर लाजपतराय, गोखले से लेकर गरमदली कांग्रेसी नेहरू को प्रभावित नहीं कर पाए। गांधी की ही तर्ज पर 'सत्य की यात्रा' के साथ-साथ जवाहरलाल की 'इतिहास यात्रा' भी थी। दोनों उपक्रमों के लिए एक सत्यान्वेषी प्रयोग की आवश्यकता थी। बहुत सारा इतिहास का निचोड़ वे गांधी के प्रयोगों में देख पाते थे–उनकी दृष्टि गांधी के ऊपरी आवरण 'मध्ययुगीयता' को छेद कर भीतर तक जाती थी। एम. एन. राय के पास यह दृष्टि नहीं थी न ही हीरेन मुखर्जी या पर्सिवियल स्पीयर के पास यह अन्तर्दृष्टि थी।

दरअसल महात्मा और जवाहरलाल नेहरू दोनों ही सत्यान्वेषी थे। एक उम्र में कम...इतिहास भाष्य के माध्यम से भारत के सच और बदलाववाले भविष्य यात्रा के बारे में खोजबीन कर रहा था तो दूसरा उम्र में ज्येष्ठ, उपवास, आश्रम, आंदोलन, परम्परा और आम आदमी के बोध 'कामनसेन्स' के माध्यम से इस उपमहाद्विपीय सभ्यता की सत्य की परख में जाँचना चाहता था। जवाहरलाल "भारतीय राष्ट्रवाद" की यात्रा पर थे। यही बिन्दु था जो महात्मा और जवाहरलाल को मिलाता था।

'भारतीय राष्ट्रवाद' पर अभी तक की बहस में जवाहरलाल को महज (राष्ट्रवाद का प्राप्य इतिहास या रिसीव्ड हिस्टरी) के लाभार्थी के रूप में दर्शाया गया है। यह सत्य से परे है–नेहरू ने 19वीं सदी के भारतीय रिनॉसाँ से लेकर दादा भाई नौरोजी, गोखले के उदारतावाद और बंकिम, तिलक, मालवीय, अरविन्दो घोष, राजागोपालाचारी, मोहम्मद इकबाल के सांस्कृतिक प्रतिवादी एक्सक्लूसीविस्म (बहिष्करण) को अतिक्रमित करते हुए राष्ट्रवाद के बहस को आगे बढ़ाया है।

दरअसल पूरे विश्व इतिहास के सन्दर्भ में भारतीय राष्ट्रवाद को स्थान संदर्भित (सिचुएट) करना और फिर उसे गांधी के प्रैक्सिस तक ले आने की प्रक्रिया में एक नये प्रैक्सिस का जन्म होता है जिसे हम नेहरूवीयन प्रैक्सिस कह सकते हैं।

इस प्रक्रिया में जवाहरलाल ने न केवल एक प्रमुख राष्ट्रवादी नेता की भूमिका निभायी बल्कि उन्होंने एक अदद सिद्धान्त भी गढ़ा...जिसके अनुसार आधुनिक भारतीय राष्ट्र गढ़ने के कार्य को आगे बढ़ाया। मूलत: उन्होंने 'भारतीय राष्ट्रवाद' की थ्योरी सजाने की कोशिश की और यह थ्योरी या सिद्धान्त भारतीय इतिहास की पुर्नरचना के लिए नितान्त महत्वपूर्ण औजार बना।

जवाहरलाल की इस पहल के लगभग तीन दशक पहले से लेनिन ने रूसी परिप्रेक्ष्य में इन्कलाब की माक्र्सीय व्याख्या में नयी सैद्धान्तिकी को गढ़ा था जिसमें एक नेशन स्टेट में एक विश्व संकट एवं साम्राज्यी पूँजी के बीच भीषण द्वंद्व-युद्ध के बीच से एक पराजित होते हुए राजतन्त्रीय राष्ट्रवाद के ताने-बाने के बिखरन के दौर में हुई क्रांति को अमली जामा पहनाया गया था, जबकि इसके लिए शास्त्रीय मार्क्सवाद में कोई रास्ता सुझाया नहीं गया था। दूसरा नायाब सैद्धान्तिकी लेनिन ने गढ़ी जो मार्क्सवाद से नहीं ली गयी थी और वह थी एक कृषि प्रधान सामन्ती राजतन्त्रीय देश के छोटे से मजदूरवर्ग के साथ पराजित आम सैनिक जो पुराने जारशाही राष्ट्रराज्य के बिखरते राजसत्ता के बाद लेनिन और बोलशेविक पार्टी के आश्रय में आ गए थे इनके साथ गरीब और सर्वहारा ग्रामीण समुदाय को जोड़कर एक नये गठबन्धन के माध्यम से क्रांति का अग्रिम दस्ता बनाना। यह वस्तुत: मजदूर गरीब किसान और बिखरे सेना के जवानों का संघट्ट ही था जो रूसी क्रांति का वाहक बना इसी को मार्क्सवाद-लेनिनवाद की भाषा में मजदूर-किसान एका कहते है, तीसरा नया संयोजन था-'पंचायती जनतन्त्र' जिसको रूसी भाषा में सोवियत कहते हैं। ये सोवियत मूलत: तृणमूल स्तर की 'जनतांत्रिक पंचायती' संगठन थे, जो यूरोप में जन्मे संसदीय जनतन्त्र का 'तृणमूल स्तर' पर गैर पूँजीवादी विकल्प था। इन्हीं सोवियतों में अक्तूबर क्रांति के लिए बहुमत बोलशविक पार्टी को मिल गया। अक्तूबर क्रांति की तकनीकी पृष्ठभूमि इन तीन नये प्रयोगों से उभरा था, जो एक तौर पर मार्क्सवाद का पिछड़े समाज के लिए नया संस्करण था। यह संयोजन मार्क्स का नहीं, लेनिन का था।

जवाहरलाल ने भी इसी प्रकार भारत के राष्ट्रीय आंदोलन में नये पृष्ठ जोड़े। 1857 का नाटकीय जन विद्रोह आवश्यक नहीं था कि नये राष्ट्रवाद के संरचनात्मक बीज अपने में सँजोए रहा हो। यह व्यापक जनविद्रोह था। अक्तूबर क्रांति से एक सादृश्य 1857 का यह है कि यह बागी सैनिकों का एक बड़ा विद्रोह था। 1857 हिन्दू मुस्लिम एकता की तस्वीर तो बनाती है पर कालान्तर में इसके प्रभाव के फलस्वरूप एक आधुनिक राष्ट्रतन्त्र बन पाता या नहीं यह प्रश्न तो अधर में लटका ही रह जाएगा। एक हद तक इसमें बोनापार्ती क्रांति की तस्वीर तो बनती है, पर "पैरिस कम्यून"

जैसी एक निश्चित नयी संरचना की कोई मजबूत शक्ल उभरती नहीं दिखलाई पड़ती है। दरअसल "हिन्दुस्तानी राष्ट्रवाद" अभी भी अपरिभाषित रह गया था।

'मुश्तरका हिन्दुस्तानी आधुनिक राष्ट्रवाद और उसकी रणनीति' को पहली बार गढ़ा गांधी ने जब उन्होंने 1921 में असहयोग और खिलाफत के संयुक्त आंदोलन का बीड़ा उठाया, 1922 में कांग्रेस संगठन का लोकतान्त्रिक ढाँचा बनाया, खिलाफत और हिन्दू-मुस्लिम एकता का आधार रखा और साम्राज्य की वैकल्पिकी बनाने के लिए एक क्रांतिकारी संगठन, संविधान और सैद्धान्तिकी को गांधी ने इस दौर में गढ़ा–यही 'आधुनिक भारतीय राष्ट्रवाद' की पहली सीढ़ी थी। 1857 राष्ट्रवाद की पृष्ठभूमि तो बनाती है–पर संरचना का अभाव पूरा नहीं कर पाती। बहादुरशाह का मुगलियातन्त्र और मराठे-पेशवाई सरदारों के साझातन्त्र में कितना 'नया आधुनिक राष्ट्रवाद' पुख्ता की संरचना कर पाता यह एक प्रश्न चिह्न रह जाएगा। 1921 के पश्चात सन् 30 के दशक में जवाहरलाल 'आधुनिक भारतीय राष्ट्रवाद' के उभरते हुए शिल्पी बन जाते हैं। औपनिवेशिक राज्य तन्त्र और उसके अवयव जैसे कि जमींदारी प्रथा, न्याय प्रथा, पुलिस, औपनिवेशिक नौकरशाही, औपनिवेशिक सीमित प्रतिनिधिमूलक संस्थाएँ जैसे कि इम्पीरियल लेजिस्लेटिव काउंसिल से लेकर म्युनिसिपलिटी जैसे स्थानीय स्वशासनतन्त्र, औपनिवेशिक शिक्षा तथा औपनिवेशिक पोलिटिकल इकोनोमी और उनका आनुषंगिक औद्योगिकतन्त्र और रेलवे संचार के वर्चस्व के नीचे भारतीयजन मानस आ चुका था। पर ठीक उसे समानान्तर उपनिवेशवादी तन्त्र की वैकल्पिकी के रूप में 'आधुनिक भारतीय राष्ट्रवाद' को गढ़ने की प्रक्रिया भी चालू थी।

दरअसल राष्ट्रवाद पर शुरुआती बहस भारतेन्दु हरिश्चन्द्र से लेकर बंकिमचन्द्र और रानाडे ने शुरू कर दी थी। इसके सांस्कृतिक पक्ष पर विवेकानन्द जैसे संन्यासियों ने पहल ले लिया था, समाजसुधार में दयानन्द सरस्वती भी इसी दौर में उभरे। मुस्लिम जनता के बीच की नव जागरण की हनक सुनाई पड़ रही थी–सर सैय्यद अहमद खाँ से लेकर अलम्मा इकबाल और मौलाना अबुल कलाम आजाद और उनकी तहरीक तथा 1857 के संघर्ष में वीरतापूर्ण प्रतिरोध करनेवाले देवबन्दी उलेमाओं का समूह दिखलाई पड़ता है। जहाँ एक ओर यदि मुस्लिम समाज के आधुनिकीकरण जिसमें अंगरेजी शिक्षा और विज्ञान को स्वीकार करने का उपक्रम निहित था तो दूसरी ओर औपनिवेशिकवाद के विकल्प में पूरब की आवाज को प्रतिध्वनित करनेवाले अलम्मा इकबाल का पश्चिमी सभ्यता के खिलाफ इन्कलाबी स्वर जो दुर्भाग्य से आगे चलकर 'मुस्लिम अलगाववाद' में बदल गया और मौलाना अबुल कलाम आजाद की मुस्लिम दुनिया में 'भारतीय

राष्ट्रवाद' की नयी पहल में अंग्रेजी हूकूमत की खिलाफत की विभिन्न धाराएँ भी जो मूलत: औपनिवेशिक वर्चस्व और साथ ही साथ पुराने समाज को बदलने का आह्वान था, वह सुनाई पड़ने लगा था।

दूसरी ओर नयी हिंदी के स्थपति भारतेन्दु हरिश्चन्द्र जहाँ एक ओर एक निहायत सचेतन राष्ट्रवाद के वाहक थे और कवि वचन सुधा के 6 जुलाई 1874 के अंक में लिख सकते थे कि "जिस प्रकार अमेरिका उपनिवेशित होकर स्वाधीन हुई वैसे ही भारतवर्ष भी स्वाधीनता लाभ कर सकता है"[1] पर दूसरी ओर बाध्यतावश ही सही 1869 में ड्यूक आफ एडिनबरा के आगमन पर राजकुमार सुस्वागत पत्र, 1871 में प्रिंस आफ वेल्स को टाइफायड होने पर भगवान से रोग दूर करने के लिए प्रार्थना भी किया।[2] पर यह सभी एक 'युगीन जीवन शैली' का चित्र हमारे सामने उभारती है जहाँ विरोध और समर्पण और दुहरे वक्तव्यों की बाध्यता शुरुआती औपनिवेशिक काल में बन चुकी थी पर दुनियावी बाध्यताओं के बावजूद भारतेन्दु में अँगरेजी राज के राजनैतिक अर्थशास्त्र (पोलिटिकल इकोनोमी) में औपनिवेशिक शोषण और लूट की समझ पुख्ता थी।

भारतेन्दु से लेकर बंकिमचन्द्र भारत के औपनिवेशीकरण के पीछे 'भारतीय राष्ट्रवाद' की कमजोरी दर्शाते हैं और उनकी समझ है कि भारत की क्लैवता ही इसके पतन का मुख्य कारण है। इस सभ्यता में पुरुषोचित गुण नहीं है। यहीं पर गांधी की दृष्टि कहीं अधिक पैनी साबित होती है जब वे कहते हैं कि भारत की आजादी अँगरेजों ने छीनी नहीं, भारतीयों ने स्वत: ही उनकी गुलामी मान ली।[3] 'आधुनिक भारतीय राष्ट्रवाद' का विश्लेषण और उसकी शुरुआती नींव गांधी ने ही रखा और नेहरू ने उस व्याख्या को आधुनिक देश निर्माण के सैद्धान्तिक कार्यान्वयन (प्रैक्सिस) में बदल दिया।

गांधी ने सन् 1921 में स्वराज की व्याख्या करते हुए कहा था कि स्वराज के लिए आंदोलन आत्मशुद्धि का आंदोलन है। जनता के स्वराज का अर्थ है 'व्यक्तियों के स्वराज साधना का जोड़', यही स्वराज को परिभाषित करता है।[1] स्वराज का दूसरे महत्वपूर्ण कार्यभार के तहत हिन्दू-मुस्लिम एकता, जातिप्रथा से उभरी रूढ़िवाद, अस्पृश्यता निवारण तथा आर्थिक गैरबराबरी दूर करना बनता

1. शर्मा, रामविलास। भारतेन्दु हरिश्चन्द्र और हिंदी नव जागरण की समस्याएँ। राजकमल, 1966, पृ. 19
2. वही, पृ. 60
3. नाणावटी, अमृतलाल ठाकोरदास। महात्मा गांधी हिंद स्वराज्य। राजघाट, वाराणसी, सर्व सेवा संघ, 2002, पृ. 37

था, यहीं पर गांधी और नेहरू के बीच ऐतिहासिक साझा बन जाता है।

'आधुनिक भारतीय राष्ट्रवाद' के निर्माण में विविधता में एकता और हिन्दू-मुस्लिम एकता बुनियादी शर्तें थीं–गांधी और नेहरू इस 'विराट कर्म यज्ञ' में पूरी तरह से साझीदार थे। पर गांधी का 'स्वराज' उनके पुरखों की परिभाषा से बिल्कुल अलग था महज 'राजनैतिक आजादी' को ही गांधी पूर्व व्याख्याकार जैसे कि बाल गंगाधर तिलक और दादा भाई नौरोजी 'स्वराज' का मूल मंत्र मानते थे। उनके लिए मूलत: 'राजनैतिक स्वायत्तता' स्वराज का मर्म बनता था। 1906 में दादाभाई नौरोजी ने स्वराज के उद्देश्यों को परिभाषित करते हुए कहा "हम वही सुविधा अँगरेजों से माँग रहे हैं जो हमें न्याय के तहत मिलना चाहिए। एक ब्रिटिश नागरिक होने के कारण हमारे अधिकारों में कमी नहीं होनी चाहिए। स्व-शासन या स्वराज कुछ उस प्रकार की माँग है जैसा कि ग्रेट ब्रिटेन या उसके उपनिवेशों के शासन पद्धति में निहित है।[2]

19वीं शताब्दी के अन्त में 'अनगढ़े राष्ट्रवाद' को एक 'सभ्यतामूलक राष्ट्रवाद' और 'आधुनिक इन्क्लूसिव राष्ट्रवाद' में परिवर्तित करने में गांधी और नेहरू की भूमिका सबसे महत्वपूर्ण रही है और यह गांधी के विभिन्न प्रयोगों और राष्ट्रीय आंदोलन में नेहरू गांधी की नेतृत्व शैली तथा इतिहास के प्रवाह के फलस्वरूप बनता रहा।

गांधी की विश्वदृष्टि पर शुरुआती दौर में अरविन्द घोष से लेकर विपिनचन्द्र पाल जैसे सिद्धान्तकारों का सन्दर्भ बिन्दु भी बनता है, पर गांधी अन्तिम दौर में एक धार्मिक-पांचिक 'हिन्दू राष्ट्रवाद' की ओर न जाकर एक 'सभ्यताई राष्ट्रवाद' की ओर चलते हैं। अरविन्द का 1909 में कहना था "हिन्दू सनातन धर्म ही हमारा राष्ट्रवाद है, हिन्दू राष्ट्र सनातन धर्म के साथ जन्म लेती है और इसी के साथ वह विकसित होती है।[3] पर गांधी की दृष्टि अरविन्द से भिन्न ठहरी इसके बावजूद कि उन पर अरविन्द युग की छाया है।

जाहिर है कि गांधी का सनातन धर्म अरविन्द घोष के सनातन धर्म से कहीं अलग है। इस मामले में गांधी 'नव सनातनी' है। गांधी का 'नव सनातन धर्मीय दृष्टि' उनके अफरीका प्रवास के दौर में बना। गांधी के अफरीका प्रवास ने उन्हें

---

1. कलेक्टेड वर्क्स आफ महात्मा गांधी। खण्ड 24, संख्या 69, पृ. 52
2. नौरोजी, दादाभाई। स्पीचेज़ एण्ड राइटिंग्स। जी.ए. नोटेसन मद्रास, पृ. 97-115 और बाल गंगाधर तिलक। राइटिंग्स एण्ड स्पीचेज़। मद्रास, गणेश एण्ड को., पृ. 152-153
3. अरविन्द घोष का उत्तरपाड़ा भाषण, धर्मरक्षिणी सभा। पांडिचेरी, पृ. 66

भारतीय राष्ट्रवाद के लिए हिन्दू-मुस्लिम एकता की आवश्यकता से परिचित कराया। गांधी ने अपने 21 साल के दक्षिणी अफरीका के प्रवास के दौर में प्रतिवाद का एक अनूठा तरीका इजाद किया जो विश्व इतिहास में सत्याग्रह के रूप में जाना गया।[1] सत्याग्रह और अहिंसक जन आंदोलन से जन्मे विश्वदृष्टि में पुरानी सनातनी परम्परा की भी पुनर्व्याख्या होना स्वाभाविक था। सनातनी ठेठ संस्कारों में गांधी ने जोड़ा 'मानवतावाद का पाठ'। इस प्रकार से एक नव सनातनी या हिंदुस्तानी मानवतावादी संस्कृति और संस्कार की शुरुआत हुई।

अरविन्द घोष की शिक्षा-दीक्षा इंगलैण्ड में हुई थी। अंग्रेजी राज की खिलाफ 'अतिवादी रास्ता' उन्होंने भारत में लौटने के बाद ग्रहण किया। बंगाल में उभरते हुए गुप्त क्रांतिकारी संगठन, हिंदुत्ववादी रुझान ने ताजा-ताजा विदेश से लौटे अरविन्द को बेहद आकर्षित किया। उनके उग्र हिंदुत्व दृष्टि पर बंगाल के तत्कालीन समाज की छाया दिखलाई पड़ती है—दरअसल बीसवीं सदी के शुरुआती दिनों का बंगाल भारत के राष्ट्रीय फलक के प्रश्नों से नहीं जूझ रहा था वहाँ हिंदू-मुस्लिम प्रश्न बेहद गौण था। हालांकि कर्जन के 'बंग-विभाजन' ने इसका बीज डाल दिया था पर बंगभंग के खिलाफ मूल स्वर 'राष्ट्रवाद' का था और इस राष्ट्रवाद का चेहरा हिंदू होने के बावजूद अपने मर्म में यह धर्मीय प्रश्नों में उलझा हुआ नहीं था इसकी बनावट में हिंदू बनाम मुसलमान आया ही नहीं था इस तरह से इसमें एक ढीले-ढाले किस्म के 'सर्व धर्म समभावी' या धर्मीय प्रश्नों के बारे में निश्चेष्टता का यह बेहद पुख्ता नमूना था।

दरअसल 19वीं सदी के आखिरी दिनों में खास तौर पर उत्तर भारत में पुनरुत्थानवाद की लहर चल गयी थी। हिंदू जनता जो अब तक असंगठित थी वह मूर्तिपूजा, जाति, पुराण एवं गाय की पवित्रता को आधार बना कर एक 'नयी सबालर्टन चेतना' का वाहक बन गयी थी। मध्यमवर्गीय हिंदुओं में एक नयी श्रेणी बनना शुरू हुई, जो हिंदूवादी बनी, वह ब्रिटिश राजशाही और उनके ज्ञानशास्त्र के खिलाफ थी तथा अपने को पश्चिम का या तो अपना प्रतिद्वंद्वी मानती थी या उससे अधिक श्रेष्ठ साबित करने के प्रयास में लगी हुई थी। कहीं-कहीं प्राच्यवाद (ओरियेण्टलिस्म) में भारत के गौरवशाली अतीत का विमर्श भी उन्हें प्रोत्साहित करता था। तिलक इसी थीसिस पर लगे रहे कि भारतीय इण्डो-यूरोपीय-ध्रुवीय

1. गांधी 1893 में दक्षिणी अफ्रीका गए और 1914 के आखिर में भारत लौट आए। इस प्रकार उन्होंने 21 वर्ष प्रवासी भारतीय या 'डायस्पोरा गांधी' के रूप में बिताया इसके बीच 1 वर्ष उन्होंने भारत में लौटकर वकालत की कोशिश की पर असफल रहे और अन्ततोगत्वा पुनः दक्षिण अफ्रीका लौट गए।

प्रदेश से आए हुए आव्रजनों की सन्तान हैं यह बहसें नस्ली श्रेष्ठता या यूरोपीयों से बराबरी साबित करने में गढ़ी गयी थी। मुसलमान दूसरी ओर ब्रिटिश आधिपत्य की खिलाफत में अपने गौरवबिंदु अतीत में, इस्लामिक इतिहास एवं धर्म में खोज रहे थे। मुस्लिम पुनर्जागरण पूर्ववर्ती मुस्लिम साम्राज्य की गौरवगाथा और अंग्रेजी राज में हिंदुओं के मुकाबले मुस्लिम मध्यमवर्ग निर्माण में मुस्लिम समुदाय के पीछे छूट जाने के फलस्वरूप बनी मनस्तत्वीय ग्रन्थि से उत्पन्न नवनिर्मित हिंदू-मुस्लिम मध्यमवर्ग में आपसी प्रतिद्वंदिता की उपज थी। इसने एक नये द्वंद बिंदु की सृष्टि की।

ओरियेण्टलिस्म या प्राच्यवाद ने हिंदू मध्यमवर्ग को 'संस्कृति सचेतनता' के प्रति सजग कर दिया था और साथ-ही-साथ इसने मध्ययुग में भक्ति सूफी समन्वय के परिणामस्वरूप बने एक 'सबाटर्न समरसी अपेक्षाकृत स्थिर समाज' के ताने-बाने को भी प्रभावित करना शुरू कर दिया था। दरअसल पुनर्जागरण के इतिहासकार जिसे अक्सर एक निरपेक्ष किस्म का पुनर्जागरण मान बैठते हैं, वह हिंदू मध्यमवर्ग की सांस्कृतिक चेतना को यदि कहीं-कहीं पर धारदार बनाया तो कहीं-कहीं उसे निहायत संकीर्णतावादी और सदियों से चली आ रही 'मुश्तरका तहजीब' का जानी दुश्मन भी बना डाला। जातीय निर्माण के सन्दर्भ में रामबिलास शर्मा जैसे विचारक भी 'मुश्तरका तहजीब' पक्ष की ओर अनमना रहे। बंकिम चन्द्र चटर्जी प्राच्यवाद (ओरिण्टेयलिस्म) के अक्स में ढले हुए दिखते हैं। हिंदू पुनर्जागरण का एक पाठ उनमें भी देखा जा सकता है जो ओरियेण्टलिस्म द्वारा प्रभावित है। भारत की गुलामी के दो कारण वे देख पाते हैं। "भारतीयों में आजादी के लिए कोई इच्छा या इच्छा शक्ति नहीं है।" बंकिम चन्द्र चटर्जी इस प्रवृत्ति का वर्णन करते हुए कहते हैं।

"पिछले 3000 साल से भी अधिक आर्य आर्य से लड़ते रहे हैं। अनार्य अनार्य से और आर्य अनार्य के खिलाफ, मगध कन्नौज के खिलाफ, कन्नौज दिल्ली के खिलाफ, दिल्ली लाहौर के खिलाफ, हिंदू पठान के खिलाफ, पठान मुगलों के खिलाफ, मुगल अंग्रेजों के खिलाफ लड़ता रहा, पर इन सब लड़ाइयों में हिंदुओं का बहुमत महज दर्शक बना रहा।"[1]

भारत दासत्व भाव से ग्रस्त क्यों है? इसके जवाब में बंकिम कहते हैं कि "हिंदुओं में एकता नहीं है।" दूसरी ओर उनमें देश के प्रति प्रतिबद्धता या देशप्रेम नहीं है। अंग्रेजों के सम्पर्क में आने के पश्चात हमें राष्ट्रीय एकजुटता और आजादी

---

1. बागाल, जोगेश चन्द्र (सम्पा.)। 'भारतवर्ष पराधीन केन?' बंकिम रचनावली। खण्ड 2। कोलकाता, साहित्य संसद, 1965, पृ. 239

का बोध हुआ है।[1]

दूसरी ओर बंकिम का कहना है कि भारत की गुलामी का आधार शक्तिहीनता नहीं है बल्कि उसकी संस्कृति है। भारत यूरोप की 'दी अदर' है। भारत के अन्दर कोई सीमारेखा भारतीय राष्ट्र की नहीं खिचीं जा सकती है। भारत की राष्ट्रीय अस्मिता दूसरों की तुलना में तो बनती दिखलाई पड़ती है अन्यथा स्वतन्त्र रूप से भारत का कोई राष्ट्ररूप नहीं है।[2] बंकिम आगे कहते हैं कि सत्ताबोध और शक्तिबोध की परिभाषा हिंदू भारत के शब्द कोश में बदल गई है। बंकिम इसके लिए सांख्य दर्शन का सहारा लेते हैं। चूँकि सांख्य में मूलमन्त्र वैराग्य का है और सांख्य ईश्वर को भी अस्वीकार करता है हाँलाकि वेदों की अपौरुषेयता के बारे में धारणा मजबूत बनी रहती है। "भाग्यवाद के कारण भारत विदेशी आक्रमणों के सम्मुख समर्पण करता है। पश्चिमी दर्शन में ज्ञान को शक्ति का और सत्ता का स्रोत माना है पर भारत में ज्ञान का अर्थ मुक्ति से लगाया जाता है।"[3] भारतीय जनमानस को बंकिम दब्बू और स्त्रैण मानते हैं।" बंकिम के अनुसार 'उपयुक्त राष्ट्रीय सांस्कृतिक मूल्यों' से ही शक्ति निर्मित होती है।[4]

बंकिम और गांधी में कुछ हद तक सादृश्य है। एक राष्ट्रीय राजनैतिक संस्कृति के अभाव में शक्ति उत्पन्न नहीं हो पाती है। हिंद स्वराज के अध्याय 7 में गांधी कहते हैं–"अंग्रेजों ने भारत को जीता नहीं है, हम भारतीयों ने उन्हें यह देश दे दिया है। भारत में वे अपनी शक्ति के बल से नहीं है उन्हें तो हमी लोगों ने जीवित रखा है।" थोड़ा सा रुक कर वह पुन: कहते हैं याद है कम्पनी बहादुर, किसने उन्हें बहादुर बनाया। उनकी मंशा तो राज्य स्थापित करने की नहीं थी ही? किसने कम्पनी के अधिकारियों की मदद की? इतिहास गवाह है कि जल्दी धनवान बनने के लिए हमने कम्पनी बहादुर को अपना भारत दे डाला।[5]

गांधी के लिए राष्ट्रराज्य अभी भी अनगढ़ है उसे बनाना है पर गांधी बंकिम की तरह आधुनिक राष्ट्र राज्य से मोहग्रस्त नहीं हैं, वे नहीं मानते हैं कि भारतीय संस्कृति पराजय का मूल स्रोत है, वे मानते हैं कि अंग्रेजी राज द्वारा दी गयी शिक्षा

---

1. चटर्जी, पार्थो। नेशनलिस्ट थाट आवर कोलोनियल वर्ल्ड, ए डेरिवेटिव डिसकोर्स। आक्सफोर्ड यूनिवर्सिटी प्रेस, पृ. 55
2. वही पृ. 55
3. आप सिट। भारतवर्ष पराधीन केन ? पृ. 223
4. आप सिट। चटर्जी, पार्थो। पृ. 34
5. परेल, एन्थोनी जे.। हिंद स्वराज एण्ड अदर राइटिंग्स। कैम्ब्रिज, 1997, पृ. 39-40

और उससे बने वकील, डाक्टर और पश्चिमी सभ्यता के मोह के कारण भारत गुलाम बना, पर वे बंकिम की उस प्रतिस्थापना से सहमत हैं कि भारत में आधुनिक राष्ट्रराज्य नहीं बन पाया है।

हिंद स्वराज के अध्याय दो में बंगभंग पर गांधी विचार व्यक्त करते हैं कि बंगभंग ने भारतीयता को जाग्रत किया है और साथ-ही-साथ वह पुनः कहते हैं कि इसके फलस्वरूप राष्ट्र का निर्माण हो रहा है। 'राष्ट्रों का निर्माण एक दिन में नहीं हो जाता है, इसके निर्माण के लिए लम्बा समय चाहिए।'[1] वे कांग्रेस आंदोलन में राष्ट्रीयता का उद्भव देखते हैं और कहते हैं कि कांग्रेस ने भारतीयों को जो विभिन्न अंचलों से आते हैं उन्हें जोड़ा है और उनमें राष्ट्रवाद का उत्साह भरा है।[2]

पर यह बात स्पष्ट होनी चाहिए कि गांधी उस राष्ट्रराज्य की स्थापना के लिए उत्साहित नहीं थे जिसे बंकिम बनाना चाहते थे। बंकिम का विमर्श हिंदू समाज की 'क्लैवता' तक सीमित रह गया, वे हिंदू समाज को ही राष्ट्र का मूल स्रोत मानते रहे। उनके लिए हिंदुत्व के सांख्य दर्शन की प्रस्तावनाओं से छुट्टी लेकर एक 'स्त्रैण और कमजोर पहचान' से 'वीरोचित पुरुषोचित राष्ट्र' में बदलने की प्रक्रिया को ही 'राष्ट्र निर्माण' कहा जा सकता था। हिंदू समाज के भीतर एकता और एंग्लो सैक्सन शैली पर बने आधुनिक राष्ट्र के प्रति प्रतिबद्धता को ही बंकिम 'राष्ट्र निर्माण' का प्रथम पाठ मान बैठे थे। उनके लिए न ही वर्णाश्रमी विभाजक शक्तियाँ राष्ट्रीय एकता सूत्र में बाधक थीं–मुस्लिम और अन्य धर्मावलम्बी यहाँ तक कि बौद्ध भी उनके पूरे विमर्श में आश्चर्यजनक रूप से अनुपस्थित है। बंकिम ने आनन्दमठ (1882), देवी चौधुरानी (1884) एवं सीताराम (1897) में लगातार एक विशिष्ट धार्मिक काल्पनिक इन्कलाब की रूपरेखा चिह्नित किया।[3] बंकिम की चित्तभूमि और सावरकर की चित्तभूमि में कोई बुनियादी अंतर नहीं है।

गांधी बंकिम के इस पूरे विमर्श के बाहर हैं चूँकि वह स्वराज की पूर्व शर्त हिंदू-मुस्लिम एकता मानते हैं उनके लिए धर्म और जाति विभाजित समाज को सुधारना राष्ट्रवाद के निर्माण के लिए पूर्व शर्त है। पर गांधी का राष्ट्र निश्चित रूप से बंकिम से भिन्न है। अरविन्द, विपिन चन्द्र पाल से लेकर बंकिम और काफी एक हद तक तिलक से दूरी बनाते हुए गांधी 'सभ्यताई राष्ट्रवाद' जिसका आधार 'ग्राम गणतन्त्र' होगा इस तरह की संरचना के लिए लगातार प्रयास करते रहते हैं।

---

1. वही पृ.20
2. परेल, एन्थोनी जे.। हिंद स्वराज एण्ड अदर राइटिंग्स। कैम्ब्रिज, 1997, पृ. 17
3. आप सिट। चटर्जी, पार्थो। पृ. 79

अरविन्द से लेकर बंकिम तक अहिंसा, ग्राम स्वराज और आत्मनिर्भरता के 'गांधी समझ' से कोसो दूर है और मूलतः विरोधी है।

पर 19वीं सदी के अन्त और 20वीं सदी के शुरुआती दशकों तक भारतीय समाज में जो उथल-पुथल हो रहे थे उनकी पृष्ठभूमि में गांधी के सामने एक निहायत ही कठिन चुनौती खड़ी हुई थी–वैचारिकी में मतभेद होते हुए भी जवाहरलाल के सामने भी यही चुनौतियाँ थीं और इसका निराकरण किए बिना भारतीय राष्ट्र का निर्माण सम्भव नहीं था।

आखिर क्या थी वे चुनौतियाँ?

19वीं सदी के अन्तिम दशक ऐसे कठिन दिन थे जब साम्प्रदायिकता की विभेदक राजनीति गढ़ी जा रही थी।

वस्तुतः 19वीं सदी के अन्त में खास तौर पर आज के उत्तर प्रदेश में जो उस वक्त उत्तर पश्चिमी सूबा कहलाता था, यह सूबा साम्प्रदायिक दंगों का केन्द्र बन गया। 1809 का बनारस का लाट भैरव के दंगे ने लगभग एक युद्ध की शक्ल ले ली थी। "1893 का वर्ष हिंदू-मुस्लिम सम्बन्धों के लिए 19वीं सदी का सबसे खराब वर्ष रहा। गोबध से सम्बन्धित दंगों में 1000 से अधिक लोग मारे गये। पूर्वी उत्तर प्रदेश के आजमगढ़ जिले से अकेले 800 लोगों को गिरफ्तार किया गया था। इन दंगों से ब्रिटिश एवं मुस्लिमों के इस तर्क को बल मिला कि हिंदू-मुस्लिम विवादों की मध्यस्थता करने तथा संतुलन कायम रखने के लिए एक तीसरी शक्ति की आवश्यकता है। वायसराय लार्ड लैंसडाउन ने कहा कि गोरक्षा आंदोलन ने भारतीय राष्ट्रीय कांग्रेस को सिर्फ बकवास करनेवाली संस्था के बजाय सही मायनों में राजनैतिक शक्ति में परिवर्तित कर दिया है जिसके पीछे देशी समाज के सर्वाधिक खतरनाक लोगों का हाथ था।[1]

1892 के कौंसिल सुधारों ने साम्प्रदायिकता की आग को और भी अधिक सुलगा दिया। हिंदू बहुमत की भावनाओं का गोरक्षक आंदोलनकारी इस्तेमाल कर रहे थे–नतीजतन मुसलमानों को लोकतान्त्रिक सुधारों में खतरा दिखलाई पड़ने लगा। इसी का असर था कि 1906 में मुस्लिम लीग की स्थापना के अवसर पर लार्ड मिंटो को जो प्रतिवेदन शिमला में दिया गया था उसमें स्पष्ट रूप से व्यक्त किया गया कि लगभग 150 साल पहले जब भारत की शासन सत्ता मुगलों के हाथ में थी उस कालखण्ड में लोकतान्त्रिक चुनाव की कोई पद्धति के बिना ही

1. पाण्डेय, गिरीश चन्द्र। मुस्लिम लीग और साम्प्रदायिक राजनीति । दिल्ली, हर्ष पब्लिकेशन, 2010, पृ. 22

सुचारू रूप से साम्राज्य का काम चल रहा था। चूँकि भारत में इंग्लैंड की संसदीय राजनीति के तर्ज पर सरकारी पक्ष और विपक्ष में समय-समय पर सत्ता का हस्तांतरण नहीं हो सकता हैं चूँकि हिंदू बहुमत में हैं और मुस्लिम अल्पमत में है और इंग्लैंड के तर्ज पर भारत में बहुमत अल्पमत में नहीं बदल सकता है न ही अल्पमत बहुमत बन जा सकता है चूँकि अंग्रेजी संसद में बहुमत अल्पमत धर्म आधारित नहीं है बल्कि राजनैतिक विचारधारा आधारित है। इसलिए वेस्टमिनिस्टर की इस लोकतांत्रिक पद्धति से मुस्लिम लगातार पूरे इतिहास में अल्पमत में ही रह जाएँगे। दूसरी ओर यह भी ध्यान में दिलाया गया कि हिंदुओं के बहुमत के बावजूद उनके जमात में जाति व्यवस्था के चलते एक अच्छा खासा हिस्सा का प्रतिनिधित्व तत्कालीन सवर्ण हिंदू नहीं करता है।[1]

हालाँकि बड़े दंगे पलाशी युद्ध के बाद अंग्रेजी राज की स्थापना (1757) के लगभग 51 वर्ष पश्चात होने शुरू हो गए थे जिसका महत्वपूर्ण कारक था मर्दमशुमारी के जरिये रातोरात मुस्लिम समुदाय जो अब तक राजसत्ता का सहयोगी और आधार माना जाता था, वह एक निष्प्रभ अल्पमत में बदल गया और हिंदू बहुमत जो अपने को महज कमजोर, बाध्यता के चलते अपने को आज्ञाकारी प्रजा मानती रही वह अचानक शक्तिशाली हो गया। फिर हिंदुओं में एक बड़े शिक्षित मध्यम वर्ग बन जाने के कारण औपनिवेशिक शासन सत्ता में इनकी भागीदारी भी बनना शुरू हो गयी थी। सामंततंत्री शासन में राजनैतिक रूप से शक्तिसम्पन्न नये समुदायों के बनने का बहुत ही कम 'स्पेस' (जगह) रहती है, पुराने किस्म के रक्त और परिवार आधारित आभिजात्यवर्ग के आधार पर राजनैतिक रूप से शक्तिसम्पन्न समुदायों के जरिये ही राजपाट चलता रहता है। अंग्रेजी राज में इस 'स्पेस' को पहली बार 'आम जनता' ने प्रयोग में लाना शुरू किया और बहुमत तथा अल्पमत की धारणाएँ आम जनता में तथा उनके नेतृत्व पंक्ति में नए उभरते मध्यम वर्ग और पुराने आभिजात्यवर्ग में पनपने लगा। इस 'स्पेस' के निर्माण में तृणमूल स्तर पर स्थानीय निकायों के चुनाव में हिस्सेदारी और प्रतिनिधिमूलक व्यवस्था ने उत्प्रेरक शक्ति का काम किया। 1892 के कौंसिल सुधारों पर कांग्रेस से मुसलमानों का मतभेद इसी बढ़ते हुए 'समुदायबोध' और बहुमत समुदाय की शक्ति सम्पन्नता और अल्पमत की शक्तिहीनता से जोड़कर देखी जा सकती है।

1809 का बनारस का दंगा क्या धर्मीय आधार पर सबालटर्न जनता के संगठित होने का परिणाम था?[1] इस दंगे की पृष्ठभूमि में सन् 1781 में बनारस

1. सैय्यद हुसैन विलग्रामी द्वारा रचित यह प्रतिवेदन लार्ड मिंटो को अक्तूबर 1906 में दिया गया था।

के राजा चेत सिंह की पराजय[2] और कम्पनी राज की शुरुआत थी तो दूसरी ओर जनवरी 1811 में गृहकर से सम्बन्धित प्रथम महत्वपूर्ण सत्याग्रह था जिसमें पूरे बनारस का नागर समुदाय अपने घरों की सिकड़ी बन्द कर शहर के बाहर बैठ गया था।[3]

बनारस में दोनों आंदोलनों की भागीदारी में काशी की आम जनता केन्द्रबिन्दु थी, इसमें स्वाभाविक रूप से हिंदू बहुमत में था। मुसलमान जुलाहा या अशरफ अपने को इस माहौल में बेहद बेगाना समझ रहा था–हिंदू जनता एक शक्तिसम्पन्न समुदाय के रूप में इकट्ठा हो गया था, हालाँकि हिंदू समाज का प्रभु वर्ग नवाबी शासन की छत्रछाया से हटकर अंग्रेजी राज के छत्र के नीचे अपनी जगह बना ली थी पर अभी भी वह इन जनविद्रोहों के साथ नहीं था। भारतेन्दु द्वारा अँगरेजी राज की खिलाफत के बावजूद उनका वर्ग 'विद्रोह का सिपाही' नहीं बन पाया था और न ही ऐसी संस्थाएँ बन पाइ थीं जो विद्रोह और प्रतिवाद को संगठित कर पाती।

डा. गिरीश पाण्डेय ने अपनी पुस्तक मुस्लिम लीग और साम्प्रदायिक राजनीति में जिक्र किया है कि दंगे 1857 के पहले और बाद में भी हो रहे थे जैसे कि 1855 में अयोध्या का दंगा जिसमें 86 लोगों की जान गयी थी "पर अधिकांश दंगों का कारण स्थानीय होता था उनका असर उच्चवर्गीय हिंदू-मुसलमानों के आपसी सौहार्द्र पर नहीं पड़ता था लेकिन 19वीं सदी के अन्त तक ऐसी स्थितियाँ नहीं रह गई थी क्योंकि अब उच्चवर्गीय हिंदू और मुसलमान ने अपने को निचले तबके से जोड़ कर देखना शुरू किया था और हिंदू-मुसलमान अभिजात वर्ग का आपसी और व्यावसायिक राजनैतिक सम्बन्ध 'आधुनिक काल की कटुता' से प्रभावित हो गया।"[4]

आखिर ऐसा क्यों हुआ इसका कारण खोजा जा सकता है। एक प्रमुख कारण था अंग्रेजी राज द्वारा स्थापित स्थानीय निकाय और उसके प्रतिनिधिमूलक चरित्र एवं जनतांत्रिक पद्धति के माध्यम से चुनाव के जरिए जनप्रतिनिधियों के चुनाव में।

---

1. डा. मोतीचन्द। काशी का इतिहास। वाराणसी, विश्वविद्यालय प्रकाशन। पृ. 344-45
2. डा. मोतीचन्द। काशी का इतिहास। वाराणसी, विश्वविद्यालय प्रकाशन। पृ. 346
3. वही। पृ. 347-348
4. सी.एफ., एन्ड्रूज। जकाउल्ला आफ देलही। केम्ब्रिज, 1929, पृ. 11
   उद्धृत पाण्डे, गिरीश। मुस्लिम लीग और साम्प्रदायिक राजनीति। पृ. 41

काउंसिल चुनावों ने प्रतिस्पर्धात्मक राजनीति को जन्म दे दिया था और हिंदू-मुस्लिम आभिजात्यवर्ग और उभरता अंग्रेजीदाँ मध्यमवर्ग के लिए यह महत्वपूर्ण सीढ़ी बन गई थी अपनी हिस्सेदारी औपनिवेशिक तन्त्र में बढ़ाने के लिए और साथ-ही-साथ अपने समाज में प्रतिष्ठा पाने के लिए। पुराने तमगे जो मुगल और सल्तनत जमाने में आभिजात्य वर्ग को दिये जाते थे अब वे पूरी तरह से खारिज हो गये थे। नये वर्गों और नये आभिजात्य वर्ग का औपनिवेशिक शासनतन्त्र निर्माण कर रही थी। प्रथम आधुनिक राजनैतिक दल भारतीय राष्ट्रीय कांग्रेस जो 1885 में बनाई गई थी अभी तक अपनी जड़ें नहीं जमा पायी थी और जड़ जमे इसके पहले ही उभरते हुए साम्प्रदायिक विभाजन ने कांग्रेस के राष्ट्रीय एकता के मंसूबों पर पानी फेर दिया था।[1] बहुमत हिंदू जनता गोरक्षा जैसे आंदोलन से अपनी विश्वदृष्टि बना रही थी, जिसका सीधा-सीधा नतीजा साम्प्रदायिक विभाजन था दूसरी ओर मुसलमान जमात कांग्रेस के एजेण्डा में भविष्य में लोकतांत्रिक भारत में अपनी कमजोर छवि देखकर आतंकित हो रहा था चूँकि इस व्यवस्था में उन्हें महज एक रंगहीन अल्पमत में बदल जाना था। मुस्लिमलीग का जन्म और पाकिस्तान की अवधारणा का यह मूल स्रोत था। पर इसमें दो राय नहीं कि म्युनिसिपलटियों के चुनाव में विशाल बहुमत पाए हुए हिंदू प्रतिनिधियों की बड़ी संख्या, आर्यसमाज,गोरक्षा आंदोलन और एक सशक्त हिंदू आइडेंनटिटी बनने की वजह से साम्प्रदायिकता और खास तौर से बहुमत साम्प्रदायिकता की शुरुआत हो चुकी थी। इसका असर मुस्लिम जनता और आभिजात्य वर्ग पर पड़ना ही था। वस्तुत: पाल आर ब्रास ने रिलिजियन एण्ड पोलिटिक्स इन नार्दन इण्डिया में इस प्रक्रिया का खुलासा करते हुए कहा है कि सिख कूका (या नामधारी) सम्प्रदाय और आर्य समाज के अनुयायियों द्वारा गोवध विरोधी आंदोलन के मुद्दे को लेकर आगे बढ़ने से बाध्य होकर रूढ़िवादी हिंदुओं को भी इस आंदोलन में कूदना पड़ा। इनके आंदोलन में शामिल होने के बाद ही गंभीर साम्प्रदायिक हिंसा हुई।[2]

एक महत्वपूर्ण प्रश्न यह उठता है कि क्या भारतीय राष्ट्रीय कांग्रेस के बनने के पहले ही हिंदू और मुसलमान अपने को अलग राष्ट्रीयता मान बैठे थे तो ऐसे हालत में हम सन् 27 के बाद मुहम्मद अली जिन्ना को ही हम 'द्विराष्ट्र' सिद्धान्त के लिये अकेले जिम्मेदार क्यों ठहरायें? नि:संदेह गोरक्षा आंदोलन ने आम हिंदुओं

1. मैक्लीन, जान.आर.। इण्डियन नेशनलिस्म एण्ड अर्ली कांग्रेस, प्रिंसेटन यूनिवर्सिटी प्रेस, यू.एस.ए., 1977, पृ. 274
2. ब्रास, पौल। रीलिजियन एण्ड पोलिटिक्स इन नार्थ इण्ड़िया। कैम्ब्रिज, 1974, पृ. 129

के मन मस्तिष्क में साम्प्रदायिकता का बीज बो डाला था। दूसरी ओर भविष्य में बनने वाले जनतन्त्र में मुसलमानों का अल्पमत 'असरहीन' हो जाने का भय भी उसे और खास तौर पर उसके प्रभुवर्ग को कुरेद रहा था। साम्प्रदायिक विभाजन की रेखा गोवध विरोधी आंदोलन ने डाल दी थी पर वह अभी भी हिंदू और मुसलमान दो अलग-अलग ठोस राष्ट्रीयताओं के ढाँचे में परिवर्तित नहीं हो गये थे। मैक्लेन जान आर ने अपने "इण्डियन नेशनलिज्म एण्ड द अर्ली कांग्रेस" पुस्तक में जिक्र किया है कि "आधुनिक भारत के प्रारम्भिक दिनों में कांग्रेस के बाहर उसका मुख्य अवरोधक भारतीय इस्लाम था। हर पाँचवाँ व्यक्ति मुसलमान था। यद्यपि कुछ मुसलमान नेता कांग्रेस में शामिल हुए थे लेकिन अधिकांश लोग इस तर्क से सहमत नजर आते थे कि हिंदू और मुसलमान दो अलग-अलग राष्ट्रीयताएँ हैं।"[1]

हिंदू और मुसलमान दो अलग-अलग राष्ट्रीयता 19वीं सदी से ही बन चुकी थी। यह आकलन विश्लेषण की माँग करता है। इसमें दो राय नहीं कि हिंदू साम्प्रदायिकता के दबाव में मुस्लिम अस्मिता जवाबी रूप में आ चुकी थी। प़र यह साम्प्रदायिकता स्थानीय पैमाने तक छुट-पुट दिखलाई पड़ती थी। यह पुष्ट होकर दो राष्ट्रीयताओं में बदल गया हो ऐसी प्रक्रिया अभी पूरी नहीं हुई थी यह सब कुछ शुरुआती दौर में ही था–वस्तुत: कांग्रेस की ब्रिटिश संविधानवाद के प्रति मोहग्रस्तता और जनतन्त्र के प्रति अविवेची दृष्टि (अनक्रिटिकल) ने यह परिस्थिति उत्पन्न कर दी थी। दूसरी ओर हिन्दी-उर्दू विवाद ने मुस्लिम आभिजात्य वर्ग को पुन: अपने मध्यमवर्गीय कलम पेशेधारी समाज के बचाव में नेतृत्व देने के लिए बाध्य किया। यह विवाद महज प्रशासनिक और राजनैतिक पदों के लिए बढ़ती हुई प्रतियोगिता तक ही सीमित नहीं थी। हालाँकि पाल ब्रास इस विवाद के सीमित प्रभाव तक ही बात करते हैं। वस्तुत: गोरक्षा आंदोलन की व्यापकता, म्युनिसिपलिटियों में लोकतन्त्र और हिंदू बहुमत का आना, हिन्दी-उर्दू विवाद में हिन्दी की उर्दू के बनिस्पत अधिक स्वीकार्यता से मुस्लिम मध्यम वर्ग की परेशानी बढ़ा दी। कांग्रेस का भविष्य का राष्ट्रीय लोकतन्त्र का खाका अब महज स्थानीय स्वशासन तक न रह करके पूरे औपनिवेशिक राज्यसत्ता का विकल्प के रूप में उभरते देखकर मुस्लिम मध्यमवर्ग असुरक्षित महसूस करने लगा और इन प्रक्रियाओं ने क्रमश: हिंदू-मुसलमान खाई को चौड़ा कर दिया।

यह ध्यान देने योग्य प्रश्न है कि 1905 में जब लार्ड कर्जन ने बंगाल का विभाजन किया तो उनके जेहन में बंगाल में उभरती साम्राज्य विरोध क्रांतिकारी आंदोलन अनुशीलन-जुगान्तर जैसे गुप्त क्रांतिकारी संगठनों की बढ़त और सम्भवत:

1. मैकलिन, आर.जन। आप सिट। पृ. 3

उनकी अपनी भारतीय समाज की समझ काम कर रही थी। उल्लेखनीय है कि लार्ड कर्जन फारसी भाषा के जानकार और मध्यप्राच्य में अरब दुनिया के प्रश्नों के अध्येता भी थे। पर कर्जन का यह कदम पूर्वी बंगाल के अधिकांश मुसलमान जनता को प्रभावित नहीं कर पाया। 1857 की जनक्रांति के बाद बंग भंग और स्वदेशी के तुफ़ानी आंदोलन को बहुधा आधुनिक भारतीय राष्ट्रवाद का पहला प्रहार माना जाता है। यहाँ ध्यान देने योग्य बात है कि 1857 अधिकांशत: हिंदी इलाके का सिपाही-विद्रोह के साथ-ही-साथ एक जनविद्रोह भी था। उस कालखण्ड में बंगाल का उभरता मध्यमवर्ग और आम जनता ने 57 के इस जनविद्रोह का साथ नहीं दिया था। पर 1905 में बंग भंग के बाद बंगाली समाज और खासतौर पर हिंदू बंगाली समाज और उनका उभरता हुआ मध्यम वर्ग एक महाभारती संग्राम के लिए लाभबन्द हो गया था। इस संघर्ष के नारों में स्पष्टता अधिक थी और भारतीय राष्ट्रवाद की 'बीज अवधारणाएँ' भी निहित थीं। यह सिपाहियों, जमींदारों, रजवाड़ों के आक्रोश के फलस्वरूप नहीं पैदा हुआ था। यह बंगाल नागर समाज (सिविल सोसाइटी) में उभरते नये राष्ट्रवाद का लार्ड कर्जन के साम्राज्यी कदम के खिलाफ जवाबी कदम था। गांधी ने हिंद स्वराज में बंग भंग आंदोलन पर केन्द्रित करके 'उभरते राष्ट्रवाद' पर एक थीसिस गढ़ी है।

गांधी ने कहा कि 'हिंद स्वराज' की नींव बंग भंग विरोधी आंदोलन के विरोध से पड़ गई है। यह बीज है नूतन राष्ट्रवाद का, इसके लिए उन्होंने लार्ड कर्जन को धन्यवाद तक दिया और कहा बंग भंग अन्तिम दौर में साम्राज्य को भंग कर देगा। ब्रिटिश साम्राज्य को जो धक्का बंग भंग से लगा वैसा धक्का साम्राज्य को इसके पहले कभी नहीं लगा था।[1] यह प्रश्न परिलक्षित करने के लायक है कि बंग भंग का प्रतिवादी आंदोलन निश्चित रूप से एक राष्ट्रीय आंदोलन का शुरुआती बीज था। अंग्रेजी राज का साम्प्रदायिक एजेण्डा तक इस आंदोलन को विभाजित नहीं कर पाया। इसीलिए 1906 में जब मुस्लिमलीग की स्थापना हुई, उसकी कमजोर स्थिति को सम्हालने के लिए और साथ-ही-साथ यह कदम मुस्लिम साम्प्रदायिकता को खड़ा करने का प्रयत्न एक ऐसे समाज में था जिसमें हिंदू-मुस्लिम बैरी भाव उत्तर भारत के नार्थ वेस्टर्न प्राविंस की तरह विकसित नहीं हो पाया था। इसके भरपूर समर्थन के लिए अंग्रेजी राज खड़ा हो गया।

अक्तूबर 17, 1906 में लार्ड कर्जन ने सर आर्थर गाडले को लिखा "मैं आपसे पूरी तरह से सहमत हूँ कि अभी ताजातरीन मुस्लिम प्रतिनिधिमण्डल का

1. गांधी, महात्मा। हिंद स्वराज। वाराणसी, सर्व सेवा संघ प्रकाशन, 2002। पृ. 25

वक्तव्य निहायत ही महत्वपूर्ण हैं, आपने सही ही कहा है वे साम्राज्य को बचा सकते हैं और सुदूर इंग्लैण्ड के लोगों को भी आश्वस्त किया जा सकता है कि भारत में बंगालियों (जो साम्राज्यविरोध का झण्डा उठाये हुए हैं) का ही अकेला वर्चस्व नहीं है।"[1]

पूर्वी बंगाल में मुस्लिम जनसंख्या का बृहत्तर हिस्सा छोटा किसान और खेत मजदूर का था। वह बंग भंग के इस संग्राम में अंग्रेजी राज के साम्प्रदायिक हस्तक्षेप के बावजूद निरपेक्ष दर्शक बना रहा। उसके लड़ाई के एजेण्डा में हिंदी बनाम उर्दू के तर्ज पर बंगला बनाम उर्दू नहीं था। वह इतिहास के उस दौर में एक वंचित एवं वर्चस्वाधीन समुदाय (हेजेमोनाइस्ड क्लास एण्ड कम्युनिटी) था। वह उस व्यवस्था का अंग था जिस पर पर्मानेन्ट सेटलमेन्ट एक्ट के परिणामस्वरूप बने हुए नये जमींदार वर्ग का आधिपत्य था। अतः इस वंचित समुदाय का एक जर्बदस्ती से लिया हुआ सहमति या निरपेक्ष दर्शक की सहमति बंगाल के सवर्ण, उच्चवर्गीय हिंदू भद्रलोक और एक छोटी सी मुसलमान आभिजात्य वर्ग, को बंग भंग आंदोलन से मिल गया था। यह एक व्यापक एकता थी जिसमें सामन्त और उसकी प्रजा, अफसर और उसकी प्रजा एक साथ खड़ी हुई थी। इस मायने में यह 1857 से अधिक पुख्ता सबूत थी एक नूतन राष्ट्रवाद के उभरते स्वर का। गांधी इसीलिये बंग भंग में नया भारतीय राष्ट्रवाद का जागरण सुदूर दक्षिण अफ्रीका में अपने संग्रामी दिनों के दौर में भी परिलक्षित कर लेते हैं। वस्तुतः आधुनिक भारतीय राष्ट्रवाद के लिए एक पुख्ता थीसिस की इजाद आम आदमी की शिरकत में चल रहे जन आंदोलनों के माध्यम से ही किया जा सकता था। 1857 के विद्रोह का औपचारिक नेतृत्व एक 'मुशतरका राष्ट्रवाद' की रूपरेखा तो अवश्य प्रस्तुत कर देता है, पर 1921 का असहयोग आंदोलन और खिलाफत का सम्मिलित आंदोलन हिंदू-मुस्लिम जनता और खास तौर पर आम जनता को एक बड़े पैमाने पर लामबन्द करने में सफलता हासिल करता है। इसीलिए सन् 21 के असहयोग आंदोलन को ही 'आधुनिक भारतीय राष्ट्र' बनाने के प्रथम प्रयास के रूप में चिह्नित किया जाना चाहिए।[1]

गांधी, 1921 में असहयोग आंदोलन की मुख्य धुरी हिंदू-मुस्लिम एकता और औपनिवेशिक गुलामी की खिलाफत को बनाते हैं। इस प्रतिवाद का 'माध्यम अस्त्र' असहयोग है और स्वराज इसका नारा है। पर यह कदम निश्चित तौर पर

---

1. लार्ड मिंटो सम्बंधित कागजात नेशनल लाइब्रेरी आफ स्काटलैण्ड में संरक्षित उद्धृत डाकूमेन्टस आन हिस्टरी आफ इण्डिया एण्ड पाकिस्तान। चौथा संस्करण फिलिप्स द्वारा सम्पादित। पृ. 194

1905 के बंग भंग आंदोलन से आगे बढ़ा हुआ कदम है। 1905 का बंग भंग आंदोलन बंगाल के प्रभु वर्ग के अंग्रेजी राज के खिलाफ प्रतिवाद और मुसलमान किसान समुदाय की उदासीनता के फलस्वरूप संगठित हुआ था। ग्राम्चीयन व्याख्या में यह बहुमत मुस्लिम किसान से बाध्यतामूलक सहमति लेकर बंगाल के उभरते हुए अंग्रेजी राज के प्रतिवादी भद्रलोक वर्चस्व को स्थापित करने की प्रक्रिया थी। 1921 इससे और भी भिन्न और आगे बढ़ा हुआ कदम था। और दूसरी ओर 1921, 1857 से तो भिन्न था ही। पर इस प्रतिस्थापना को स्वीकार करने में कोई दुबिधा नहीं होनी चाहिए कि 1905 के भारत में बहुधर्मीय, बहुसांस्कृतिक परिवेश तथा नये वर्गों जो पुराने सामन्ती वर्गों से भिन्न थे उन्हें लेकर एक आधुनिक 'राष्ट्रवाद' ढालने की कोशिश हुई थी। रूस में भी 1905 का असफल विद्रोह ही 1917 की मुख्य पृष्ठभूमि बना।

इटली में राष्ट्रनिर्माण का हवाला देना यहाँ जरूरी हो जाता है चूँकि गांधी ने इटली में 'राष्ट्रनिर्माण' की प्रक्रिया का अध्ययन अपनी प्रसिद्ध पुस्तक 'हिंद स्वराज' में एक पूरे अध्याय के रूप में पेश किया है।[2] हाँलाकि इटली के राष्ट्रनिर्माण में बहुधर्मीय अस्मिता के बीच द्वंद, बाधक कभी भी नहीं हुई क्योंकि धार्मिक दृष्टि से इटली पहले से ही पूरी तरह से कैथोलिक धर्मावलम्बी था, पर इटली की आंचलिक संरचनाएँ भिन्न थीं। अगर इटली का एक हिस्सा मध्य यूरोपीय धारा से जुड़ा हुआ था जो कालान्तर में मूलत: 'औद्योगिक इटली' का हिस्सा बना तो दूसरा बड़ा हिस्सा कृषि आधारित ग्रामीण समाज का था। इसी इलाके से अमेरिका में बसा गरीब ग्रामीण माफिया डायस्पोरा ने 30 से लेकर 50 के दशक तक अमेरिका में कुहराम मचा दिया था। पित्जा जिसको गरीब इटालियन किसान अपनी गठरी में बाँधकर यात्रा के दौरान खाने के लिए ले आया था कालान्तर में वह पूरे विश्व में इतालवी स्वादिष्ट पकवान पित्जा के नाम से प्रसिद्ध हुआ।

गांधी पर इतालवी चिंतक मत्जिनी का बहुत गहरा प्रभाव था। मत्जिनी ने इटली के राष्ट्रवाद को परिभाषित किया और गैरीबाल्डी ने भी इतालवी राष्ट्रवाद को परिभाषित किया पर गैरीबाल्डी ने आस्ट्रियन साम्राज्य से अलगाव को ही 'इतालवी राष्ट्रवाद' मान लिया था। आस्ट्रियन साम्राज्य के तौर तरीकों और राज्य संरचना से गैरीबाल्डी को बुनियादी इतराज नहीं था और एक स्वतन्त्र इटली में वे

1. हिंद स्वराज गांधी महात्मा। नवजीवन, 2008, पृ. 49-50
2. सरकार, सुमित। पापुलर मूवमेण्टस एण्ड मिडलक्लास लीडरशीप इन लेटर कोलोनियल इण्डिया, सेन्टर फार स्टडीज़ इन सोशल साइंसेस। पृ. 276

आस्ट्रियन साम्राज्य की राज्य संरचना को हू-ब-हू स्थापित कर देना चाहते थे। पर मत्जिनी के विचार से इंटली का अर्थ था 'इटली के किसान' इटली के मजदूर और किसान ही इटली थे। इटली का पुनः प्रतिष्ठित सम्राट इमानुएल इटली का प्रतिनिधित्व नहीं करता था।[1] गांधी के सामने स्पष्ट था कि देशी रियासतों का राजपाट भारतीय राजन्य वर्ग के नियन्त्रण में होने के बावजूद देशी रियासतों में प्रजा कुचली जाती है, गांधी ने कहा कि यह स्वराज्य नहीं है। मैत्जिनी ने मनुष्य जाति के कर्तव्य के बारे में लिखते हुए बताया है कि हर एक को स्वराज्य भोगना सीखना चाहिए। मैंत्जिनी ने इस सन्दर्भ में कहा कि इटली आजाद नहीं हुआ है।

मैत्जिनी के स्वदेश प्रेम में गांधी को आम जनता और स्वचेतना, स्वनियन्त्रण दिखलाई पड़ता है जो कुछ हद तक स्वराज के नजदीक है। पर इटली से गांधी का रिश्ता यहीं नहीं खत्म हो जाता है। 20 के दशक में गांधी पर विख्यात चिंतक और इतालवी साम्यवादी दल के महामंत्री अन्तोनियो ग्राम्ची अपनी राय व्यक्त करते हैं, जो इत्तेफाकन ही त्रुटिपूर्ण है। स्वाभाविक है कि ग्राम्ची के पास गांधी और भारत को समझने का पर्याप्त आधार सामग्री नहीं था। यह भी सम्भव है कि ग्राम्ची ने अपनी दृष्टि मानवेन्द्र नाथ राय जो उस समय कोमिन्टर्न के एक महत्वपूर्ण सदस्य थे, लेखों को पढ़ने के बाद बनाया हो। "गांधीवाद एक मासूमियत से भरा-सैद्धान्तिकीकरण है जो निष्क्रिय इन्कलाब (पैसिव रिवोल्यूशन) है जिसका स्वर धार्मिक है"[2] यह था ग्राम्ची का वक्तव्य गांधी के पैसिव रेसिस्टेन्स के बारे में वस्तुतः ग्राम्सी का यह वक्तव्य निहायत ही त्रुटिपूर्ण है। गांधी न तो पैसिव रेसिस्टेंस के समर्थन में हैं और न ही उनके स्वर से धार्मिकता का सन्देश निकलता था। गांधी ने तृणमूलस्तर से आम जनता के माध्यम से आजादी के संघर्ष को एक नयी गति दी थी। ग्राम्ची ने गांधी और टालस्टाय को एक ही तराजू में तौल डाला यह एक त्रुटिपूर्ण प्रतिस्थापना थी। गांधी एक नये किस्म के जनसंग्राम के नायक थे टालस्टाय एक सजग चिन्तक और साहित्यकार थे पर वे परिवर्तन की लड़ाई के नायक नहीं थे।

गांधी ने उच्चवर्णीय-आभिजात्यवर्गीय कांग्रेस को आम जनता-किसान-मजदूर-मजलूम का औजार बनाया। वस्तुतः ग्राम्ची की रणनीति को ही गांधी ने भारतीय स्वातन्त्र्य संग्राम में इस्तेमाल किया। जहाँ तक धार्मिक स्वर का प्रश्न है। गांधी जब भी धर्म शब्द का इस्तेमाल करते थे तो उसका मूल अर्थ 'उदात्त-मानवतावाद' और मानवीय कर्तव्यबोध से होता था वह हिंदू, मुस्लिम, ईसाई,

1. वीलेज स्टडीज : गांधीयन प्रैक्सिस के प्रथम राष्ट्रीय सेमिनार के आधार पत्र में।
2. गांधी, महात्मा। हिंद स्वराज। वाराणसी, सर्व सेवा संघ प्रकाशन, 2002। पृ. 60

सिख, जैन धर्मों के संस्थागत ढाँचों, दीवारों और प्रतिबन्धों की ओर इंगित नहीं करते थे। लेनिन ने कोमिनटर्न के दूसरे कांग्रेस में एम.एन. राय की वह थीसिस जिसके तहत वे गांधी को महज ब्रिटिश और भारतीय पूँजीपति वर्ग और मध्ययुगीय धर्मान्धता पर आधारित राजनीति का कार्यकर्ता मानते थे–इस पूरी थीसिस को लेनिन ने रद्दी की टोकरी में फेंक दिया और कहा कि भारत जैसे देश में गांधी का बनाया हुआ संयुक्त मंच ही साम्राज्यवाद के खिलाफ सबसे महत्वपूर्ण राष्ट्रीय पहल है। वस्तुत: लेनिन को पूरब के साम्राज्यवादी आंदोलन और उसके खिलाफ संग्राम पर एक अलग से प्रस्ताव पेश करना पड़ा जिसमें एम.एन. राय जो अपने को भारत और एशियाई कम्युनिस्ट आंदोलन का प्रतिनिधि मानते थे, उनकी प्रतिस्थापनाओं और मान्यताओं को पूरी तरह से खारिज कर दिया गया।

ग्राम्ची ने निष्क्रिय क्रांति (पैसिव रिवोल्यूशन) की व्याख्या करते हुए दो अन्तर्निहित सिद्धान्तों की विवेचना की है। वस्तुत: ग्राम्ची ने यूरोप में दो महत्वपूर्ण राजनैतिक घटनाओं फ्रेंच क्रांति और इतालवी राष्ट्रनिर्माण जो मूलत: 'सर्वोच्च सत्ता' द्वारा निचले और राष्ट्रीय स्तर पर परिवर्तन और उसके साथ छिटपुट जनप्रिय गठबन्धनों के साथ गठजोड़ से बना था उसे 'रिसोरजिमिंटो' (ऊपर से परिवर्तन) के तौर पर परिभाषित किया। इन दोनों के तुलनात्मक अध्ययन में 'निष्क्रिय क्रांति' की अवधारणाओं को विकसित किया गया। ग्राम्ची ने फ्रेंच क्रांति में 'इन्कलाबी परिवर्तन' के पीछे मुख्य शक्ति जैकोबिनो के द्वारा फ्रेंच राज्यसत्ता के उखाड़ फेकने की प्रक्रिया में देखा। वस्तुत: 'जैकोविन क्रांतिकारी परिवर्तन' के आंदोलन में सफलता का एक मुख्य कारण था जैकोबिनों द्वारा फ्रांस के किसानों के साथ गठजोड़।[1]

ग्राम्ची ने इतालवी रिसोरजिमिंटो का वर्णन करते हुए कहा कि 'इतालवी रिसोरजिमिंटो' में कहीं भी जैकोबिनो द्वारा ग्रहण की गई इन्कलाबी पहल दिखलाई नहीं पड़ती है। बल्कि इसके ठीक विपरीत इतालवी रिसोरजिमिंटो के नायक प्रधानमंत्री कावूर के नेतृत्व में पिडमोंट की राज्य व्यवस्था थी। इसका न्यूनतम सम्बन्ध लोकप्रिय क्रांतिकारी समूहों और आंदोलन से था। ग्राम्ची ने पिडमोंट राज्य द्वारा राष्ट्रनिर्माण की पहल की व्याख्या को रिसेरजिमिंटो बताया। मूलत: यह राज्य द्वारा ऊपर से थोपी बनाई हुई परिवर्तन की पहल थी जिसने पिडमोंट राज्य में क्रमश: बदलाव की धारा बनाई।

ग्राम्ची ने इस पूरी परिस्थिति को परिभाषित करते हुए कहा कि "रिसोरजिमिंटो

1. लारेन्स, रोजर साइमन। ग्राम्चीस पोलिटिकल थाट। 1982, पृ. 46

मूलतः ऊपर से निर्मित और निर्देशित क्रांति थी। जिसका माध्यम निष्क्रिय क्रांति (पैसिव रिवोल्यूशन) था। इस रणनीति को पिडमोंट या पिडमोंटिस स्टेट ने इजाद की थी। इतालवी पूँजीपति द्वारा जो रणनीति ग्रहण की गई थी उसका चरित्र मूलतः 'निष्क्रिय प्रतिरोध' क्रांति का था।"[1]

अगर हम इस मापदण्ड को मान लें तो गांधी के आंदोलन को किसी भी तरीके से पिडमोंटिस राज्य के प्रधानमंत्री कावूर द्वारा 'रिसोरजिमिंटो' या ऊपर से निर्गमित सुधार की प्रक्रिया नहीं मान सकते हैं। चूँकि गांधी नागर समाज (सिविल सोसाइटी) और जनआंदोलन के प्रतीक थे। गांधी के पास कोई पिडमोंटिस राज्य या तन्त्र कब्जे में नहीं था। न ही उन्हें पिडमोंटिस के प्रधानमंत्री कावूर का दर्जा हासिल था। इतालवी सामन्ती परिवार से उभरे काउन्ट कमिलो बन्सो दी कवूर (1810-1861) पिडमोंट स्टेट के प्रधानमंत्री कवूर थे। कवूर मूलतः इतालवी राजपुरुष थे जिन्होंने आधुनिक इतालवी राष्ट्र को गढ़ने में बेहद महत्वपूर्ण भूमिका निभायी, वे शुरू में सार्डिनिया के शाही सरकार में वाणिज्य और कृषि मन्त्री थे। उन्होंने 1848-49 के असफल इतालवी इन्कलाब के पश्चात उस असफल राष्ट्रीय क्रांति के कार्यक्रमों को पूरा करने के लिए पिडमोंट राज्य को संयुक्त इतालवी राष्ट्र का हिस्सा बनाने के लिए 'निष्क्रिय क्रांति' (सत्तारूढ़ केन्द्र के माध्यम) का सहारा लेकर इतालवी राष्ट्रीय एकता का निर्माण किया था।[2]

1. लारेन्स, रोजर साइमन। ग्राम्चीस पोलिटिकल थाट। 1982, पृ.47
2. ग्राम्ची, अन्तानियो। दी माडर्न प्रिंस एण्ड अदर राइटिंग्स। न्यू यार्क, इन्टरनेशनल पब्लिशर्स, 1978, पृ. 189

2

साम्प्रदायिकता का ऐतिहासिक समय

19वीं सदी के अन्त के आखिरी दशकों ने भारतीय इतिहास की भविष्य के यात्रा के लिए एक पटभूमिका तैयार की थी पर इस पृष्ठभूमि में केवल एक ही कारण नहीं था। विविध प्रश्नों और जटिलताओं से भरे इस युग में 1915-16 से गांधी और सन् 20 से जवाहरलाल का भारतीय राजनीति में प्रवेश हो जाता है।

गांधी और नेहरू को विरासत में एक निहायत ही साम्प्रदायिकता से दूषित भारतीय समाज मिला। दूसरी ओर आर्थिक दृष्टि से क्रमश: आम किसान तथा कारीगर के सर्वहाराकरण की प्रक्रिया, अंग्रेजी राज के नये समर्थक वर्गों का उभरना, स्थानीय स्तर की राजनीति से उभरता-प्रतिनिधिमूलक व्यवस्था में शिरकत और साथ ही आधुनिक विचारधाराओं के अभाव में सामाजिक विभेदीकरण की प्रक्रिया भी विरासत के रूप में गांधी और नेहरू को मिली। पर इसी के साथ कुछ नयी लकीरें भी भारतीय इतिहास के स्लेट पर बन रही थीं। बंग भंग आंदोलन, किसानों का स्वत:स्फूर्त प्रतिरोध, आदिवासियों का विद्रोह और नव जागरण के प्रयोग में समाज परिवर्तन की कुछ रूपरेखा खींची जा रही थी। धार्मिक-सामाजिक दुनिया में विवेकानन्द-दयानन्द सरस्वती से लेकर छुटपुट अनेकों धार्मिक सुधार के आंदोलनकारियों ने अपने नये प्रयोगों के साथ प्रवेश करना शुरू किया। मुसलमानों के बीच शिबली नोमानी और सर सैयद अहमद खान का आधुनिक शिक्षा का एजेण्डा मुस्लिम पारम्परिक समाज और 1857 के पश्चात से मुसलमानों में जो पस्ती आयी थी उसके निराकरण का एक रास्ता बन रहा था। साहित्य और विचार की दुनिया भी बेहद हलचल से भरा हुआ था। एक महत्वपूर्ण मुद्दा बहस का यह भी था कि क्या भारतीय राष्ट्र का निर्माण हो पाया है या नहीं। स्वाभाविक रूप से यह प्रश्न उस वक्त काफी दिल दिमाग कुरेदना वाला प्रश्न था।

1908 में एक लेख 'समस्या' में रवीन्द्रनाथ टैगोर ने टिप्पणी की कि जिस देश में एक 'महाजाति' नहीं बनी है वहाँ स्वाधीनता आ ही नहीं सकती है। किसकी

स्वाधीनता? भारतवर्ष में यदि बंगाली स्वाधीन हो तो दक्षिण के नायर जाति के लोग अपने को आजाद नहीं मानते हैं। बंकिम चन्द्र ने भी कुछ इसी तरह के और हमलावर तेवर में भारतीय राष्ट्रवाद की तस्वीर खींची थी। "भारतवर्ष का दुर्भाग्य ही है कि एक मात्र एक जाति, एक देश के बावजूद जाति की एकता की धारणा बनती नहीं है। अंग्रेजों के आने के पहले केवल मराठों और सिखों में राष्ट्रीय बोध बन पाया था।"[1]

दूसरी ओर कैनिंग, डफरिन, मिण्टो या मोन्टेगू बर्केनहेड या सैमुएल होर भी इसी ब्रहाने दावा करने लगे "चूँकि भारत तो एक राष्ट्र के रूप में उभरा ही नहीं है इसलिए आत्मनिर्णय के अधिकार का कोई प्रश्न उठता ही नहीं है।" जिस प्रकार से प्रसिद्ध इतिहासकार नेमियर 18वीं सदी के राजनीति के विश्लेषण में किसी विराट आदर्शवाद को नहीं खोज पाए थे[2], उसी तरह कैम्ब्रिज इतिहासकारों ने भी 'गोरे आदमी के उत्तरदायित्व' जैसे साम्राज्य समर्थक दलील का न इस्तेमाल करने के बावजूद विभेद, विभाजन के अध्ययन पर ही ज्यादा जोर दिया था, पर यह विभाजन महज काल्पनिक गढ़ी हुई कहानी ही नहीं थी। हिंदू-मुस्लिम विभाजन रेखा जो 19वीं सदी के अन्त में आते-आते पूरी तरह से साम्प्रदायिकता की विचारधारा से ओतप्रोत हो गयी थी उसे अस्वीकार भी नहीं किया जा सकता है। हाँलाकि यह विभाजन रेखा मूलतः संयुक्त प्रांत और बिहार के कुछ हिस्सों में अधिक प्रबल थी पर इसका प्रभाव कमोवेश पूरे भारत पर था। बंग भंग के निर्णय ने साबित कर दिया था कि औपनिवेशिक शासन सत्ता एक सोची समझी रणनीति के जरिये हिंदू-मुस्लिम विभाजन रेखा खींच रही है।

इतिहास के इस दौर में हिंदू बनाम मुस्लिम, हिंदू-मुस्लिम एकता, भारतीय राष्ट्रवाद को एकरंगी न बनाकर बहुरंगी बनाना और दोनों धर्मावलम्बियों के बहुमत जनता की साम्प्रदायिक पहचान और उन्हें साम्प्रदायिकता की राजनीति का मोहरा बनाना बड़ा प्रश्न बन गया था। मुस्लिम प्रश्न को बिना स्पर्श किए और समस्या के निदान के लिए कदम बढ़ाए बिना भारतीय राष्ट्रीय आजादी का संग्राम लड़ा नहीं जा सकता था, यह गांधी और नेहरू दोनों के सम्मुख स्पष्ट था। राष्ट्रीय आजादी और कांग्रेस के विशाल बहुमत नेतृत्व में बाल गंगाधर तिलक, सुरेन्द्रनाथ बनर्जी, अरविन्द घोष, लाला लाजपत राय के लिए यह एजेण्डा में रखने लायक विषय ही नहीं था। शायद इन लोगों में तिलक ही सबसे वास्तवधर्मी थे। शुरुआती वर्षों में हिंदू साम्प्रदायिकता की राजनीति को प्रोत्साहित करने के बावजूद 1916 में उन्होंने और

---

1. त्रिपाठी, अमलेश। स्वाधीनता संग्रामे भारतेर जातीय कांग्रेस। कलकत्ता, आनंद पब्लिशर्स, पृ. 17
2. वही। पृ. 18

एनी बेसेंट ने कांग्रेस-मुस्लिम लीग लखनऊ पैक्ट के निर्माण में मुख्य शिल्पी की भूमिका निभायी। बाद के दिनों में एनी बेसेंट भी थियोसाफी और शिक्षा जैसे प्रश्नों में ही उलझी रही और राजनीति से विदा ले लिया। इससे देश में एक ईमानदार निरपेक्ष राष्ट्रनेत्री की भूमिका खत्म हो गयी जो अंग्रेजी राज से मजबूती से बातचीत कर सकती थी। भारतीय राष्ट्रीय कांग्रेस की प्रथम महिला अध्यक्ष होने के नाते उन्होंने शिक्षा और विशेष तौर पर महिलाओं में शिक्षा और राजनीति के प्रति रुचि और महिला शिक्षा को प्रोत्साहित किया था।

एक महत्वपूर्ण प्रश्न उठता है कि हम साम्प्रदायिकता के 'ऐतिहासिक समय' के सन्दर्भ में कैसे विश्लेषण करें। साम्प्रदायिकता मूलत: एक आधुनिक विचारधारा है, जो एक व्यापक पैमाने पर 'दृष्टि बदलाव' का घटक बनती है खास तौर पर आम जनता में। साम्प्रदायिकता की शुरुआत और उसका क्रमशः विकास हिंदू और मुस्लिम समुदायों में नये वर्गों के उदय के साथ जोड़ कर देखा जा सकता है। खास तौर पर हिंदू मध्यमवर्ग जो इस दौर में सवर्णजातियों से ही उपजी थी और जो शिक्षा का विस्तार तथा अंग्रेजी राज के तन्त्र में प्रवेश करने के मौकों का उपयोग अपनी लोचदार, विकेन्द्रित धर्मीय-सांस्कृतिक व्यवस्था के कारण कर सका–यह वर्ग निश्चित तौर पर एक महत्वपूर्ण भूमिका निभा रहा था। इसकी अपेक्षा मुस्लिम मध्यमवर्ग जो मूलत: पुराने आभिजात्य वर्ग का ही एक हिस्सा था, वह अंग्रेजी राज को अपना प्रधान शत्रु मानता था चूँकि अंग्रेजों ने उनके हाथों से हुकूमत छीन ली थी–केवल यहीं तक नहीं 1857 के जनविद्रोह के बाद अंग्रेजी राज ने, जो बचा-खुचा मुस्लिम सामन्ती सत्ता उनके कब्जे में था भी, उसे भी बरबाद कर दिया था। नतीजा यह रहा कि वे अंग्रेजी राज से राजनैतिक सत्ता की लड़ाई में तो हार गए पर उन्होंने अंग्रेजी राज के खिलाफ एक 'सांस्कृतिक बायकाट' की लड़ाई छेड़ दी। सर सैय्यद के प्रखर विरोध के बावजूद मुस्लिम समुदाय का बड़ा बहुमत अंग्रेजी राज से समझौता नहीं कर पाया। वह हिंदू मध्यम वर्ग की उभरती हुई ताकत और अंग्रेजी राज का वर्चस्व जिसने हिंदू मध्यमवर्ग के बड़े हिस्सों को अपने औपनिवेशिक तन्त्र में आत्मसात कर लिया था और शुरुआती दिनों में उसके फलस्वरूप उनकी बढ़ती हुई ताकत के एहसास के बावजूद टस से मस नहीं हुआ, और इस्लाम के बगावती झंडे के साथ मैदान में डटा रहा। 'मुस्लिम अस्मिता' पहले की अपेक्षा और गहरे तरीके से बनी। 'मुशतरका तहजीब' जो 1857 तक मूल सांस्कृतिक धारा थी उसे पीछे हटना पड़ा।

जवाहरलाल ने साम्प्रदायिकता और मुस्लिम राजनीति का विश्लेषण करते हुए कहा कि मुस्लिम समुदाय में आधुनिक मध्यम वर्ग का निर्माण देर से हुआ और जनसंख्या के अनुपात में भी यह हिंदू मध्यमवर्ग से छोटा था। मुस्लिम मध्यम वर्ग

निर्माण में विलम्ब का एक कारण अंग्रेजी राज और अंग्रेजी शिक्षा का बायकाट भी था। यह कालान्तर में एक अस्वस्थ प्रतियोगिता में बदल गई जिसका निराकरण होना कठिन था।[1] 1870 के पश्चात स्थानीय शासन स्तर पर चुनावों में स्वाभाविक रूप से हिंदू प्रतिनिधि बहुमत से चुन कर आए। जनतांत्रिक प्रतिनिधित्व और लोकतन्त्रीय प्रतिनिधिमूलक व्यवस्था का पहला अनुभव मुस्लिम समुदाय के लिए कड़वा रहा, अब उन्हें इस बात का मुकम्मल एहसास हो गया कि अंग्रेजों के जाने के पश्चात लोकतान्त्रिक प्रतिनिधिमूलक व्यवस्था में उनकी जगह एक 'अल्पमत' की होगी और राज्य और समाज के बहुत सारे महत्वपूर्ण निर्णयों से वे वंचित रह जाएंगे। 'अल्पमत मनोविज्ञान' बेबसी का होता है और स्वाभाविक रूप से या तो यह बहुमत के सम्मुख समर्पण, विद्रोह या अलगाव में परिवर्तित होता है। फिर भी तथ्यगत रूप से यह मानना पड़ेगा कि अभी भी आम मुस्लिम और आम हिंदू, मुस्लिम किसान और हिंदू किसान में दरार नहीं पड़ी थी पर दरार आ चुकी थी मुसलमान जमींदार और हिंदू जमींदार में, मुस्लिम मध्यम वर्ग और हिंदू मध्यम वर्ग एवं मुस्लिम सरकारी नौकर, अध्यापक, पुलिस, प्रशासकों और उनके हिंदू सहयोगियों के बीच। 1892 के कौंसिल सुधार के बाद हिंदू-मुस्लिम प्रतिद्वंदिता और भी बढ़ी साथ ही दरार भी।

गोवध विरोधी आंदोलन वस्तुतः हिंदू सम्प्रदाय और साम्प्रदायिकता का प्रतीक बन गया था। 1857 में बनी एकता टूट गयी थी। इस तथ्य को भी हम नजरअन्दाज नहीं कर सकते कि 1857 तक हिंदू-मुस्लिम एकता जिसका परिणाम था 1857 का जनविद्रोह, महज 13 साल पार होते-होते 1870 तक टूट कर बिखर गयी थी। दूसरी ओर संयुक्त नागरिकता पर आधारित आधुनिक राजनैतिक विचारधारा अभी भी बन नहीं पाई थी। बम्बई जैसे महानगर में 1885 में कांग्रेस की नीव पड़ चुकी थी पर अभी भी यह महानगर के एक छोटे से आभिजात्यवर्गीय जमात के अन्दर ही सीमित थी। पंजाब, पश्चिमी उत्तर प्रदेश दिल्ली के इलाके में आर्य समाज एक नयी शक्ति के रूप में उभर रहा था एक ओर यह हिंदू समाज में सुधार तो दूसरी ओर यह उग्र मुस्लिम विरोध और कुछ हद तक ईसाई विरोध का सशक्त धार्मिक आंदोलन बन गया था। बंगाल में ठीक इसके विपरीत सुधार आंदोलन जैसे ब्राह्मोसमाज और विवेकानन्द के प्रयासों में साम्प्रदायिकता निहित नहीं थी।

---

1. नेहरू, जवाहरलाल। डिस्कवरी आफ इण्डिया। आक्सफोर्ड, 1994, पृ. 342
दरअसल नया मध्यमवर्ग मुसलमानों के बीच बन ही नहीं पाया था। पश्चिमी शिक्षा व्यवस्था का बायकाट, और व्यापार तथा उद्योग के प्रति पूर्ण उदासीनता, सामन्ती तौर-तरीकों को अपनाने के कारण हिंदुओं को एक ऐसा मौका मिल गया जिसका फायदा वे उठा पाए।

3

बंग भंग और नया राष्ट्रवाद

बंगाली समाजसुधार मूलतः हिंदू समाज और समष्टिगत रूप में हिंदू बंगाली समाज में परम्परागत सनातनी रूढ़िवादी ढाँचे को अतिक्रमित करने की एक प्रक्रिया थी। बंगाल में लार्ड कर्जन ने जान-बूझकर बंग विभाजन किया। एक ओर अंशतः उदार पर आभिजात्यवर्गीय हिंदू वर्चस्व था जो भद्रलोक संस्कृति और बंगाल रेनेसाँ को निर्मित कर रहा था और दूसरा हिस्सा था मुस्लिम खेत-मजदूर/छोटा किसान वह इस भद्रलोक समाज द्वारा अनुप्रेरित नवजागरण प्रक्रिया का सीधा साझीदार नहीं था। मुस्लिम छोटे गरीब किसान के बेबसीवाले मौन को उनकी बाध्यता मान ली गयी थी। पर यह वर्चस्व भी काफी हद तक कृत्रिम था और अन्ततोगत्वा इसे टूट ही जाना था। चूँकि इस व्यवस्था का मूल आधार देसी शैली की तर्ज पर सामन्ती-जमींदाराना शोषण था। वर्ग संघर्ष इसकी स्वाभाविक परिणति थी। कृषक प्रजा पार्टी और उसके नेता फजलूल हक ने मूलतः गरीब सर्वहारा किसानों (जिसमें विशाल बहुमत मुसलमानों का था) ने बंगाल की राजनीति को कम्युनिस्टों के उदय के पहले एक 'सर्वहारा राजनीति' का चेहरा दिया था दुर्भाग्य से यह वर्ग संघर्ष साम्प्रदायिकता के द्वंद युद्ध में बदल गया।

बंगाल का नवजागरण जो मूलतः धर्मनिरपेक्ष था वह भद्रलोक संस्कृति तो पैदा कर सका, पर वह हिंदू जमींदार, व्यापारी, मध्यम वर्ग और मुस्लिम गरीब किसान और खेत मजदूर के बीच द्वंद का कोई निदान नहीं निकाल पाया। यह स्वाभाविक परिणाम ही था भद्रलोक वर्गीय दृष्टि से संस्कारित आभिजात्यीय जमात अशिक्षित, मूढ़ और विधर्मी किसान से कोई रिश्ता बनाने के लिए इच्छुक नहीं था। इसीलिए रवीन्द्रनाथ टैगोर के विशाल वटवृक्ष और सुभाषचन्द्र की राष्ट्रवादी तेजस्विता के बावजूद बंगाल का वर्ग संघर्ष साम्प्रदायिक विभाजन में बदल गया।

भद्रलोक निर्माण एवं शुरुआती बंगाली विप्लवी धारा ने अंग्रेजी हूकूमत को बाध्य किया था बंगाल विभाजन के लिए। महासागर पार गांधी ने बंग भंग आंदोलन

को 'भारतीय राष्ट्रवाद का सबसे महत्वपूर्ण पर्व' माना था। हिंद स्वराज में भारतीय राष्ट्रवाद की रूपरेखा यहीं से बनती है। निष्क्रिय विरोध (पैसिव रेसिसटैन्स) की शुरुआत यहीं से होती है। हालाँकि बंग भंग आंदोलन में चार मुख्य धाराएँ दिखलाई पड़ती हैं। सुमित सरकार 'स्वदेशी मूवमेंट इन बेंगाल' पुस्तक में पहली धारा में उदारवादियों को पाते हैं जो अंग्रेजी राज से सम्बन्ध नहीं तोड़ना चाहते हैं। बम्बई के फिरोजशाह मेहता-गोपालकृष्ण गोखले शैली में इनके कदम नपे-तुले हैं–दूसरे वे उदारवादी जिनका विश्वास अंग्रेजी राज पर नहीं है पर वे अंग्रेजी राज से पूरा सम्बन्ध तोड़ भी नहीं देना चाहते हैं। 'निष्क्रिय प्रतिरोध' में उनकी आस्था रहती है। तीसरा 'टैगोर टोली' है जो समाज विकास, आत्मनिर्भरता और स्वायत्त विकास को अपना लक्ष्य मानते हैं। चौथे वर्ग में ऐसे व्यक्ति आते हैं जो अंग्रेजी राज को तत्काल उखाड़ फेकना चाहते हैं।[1]

यदि हम वि. चिरोल के उस टिप्पणी की व्याख्या करे कि 'बंग भंग आंदोलन' में उपजी अतिक्रांतिकारिता मूलतः हिंदुत्व के अंधसंस्कार और पश्चिमी शैली के प्रतिनिधिमूलक लोकतन्त्र का एक खास किस्म का मिश्रण है। यदि इस वक्तव्य को एक अवधारणा के रूप में पूरी तरह नहीं भी स्वीकार कर लें, तो भी हम यह कह सकते हैं कि किसी भी किस्म की 'अतिक्रांतिकारिता' अन्तिम दौर में नुकसानदेह साबित होती है। रुसी नारोदनिक आंदोलन के बारे में लेनिन के एक वक्तव्य से यह बात और भी उजागर होती है। लेनिन ने कहा "पिस्तौल की हर गोली जारशाही पर अविश्वास को तो दर्शाती ही है पर दूसरी ओर यह क्रांतिकारियों की आत्मस्वीकारोक्ति भी है कि वे जारशाही के विकल्प में अपना पुख्ता संगठन बनाने में असफल रहे हैं।"[2]

बंग भंग आंदोलन में 'निष्क्रिय प्रतिरोध', आत्मनिर्भरता, देशी शिक्षा के लिए उपक्रम और विदेशी वस्तुओं का बहिष्कार गांधी के भविष्य के आंदोलन के लिए एक रूपरेखा तैयार करने का कार्य करता है। गांधी ने इसमें दो नए बिन्दु/विमर्श हिंदू-मुस्लिम एकता और अहिंसा और जोड़ा। गांधी के इस संयोजन से आधुनिक भारतीय राष्ट्रवाद की इमारत बनना शुरू होती है।

बंग भंग आंदोलन का हिंदू चेहरा इतना अधिक प्रकट था कि कुछ न कुछ मुस्लिम बेगानापन इसके फलस्वरूप बनना ही था। दुर्गापूजा के पहले महालया के दिन 28 सितम्बर 1905 को कालीघाट के मन्दिर द्वार पर, 50,000 लोगों द्वारा विदेशी वस्त्रों का बहिष्कार इसका नमूना था। दूसरी ओर बंगाल के कुछ मस्जिदों में बंगाल की एकता के लिए दुआ भी माँगा गया। बंगाल के कुछ जिलों में बंगाल की

1. सरकार, सुमित। स्वदेशी मूवमेंट इन बेंगाल। परमानेन्ट ब्लैक, 2010, पृ. 57
2. लेनिन, वी.आई। व्हाट इज़ टू बी डन-कलेक्टेड वर्क्स। खण्ड 5। 1964, पृ. 417-421

सामासिक संस्कृति 'संयुक्त संस्कृति' (कम्पोसिट कल्चर) का एक बड़ा हिस्सा बनता है। 1909 के गेजेटीयर में हम देखते हैं कि आम मुसलमान किसान और ग्रामीण समुदाय दुर्गापूजा में शामिल होते थे मुस्लिम जनता हिंदू पंचाग, तिथियों के पालन से लेकर शीतला माता, मनसा देवी की आराधना, माँग में सिंदूर भरने और धान में रोपनी के पहले ग्राम पूजा में सम्मिलित होते थे। इसी प्रकार से मुस्लिम संतों शाह जलाल का सिलहट जिले के हिंदू जनता द्वारा समाद्रित होना भी इम्पीरियल गेजेटीयर में उद्धृत है।[1]

चटट्ग्राम के कानू फकीर (19वीं सदी की शुरुआत) की कविताएँ जिनमें पैगम्बर मुहम्मद और भगवान कृष्ण को एक दूसरे में अर्न्तनिहित कर दर्शाया गया है और सत्यनारायण की कथा की तर्ज पर सत्यपीर की कथा बंगाल के 'संयुक्त संस्कृति' का अभिन्न अंग बन चुकी थी। मध्यकालीन बंगाल में बाऊल और जोगी सम्प्रदाय इस सामासिक संस्कृति के महत्वपूर्ण हिस्से बन गए थे।[2] यह सभी तथ्य बंगाल में एक असरदार सक्रिय सामासिक समाज की पुख्ता बनावट को दर्शाता है।

पर बंगाली भद्रलोग समुदाय के निर्माण के समानान्तर हिंदू पुनरुत्थानवाद का आगमन भी हुआ। राजपूत, सिख और मराठों द्वारा मुस्लिम साम्राज्य के खिलाफ बगावत और कभी-कभी वास्तविक और कभी साहित्य में दर्ज काल्पनिक नायक और आंदोलन जैसे कि राजा प्रतापादित्य का शौर्य, सीताराम और संन्यासी विद्रोह की कथाएँ भद्रलोक बैठकखानों में गूँजने लगी।[3] 'हिंदू' और 'राष्ट्र' पर्यायवाची बन गए और देशभक्ति को हिंदू पुनरुत्थानवाद से जोड़ दिया गया। नीरद चौधरी ने इस प्रश्न को बड़ी बखूबी से अपने आत्मपरिचय में वर्णन किया है "1905 में भद्रलोक हिंदू चश्मे से मुसलमानों की ओर जो 'दृष्टि' बनी उसे चार हिस्सों में विभाजित किया जा सकता है–1) मुसलमानों के अतीत शासनकाल का विरोध, 2) मुसलमानों की कोई ऐसी हैसियत नहीं है कि उन पर ध्यान दिया जाय, 3) छोटे से मुस्लिम आभिजात्य वर्ग और बंगाली भद्रलोक के बीच रिश्ता वर्गीय आधार पर कायम था, 4) मुस्लिम किसान, खेत मजदूर प्रजा की तरफ वही दृष्टि थी, जो सवर्ण हिंदू शूद्रों और अन्त्यजों की ओर या अपने मवेशियों की ओर रखता है।[4]

---

1. खान, मोइनुद्दीन अहमद। बंगाल के 19वीं सदी के मुस्लिम समाज में इस्लामी पुनरुत्थान और इसका प्रभाव विषय पर शोध।
2. बेसानेट, पियरे (सम्पादित)। पूर्वी पाकिस्तान पर सामाजिक शोध। ढाका, 1960, पृ. 36-42
3. ओदूद, काजी अब्दुल। हिंदू-मुसलमान विरोध। 1936, पृ. 112-16
   इम्पीरियल गेजेटीयर आफ इण्डिया। पृ. 48
   सरकार, सुमित। आप सिट। पृ. 347
4. चौधरी, नीरद। आटोबायोग्राफी आफ ऐन अननोन इण्डियन। 1931, पृ. 233

हिंदू साम्प्रदायिकता की धार को कमजोर करने के लिए इस दौर में गिरीशचन्द्र घोष ने 'सिराजुद्दौला' और 'मीरकासिम' पर आधारित नाटक लिखा। धीरेन्द्र नाथ चौधरी ने 'नव्यभारत' में कहा कि मुसलमानों को यदि आक्रमणकारी कहा जाय तो राजपूतों को भी आक्रमणकारी कहना पड़ेगा और यह भी कहा कि यदि आवश्यक हो तो हिंदुओं द्वारा प्रायोजित शिवाजी और प्रतापादित्य समारोह बंगाल में हिंदू-मुस्लिम एकता कायम रखने के लिए बन्द कर दिया जाय।[1]

1904 में रवीन्द्रनाथ टैगोर ने स्वदेशी समाज पर मिनर्वा और कर्जन थियेटर में भाषण दिया–रवीन्द्रनाथ की दृष्टि इस सन्दर्भ में काफी साफ-सुथरी थी। उन्होंने कहा कि महज विदेशी शासकों का शोषण बन्द करना पर्याप्त नहीं है और अब हमें गाँव की ओर मुड़ना चाहिए। अभी तक रवीन्द्रनाथ का ध्यान हिंदू-मुस्लिम प्रश्न पर नहीं गया था पर कुमिल्ला दंगों के पश्चात उन्होंने 'महाजाति' (टैगोर के 'महाजाति' शब्द का अर्थ है कि केवल हिंदू ही नहीं मुस्लिम, इसाई, सिख सभी भारतवासी मिलकर एक महाजाति बनाते हैं) की बातचीत शुरू की और गाँव चलने का आह्वान किया जिसका अर्थ होता था हिंदू भद्रलोक मुसलमान गरीब किसान और खेतमजदूर से अपना बावस्ता बनाएँ। 1907 के पश्चात रवीन्द्रनाथ ने 'महाजाति' की अवधारणा पर विमर्श शुरू कर दिया था।[2]

1. सरकार, सुमित। पूर्व उद्धृत। पृ. 357-358
2. सरकार, सुमित। पूर्व उद्धृत। पृ. 349

4

पोलिटिकल कम्यूनिटी और गैरवर्गीय राष्ट्रीय आंदोलन

वस्तुतः 'गांधी-नेहरू-टैगोर' त्रयी की आधारभूत 'सभ्यताई संरचना' की रूपरेखा 1905 के बंग भंग आंदोलन से दिखलाई देने लगती है। बंग भंग आंदोलन एक 'पोलिटिकल कम्युनिटी' का निर्माण करती है, जो स्वातन्त्र्य आंदोलन के लिए एक 'मार्गसूचिका' बन जाती है। ग्राम्चीयन अर्थों में भारतीय स्वातन्त्र्य आंदोलन की व्याख्या पूरी तरह से नहीं की जा सकती है। ग्राम्ची का सरोकार वर्ग आधारित समाज में परिवर्तन की प्रक्रियाओं की खोजबीन करना है, पर भारत जैसे एक विशाल उपमहादेशीय समाज में जहाँ हिंदू-मुस्लिम जैसे विशाल धर्मों के धर्मावलम्बी मौजूद हों, भाषागत और जातीय दृष्टि से जहाँ विविधता का वर्चस्व हो और दूसरी ओर महज़ उपनिवेशवादी प्रोजेक्ट के तहत जहाँ औद्योगिकीकरण और रेलवेलाइन बिछाई गई हो वहाँ आधुनिक वर्गों का विन्यास यूरोपीय वर्गीय समाज के तर्ज पर नहीं हो सकता है। ऐसे समाज में वर्चस्व या हेजेमन भी अलग-अलग रूपों अलग-अलग वस्तुगत परिस्थितियों में दर्शित होंगे।

शास्त्रीय दृष्टि से यान्त्रिक मार्क्सवाद के सहारे भारतीय परिस्थितियों का आकलन लगभग सन् 40 से लेकर अभी तक लगातार फैशन में है। इन धारणाओं के तहत एक पूर्णरूप से काल्पनिक आधुनिक औद्योगिक वर्ग विकास आधारित वर्ग संघर्ष से लेकर सन् 30 से चली माओवादी अवधारणाएँ जो किसान क्रांति की संभावना की तलाश करती हैं–जैसी अवधारणाएँ जिसके तहत एक संकीर्णतावादी कठमुल्लाई तर्ज पर या तो अचानक इन्कलाब सामने दिखाई पड़ने लगता है या किसान और जनजातियों और अब तो मुख्य तौर पर जनजातियों के सहारे विराट विप्लव के सपने में बुने हुए अवधारणाओं के चलते हजारों नौजवान अनाम शहीद हो जाते हैं। ये शहीद किसी भगत सिंह, खुदीराम, चन्द्रशेखर से कम नहीं बल्कि कुछ हद तक उनसे भी आगे बढ़े हुए होते हैं।

अकादमीय क्षेत्र में पूरे विश्व में और सम्प्रति भारत में भी ग्राम्चीयन विश्लेषणों

का उपयोग होना शुरू हुआ है। निश्चित तौर पर यांत्रिक मार्क्सवाद की अवधारणाओं से यह कहीं अधिक भारतीय परिस्थितियों के संदर्भ में सुगठित और सुपाच्य है पर ग्राम्चीयन अवधारणाएँ भी पूरे तरह से भारतीय परिस्थिति को व्याख्यायित नहीं कर पाती हैं। फिर भी 'हेजेमनी' की ग्राम्चीयन अवधारणा ने यांत्रिक मार्क्सवाद की पिछड़ी हुई संकीर्ण प्रतिस्थापनाओं से परिवर्तन की थियोरी और प्रैक्सिस या 'ट्रांसफारमेशन प्रैक्सिस' को बहुत हद तक उद्धार कर लिया है। सुमित सरकार जैसे महत्वपूर्ण मार्क्सवादी इतिहासविदों ने जिस प्रकार से अपने मोनोग्राम पापुलर-मूवमेन्ट एण्ड मिडल क्लास लीडरशीप इन लेट कोलोनियल इण्डिया में 'पैसिव रिवोल्यूशन' या 'निष्क्रिय क्रांति' या 'ऊपर से निर्देशित परिवर्तन क्रांति' की प्रक्रिया को गांधी के सत्याग्रह, अहिंसा, स्वराज के प्रैक्सिस को व्याख्यायित करने की कोशिश ग्राम्ची द्वारा गांधी पर प्रिजन नोट्स से दिये गए वक्तव्य के आधार पर किया है, वह कहीं-न-कहीं असम्पूर्ण रह जाती है। चूँकि साम्प्रदायिक दंगों से लेकर जातिप्रथा जैसी उलझनों को पूरा-पूरा समझने का औजार-ग्राम्चीयन कैटगरियों में नहीं है। वस्तुतः इतालवी राष्ट्रीय निर्माण और समाजवादी आंदोलन में जो प्रश्न उठे उसमें पैसिव रिवोल्यूशन या रिसोरजिमिन्टो और शास्त्रीय जैकोबिन सूत्र दोहराये गये जो सामन्ती ढाँचे के पूर्ण विध्वंस और उसके विकल्प पर आधारित थे। दूसरी ओर यह भी स्वीकार किया गया कि उत्तरी और दक्षिणी इटली में एकता पूरी तरह से बन नहीं पायी चूँकि दक्षिण के गरीब किसानों का प्रश्न जुड़ नहीं पाया। वस्तुतः उत्तरी इटली का औद्योगिक पूँजीवाद और दक्षिणी इटली के जमींदार सामन्तों की एकता पर इतालवी राष्ट्रवाद विकसित होने के कारण इटली में पूँजीवादी परिवर्तन पूरी तरह से नहीं हो पाया।[1] क्या अंग्रेजी वायसराय को पिडमोंटिंस राज्य के प्रधानमंत्री कावूर का दर्जा दिया जा सकता है या गांधी को कावूर की भूमिका में देखा जा सकता है। जैसा कि अन्तोनियो ग्राम्ची ने गांधी के बारे में एक बेहद छोटी सी लेकिन महत्वपूर्ण टिप्पणी की है। सम्भवतः 'पैसिव रिवोल्यूशन' की जगह एक व्यापक पैमाने पर राजनैतिक लामबन्दी जो सबालटर्न प्रतिरोधों से लेकर मध्यमवर्गीय और पूँजीपतियों के धीमे लेकिन दूरगामी लक्ष्यों को लेकर बने विभिन्न प्रकार की 'ऐतिहासिक गतिशीलता' और प्रक्रियाओं के ढीले-ढाले और कहीं-कहीं संकेन्द्रित-समूह की धुरी के रूप में 'पोलिटिकल कम्युनिटी' की अवधारणा पैसिव रिवोल्यूशन की अपेक्षा कहीं अधिक कारगर है। 'पोलिटिकल कम्युनिटी' का निर्माण साम्राज्यवाद विरोधी

---

1. सरकार, सुमित। पापुलर मूवमेंट्स एण्ड मिडल क्लास लीडिंग इन लेट कोलोनियल इण्डिया, पारसपेक्टिवस एण्ड प्राब्लम्स आफ ए हिस्टरी फ्रम बिलो। कलकत्ता, सेन्टर फार स्टडीज़ इन सोशल साइंसेस, कलकत्ता, के.पी. बागची एण्ड क., 1985; पृ. 71-72

संयुक्त मंच और ऐसे देशों में जनसंघर्ष का बयान करती है, जहाँ आधुनिक औद्योगिक वर्गों का पूर्ण विकास नहीं हुआ है। ग्राम्ची ने फासीवाद के विरोध में मजदूर वर्ग और अन्य प्रतिवादी समुदायों की एकता पर अपनी रणनीति की व्याख्या की है, पर यह साम्राज्यविरोधी तीसरी दुनिया को अनगढ़े आधुनिक वर्गों की प्रक्रिया से काफी कुछ भिन्न है। इस सम्बन्ध में यूरोप में और इटली में खासतौर पर कम्युनिस्ट पार्टियों का नेतृत्व, महत्व, विकास भी एक महत्वपूर्ण कारक था पर भारत की आजादी के इतिहास में कम्युनिस्ट पार्टियाँ उस महत्वपूर्ण मुकाम पर नहीं थीं, जो मुकाम इटली की कम्युनिस्ट पार्टी को 30 और 40 के जनसंघर्षों के दौर में इटली में मिल गया था। दूसरी ओर यदि सबालटर्न अवधारणाओं के इतिहासकारों के बारे में बातचीत की जाय, तो यह माना जा सकता है कि रंजीत गुहा के 'सबालटर्न हिस्टोरियोग्राफी' की अवधारणाओं के बावजूद भारतीय राष्ट्रीय कांग्रेस के 1921 के संविधान निर्माण (संगठन-प्रैक्सिस सिद्धान्त और कार्य का संगम) और असहयोग आंदोलन के फलस्वरूप पूरे ऐतिहासिक परिप्रेक्ष्य में असहयोग आन्दोलन एक 'प्रमुख केन्द्रीयता' (प्राइम सेन्ट्रालिटी) प्राप्त कर चुकी थी।

बंग भंग आंदोलन सम्भवत: भारत के राजनैतिक इतिहास में एक सन्धिक्षण नहीं बन पाता यदि प्रतिद्वंदी वर्चस्व के आधारभूत तत्वों के बीच वहाँ गैर बराबरी का भाव नहीं रहता जब कि उत्तर भारत में ठीक इसके उलट एक हद तक दोनों समुदाय में लगभग बराबर-बराबर की टक्कर थी। यू.पी. में हिंदू मध्यमवर्ग, सामन्त और मुस्लिम तालुकदार मध्यमवर्ग बराबरी पर खड़े होकर एक बेहद कठिन प्रतिद्वंदिता और साथ-ही-साथ 'पावर शेयरिंग' के संघर्ष में लगे हुए थे।[1] परिणामस्वरूप उत्तर प्रदेश में हिंदुत्व की हेजेमनी पूरी तरह से नहीं बन पायी और उत्तर प्रदेश आने वाले दिनों में 'प्रतिद्वंदी साम्प्रदायिकता का महत्वपूर्ण केन्द्र' बन गया। इसके बावजूद कि

1. उत्तर प्रदेश का पुराना राजन्य वर्ग में मुस्लिमों का बहुमत था। यहाँ तक कि 1857 के जनविद्रोह ने भी मुस्लिमों के वर्चस्व को क्षतिग्रस्त किया फिर भी मुसलमान 57 के बाद भी प्रभुवर्ग में वर्चस्व की भूमिका में बने रहे। 1857 में जिला स्तर के अधस्तन मैजिस्ट्रेट और अन्य सरकारी पदों पर (उस जमाने में जिले स्तर पर अधस्तन मजिस्ट्रेट या अफसर तक की नौकरी हिंदुस्तानियों को मिल पाती थी उससे ऊपर के ओहदे अंग्रेजों के लिए आरक्षित थे) लगभग 63.9% मुस्लिम थे, 1886-97 तक यह प्रतिशत घट कर 45% हो गया था फिर भी सरकारी नौकरियों में मुसलमानों की अक्सरियत बनी हुई थी, जबकि उत्तर प्रदेश की कुल जनसंख्या का महज 15% मुसलमान था। इसके विपरीत बंगाल में मुस्लिमों की अक्सरियत थी, पर सरकारी नौकरियों में उनकी गिनती नगण्य थी।

लिमये, मधु। महात्मा गांधी एण्ड जवाहरलाल नेहरू : ए हिस्टोरिक पार्टनरशीप। खण्ड 1। 1916-31, पृ. 29

→

मध्ययुगीन अवध और ब्रज इलाका और पंजाब, कबीर से लेकर निजामुद्दीन चिश्ती और बुल्लेशाह बाबा फरीद और नानक तक साझा संस्कृति के उदात्त गीत का विराट क्षेत्र रहा है। बंगाल में हिंदू भद्रलोक (एक नया वर्ग जो मूलत: सवर्णीय संस्कृति में दीक्षित था जिसमें अंग्रेजी राज और यूरोपिय रेनेसाँ ने कुछ नए संयोजन कर दिये थे) और मुस्लिम प्रजा, गरीब किसानों का सहअस्तित्व भले ही कालान्तर में बिखरने लगा हो वह सहअस्तित्व बना नहीं होता यदि दोनों पक्षों का पलड़ा एक समान रहता। बंग भंग में अंग्रेजी राज के खिलाफ 'प्रतिवादी हेजेमनी' इसलिए बन पाई चूँकि भद्रलोक वर्चस्व को गरीब किसान, खेत मजदूर ने बाध्यतावश ही सही, लेकिन विरोध नहीं किया। यह था मौनम सम्मति लक्षणम्। पर यहाँ 'मौन' गरीब किसान की विवशता और लाचारी का परिणाम था। यह सम्मति नहीं बल्कि बेचारगी, लाचारी का नमूना था।

इसके बावजूद कि बंगाली हिंदू भद्रलोक के दूरबीन में बिल्कुल पास में बैठा हुआ मुस्लिम छोटा-किसान और खेत मजदूर दिखलाई नहीं पड़ता था, जबकि वह इंग्लैण्ड में हाऊस आफ कामन्स में चलने वाले बहसों में डिसरायेली और ग्लैडस्टोन की बहसों से अच्छी तरह परिचित था और उसमें रस भी लेता था, फिर भी ग्राम्चीयन तर्ज पर भद्रलोकीय वर्चस्व बन गया था चूँकि बंगाली जीवनधारा में इस नये भद्रलोक वर्ग का पूर्ण वर्चस्व था, वह साहित्य से लेकर प्रभुवर्गीय संस्कृति का मुख्य धारक था। आम जनता के स्तर पर मुस्लिम-हिंदू सामासिक संस्कृति की जड़ें बड़ी गहरी थीं

इसका अंदाज मिलता है 1923 के चुनाव से। 138 सदस्यों की बंगाल प्रांतीय विधायिका में गैर सुरक्षित आसन 29 थे और मुस्लिम आरक्षण सीटें 46 थीं। चित्तरंजन दास ने 18 दिसम्बर 1923 को मुसलमानों के साथ समझौता किया कि म्युनिसपलिटी डिस्ट्रिक्ट बोर्ड इत्यादि में मुसलमानों को 60% नौकरियाँ मिलेंगी। कलकत्ता कार्पोरेशन में बहुमत नौकरियाँ मुस्लिमों को दी जाएँगी साथ ही हिंदू जनता को हिदायत दी कि मस्जिद के सामने संगीत बन्द करना पड़ेगा। ईद के वक्त गोहत्या पर कोई प्रतिबन्ध नहीं लगाया जाएगा। बंगाल की प्रादेशिक खिलाफत के लिये यहाँ तक कि 'मुसलमान' जैसे अखबार ने भी कहा कि चित्तरंजन दास का यह कदम और पैक्ट 1916 के लखनऊ कांग्रेस-मुस्लिम लीग समझौते से कहीं बेहतर है।

त्रिपाठी, अमलेश। पृ. 124

म्युनिसिपल राजनीति ने मुस्लिम, हिंदू साम्प्रदायिकता को और भी बढ़ावा दिया। संयुक्त प्रांत के गवर्नर सर हारकोर्ट वटलर ने वायसराय हार्डिंज के व्यक्तिगत सचिव को नवम्बर 25, 1910 में एक पत्र में बेहद खुशी जताते हुए लिखा कि प्रांत में हिंदू-मुसलमान आपसी बैर बेहद बढ़ गया है। अतीत में इन दोनों समुदायों के बीच में इतनी शत्रुता नहीं थी। संयुक्त प्रांत के मुख्य सचिव ने केन्द्रीय शिक्षा सचिव को एक पत्र में लिखा 1909 के स्थानीय निकायों के चुनाव ने चुनाव को पूर्णत: धर्म आधारित बना दिया है।

फ्रांसिस रबिनसन इन जर्नल ऑफ माडर्न एशियन स्टडीज, यूनिवर्सिटी ऑफ कैलिफोर्निया, 1973, पृ. 418-419

जिसमें मुसलमान किसान के घर सत्यपीर की कथा से लेकर हिंदू किसान और मध्यमवर्ग के घर में लालन फकीर और कानू फकीर से लेकर बाऊल तक के गीत आम आदमी से लेकर गुरुदेव रवीन्द्रनाथ टैगोर के कानों में गुंजता रहता था। यही 'सांस्कृतिक सामंजस्य' सांस्कृतिक हेजेमनी का मूल आधार बना। हालाँकि लार्ड कर्जन, लार्ड फुलर और लार्ड मिन्टो द्वारा हिंदू-मुस्लिम विभाजन के लिए गहरे प्रयास और भद्रलोक वर्गों का मुसलमान प्रजा के प्रति विरक्ति और प्रत्याख्यान के भाव के फलस्वरूप इस वर्चस्व में 1907 तक छोटी-छोटी दरारें आना शुरू हो गयी थीं जिसे रवीन्द्रनाथ ने 'महाजाति' और 'गाँव चलो' आदिवासी सन्थालों एवं बाऊलो के देश में विश्वभारती की स्थापना के माध्यम से भरने की कोशिश की। दूसरी ओर अरविन्द घोष, विपिन चन्द्र पाल न केवल हिंसा और बायकाट के माध्यम से साम्राज्य उलटने का आंदोलन विकसित कर रहे थे बल्कि 'स्वराज्य' और 'स्वदेशी' के आंदोलन का भाष्य 'हिंदुत्व के पुनर्जागरण' के माध्यम से पेश कर रहे थे और साथ ही रवीन्द्रनाथ के 'महाजाति' जिसका अर्थ होता था हिंदू-मुस्लिम, अन्य धर्मावलम्बियों के बीच एकता जिसे गांधी ने बाद में 'सर्वधर्मसमभाव' के रूप में गढ़ा उसका मजाक उड़ा रहे थे और रवीन्द्रनाथ के ग्राम विकास के रचनात्मक आह्वान को वह 'स्वदेशी आंदोलन' की धार कमजोर करने का षड्‌यन्त्र मान रहे थे।

अंग्रेजी राज ने पंजाब जैसे सूबे में पश्चिमी क्षेत्र में मुस्लिम जमींदारों के साथ ही साथ मध्य पंजाब में सिख जमींदारों और पूर्व पंजाब में मुस्लिम और हिंदू काश्तकारों के कृषि जमीन सम्बन्धी अधिकार 1901 के एलियेनेशन आफ लैण्ड एक्ट के माध्यम से सुरक्षित कर दिये थे जिसके फलस्वरूप शहरी हिंदू महाजन गाँव के जमीन पर कब्जा नहीं जमा सकते थे।[1] इस प्रकार से ग्रामीण क्षेत्र के काश्तकार, जमींदार, समृद्ध किसान एक सामुदायिक गठबन्धन में ढल गए थे। धार्मिक तौर पर सूफी पीरों के सजदानशीन, बिरादरी राजनीति के फलस्वरूप खासतौर पर मुस्लिम जमींदारों और समृद्ध किसानों में एका बन गयी थी। यह वर्गीय एका मुसलमान जमींदार समृद्ध किसान के साथ जाट और सिख सम्पन्न किसान और समृद्ध किसानों के वर्गहित की भी सुरक्षा करती थी। इन्हीं आधारों पर पंजाब में युनियनिस्ट पार्टी का सामाजिक आधार बना पर दूसरी ओर गाँव और शहर का द्वंद्व बिन्दु भी लगातार बनता गया।

पंजाब की साम्प्रदायिक राजनीति में शहर और गाँव का पृथकीकरण एक मुख्य मुद्दा रहा। शहर के हिंदू व्यापारी और मध्यमवर्गीय तबके पर आर्य समाज का असर और ग्रामीण अंचलों में सूफी पीरों के सजदानशीन जमात तथा ग्रामीण समृद्ध

1. हसन। पूर्व उद्धृत। पृ. 243

किसानों की एकता जिसे हम युनियनिस्ट पार्टी में सर सिकन्दर हयात खान और सर छोटू राम के बीच राजनैतिक साझेदारी में देखते हैं वह काफी समय तक 'प्रभुवर्गीय हेजेमन राजनीति' को जीवित रखा पर इसके बावजूद अन्त में साम्प्रदायिक विभाजन रेखा खिंच ही जाती है। इस साम्प्रदायिक रेखा को खींचने में पंजाब का उग्र आर्यसमाजी हिंदुत्ववादी और मुसलमानपरस्त प्रेस और मुस्लिमलीगी हस्तक्षेप तथा आर्यसमाजी तेवर बहुत हद तक जिम्मेदार था।

पंजाब की ग्रामीण जनता की जीवनशैली अपेक्षाकृत 'सर्वधर्मसमभावी' ही रही, इस पूरे प्रकरण की व्याख्या 'पोलिटिकल कम्यूनिटी' सैद्धान्तिकी से की जा सकती है। पंजाब के ग्रामीण अंचलों में आधुनिक औद्योगिक समाज में वर्ग विन्यास नहीं बल्कि एक ग्रामीण गैर वर्गीय लामबन्दी के सहारे एक पोलिटिकल कम्यूनिटी का बनना पंजाबी समाज में 'सर्वधर्मसमभाव' और राजनीति में युनिनिस्ट पार्टी के वर्चस्व को स्थापित कर पाया जो एक काल खण्ड तक जीवित रहा है। इस वर्चस्व को चुनौती मुस्लिम लीग की साम्प्रदायिक राजनीति के साथ ही साथ आर्यसमाजियों की हिंदू साम्प्रदायिकता की धार से मिलती है। साम्प्रदायिकता की यह दोनों ध्रुवियों ने पंजाब में शताब्दियों से सिंचित 'सर्वधर्मसमभावी' वर्चस्व को बिखेर दिया।

ग्राम्चीयन वर्चस्व में एक प्रभुवर्गीय वर्चस्व का प्रश्न भी छिपा हुआ है यह दिखलाई पड़ता है उस समय खासतौर पर जब एक वर्ग ने प्रभुवर्ग का दर्जा प्राप्त कर लिया हो और सांस्कृतिक, राजनैतिक, सामाजिक दृष्टि से प्रभु वर्ग के रूप में स्वीकृत हो गया हो और दूसरा गैरप्रभुवर्गीय जमात, दूसरे धर्म के होने के बावजूद 'संशोधनवादी और एक हद तक अनुपस्थित जमीन्दारी दृष्टि के तहत (एबसेन्टी लैण्डलार्डिस्म) सामन्तवादी' ढाँचे में प्रजा होने के कारण और हिंदू सामाजिक संस्कृति के वर्चस्व के कारण प्रभुवर्ग के वर्चस्व को स्वीकार कर लेता है। उसे इस प्रभुवर्ग के खिलाफ प्रतिवाद करने के लिए लगभग चार दशकों तक इन्तजार करना पड़ता है जब तक 'साम्प्रदायिक पहचान' ठोस रूप से उसके मानसमण्डल को प्रभावित न करने लगे। पूर्वी बंगाल (बांग्लादेश) में वर्गीय आधार पर जमींदारी प्रथा की खिलाफत का दायरा क्रमश: एक सामन्त विरोधी मजबूत किसान आंदोलन अलबत्ता धर्मीय रुझान के साथ विकसित होने के साथ ही कालान्तर में मुख्यधारा के साम्प्रदायिकता के आंदोलन के रूप में परिणत हो जाता है।

उत्तर और पश्चिमी भारत में परिस्थिति भिन्न थी। साम्प्रदायिक विभाजन वहाँ सांस्कृतिक और सत्ता साझीदारी का प्रश्न था। गोवध विरोधी आंदोलन जो मूलत: शुरुआती दौर में हिंदू निचले तबके से उभरी थी भारतीय राष्ट्रवाद के मूल प्रश्नों और

मूल प्रतिस्थापनाओं से अनभिज्ञता और साझा संस्कृति के बावजूद उभरी थी। चूँकि स्थानीय स्तर के निकायों के चुनाव में हिंदुओं के नये ऊर्जावान वर्ग हिंदू और मुस्लिम पुराने आभिजात्यवर्ग को आमने-सामने खड़ा कर दिया था। आर्य समाज जैसा आंदोलन जो एक ओर सुधारवादी और अन्तत: आधुनिक था दूसरी ओर वह हिंदू साम्प्रदायिकता के विषवृक्ष का भी रोपण कर रहा था।

गांधी मूलत: जन आंदोलन को अपना माध्यम मानते थे और वे औपनिवेशिक तन्त्र के खिलाफ खड़े हुए थे। गांधी के आंदोलन का एक महत्वपूर्ण लक्ष्य एक व्यापक वर्चस्व (काम्प्रेहेन्सिव हेजेमोनी) बनाना था जिसके तहत एक औपनिवेशिक प्रजा को अपनी आजादी हासिल करने का एजेण्डा शामिल माना जाता था।[1]

ग्राम्चीयन विमर्श में नागर समाज और राज्य दोनों परिभाषित होते हैं। ग्राम्ची इस सन्दर्भ में कहते हैं ऐसे क्षण में हम दो अधिरचना (सुपरस्ट्रक्चर) स्तर को दो स्तर में विभक्त कर सकते हैं, एक स्तर वह है जिसे हम 'नागर समाज' पुकार सकते हैं, यह एक ऐसी समष्टि है जिसमें वे सभी संस्थाएँ, क्रियाएँ शामिल हो सकती हैं जिसमें हम गैरसरकारी या गैरराजकीय प्रक्रियाओं, संस्थाओं, व्यक्तियों को गिन सकते हें। दूसरे स्तर पर 'राजनैतिक समाज' है। राजनैतिक समाज का मुख्य आधार 'राज्य' (स्टेट) होता है। ऐसा राज्य या स्टेट जो जनता द्वारा स्वीकृत हो तथा एक या एक से ज्यादा प्रभु वर्ग जो उस देश या क्षेत्र के अधस्तन वर्गों पर शासन कर रहे हों चाहे उनका वर्चस्व मान लिया गया हो इसकी पूर्ण स्वीकृति अधस्तन वर्गों से किसी भी तरीके से ली गयी हो।

अधिरचना के इन दो स्तरों में एक ओर तो 'वर्चस्व' की प्रक्रिया कार्यान्वित होती रहती है जिसके तहत प्रभावशाली वर्ग अपने विचारों को पूरे समाज द्वारा मनवा लेता है और दूसरी ओर वही प्रभावशाली वर्ग राज्य के शासन और कानून तन्त्र के माध्यम से अपना आधिपत्य और निर्देश कार्यान्वित करवाता रहता है। यह कार्य संगठनात्मक और सम्बन्धात्मक संदर्भों में निर्धारित होती है। बुद्धिजीवी समुदाय समाज में उन प्रभावशाली वर्गों जिनके हाथ 'राज्य दंड' होता है उनके प्रतिनिधि सांसद के रूप में कार्य करता है। इनका कार्य प्रभु वर्ग के एजेण्डा और राजनैतिक कार्यों को अधस्तन वर्गों तक पहुँचाना होता है। इस कार्य को दो हिस्से में विभाजित किया जा सकता है।[2]

(1) प्रभावशाली वर्गों को आम जनता से ऊपर से दिखलाई पड़नेवाला स्वत:

1. नन्दा, बी.आर.। महात्मा गांधी। आक्सफोर्ड, 2006, पृ. 95-96
2. अन्तोनियो, ग्राम्ची। सेलेक्सन्स फ्राम प्रिज़न नोट बुकस। न्यू यार्क, इन्टरनेशनल पब्लिशर्स, 1978, पृ. 12

स्फूर्त सहमति समाज पर शासन चलाने के लिए सज्ञान या अज्ञानवश मिल जाता है। यह सहमति प्रभावशाली वर्गों के अपने "प्रभाव" और हैसियत (और आम जनता का उन पर विश्वास) के फलस्वरूप प्राप्त होता है। दूसरी ओर समाज पर दबदबा उत्पादन के क्षेत्र में उनके उच्च प्रबन्धकीय पद और हैसियत की वजह से वर्चस्व (हेजेमनी) प्राप्त होता है।

(2) जो समुदाय राज्य के आदेश को नहीं मानते हैं उनसे राज्य का संयन्त्र बलपूर्वक सहमति प्राप्त करता है और उन्हें नियन्त्रित करता है। यह बल प्रयोग सक्रिय रूप से सीधे-सीधे या अपरोक्ष रूप दोनों से किया जा सकता है। राज्य संयन्त्र के इस कार्य की आवश्यकता खास तौर से संकट के उस दौर में होती है जब राज्य को अपनी अधस्तन जनता से स्वत: स्फूर्त समर्थन मिलना बन्द हो जाता है।[1]

गांधी ने इस व्यापक आधिपत्य (कम्प्रिहेन्सिव हेजेमनी) को बनाने के लिये सत्याग्रह के अस्त्र का प्रयोग किया। सत्याग्रह को गांधी ने सीमित दायरे में महज एक 'संयत्र' के रूप में परिभाषित नहीं किया पर सत्य की प्राप्ति के लिए जो भी क्रियाएँ, कार्यनीतियाँ या कर्मोन्मुख विचार शृंखला बनती थी उन सबके समुच्चय को गांधी ने एक व्यापकतम संदर्भ में सत्याग्रह का नाम दिया। इस सत्याग्रही दृष्टि के पीछे 'आध्यात्मिक अर्न्तमन' का अध्याय भी जुड़ा हुआ था। पर यह अध्यात्म हिंदू, मुस्लिम, ईसाई या किसी धर्म विशेष से व्युत्पन्न (डेरिवेटिव) नहीं हुआ था। गांधी ने अपने प्रथम जीवनी लेखक डोक को 1908 में सत्याग्रह की उत्पत्ति के स्रोत के बारे में चर्चा करते हुए कहा कि सत्याग्रह की धारणा उन्हें बचपन के एक गुजराती कविता और कालान्तर में बाइबिल के 'सरमन आन दी माउण्ट' से प्राप्त हुई। डोक के प्रश्न कि क्या सत्याग्रह का विचार 'भगवद् गीता' से ली गई थी? गांधी ने कहा "नहीं, भगवत गीता मैने पढ़ी है, पर सत्याग्रह की अवधारणा मैंने 'सरमन आन दी माउण्ट' से ली है जिसमें कहा गया है कि अपने शत्रुओं से प्यार करो और उनके लिए प्रार्थना करो जो तुम्हे दण्डित करने का निर्णय ले रहे हैं।" गीता ने इस अवधारणा को और भी मजबूत किया और उसके बाद टालस्टाय द्वारा लिखित "किंगडम आफ गॉड" ने सत्याग्रह की धारणा को पुन: और भी मजबूती दे दी।[2]

अन्तोनियो ग्राम्ची ने प्रिजन नोट्स में लिखा "पैसिव रिवोल्यूशन जिसमें

---

1. अन्तोनियों, ग्राम्ची। सेलेक्सन्स फ्राम प्रिज़न नोट बुकस। न्यू यार्क, इन्टरनेशनल पब्लिशर्स, 1978, पृ. 12
2. नन्दा, बी.आर.। महात्मा गांधी। आक्सफोर्ड, 2006, पृ. 95

धार्मिक स्वर है ऐसा मासूमियत से भरा हुआ गांधीवाद मूलत: भारत में पैसिव रिवोल्यूशन के वैचारिकी का प्रतिपादन करता है।"[1] यह टिप्पणी सम्भवत: सूचनाओं के अभाव में लिखी गयी थी। चूँकि तत्कालीन समाचारपत्र जो औपनिवेशिक प्रभु वर्ग द्वारा निकाले जाते थे उसमें गांधी के बारे में लेखनी में अनायास ही गांधी विरोधिता का 'आत्मगत' (सबजेक्टिव तत्व) आ जाता था और इन्हीं खबरों को विदेशी अखबार भी उद्धृत करते थे। दरअसल ग्राम्ची का 'पैसिव रेसिस्टैंस' का सिद्धान्त स्वराज पार्टी पर कहीं अधिक खरा उतरता है।

स्वराज पार्टी की प्राण-प्रतिष्ठा चितरंजन दास और मोतीलाल नेहरू ने मिलकर की थी। कांग्रेस के लखनऊ सम्मेलन में सिविल नाफर्मानी (असहयोग) पर एक पुनर्निर्णय करने के लिए कमिटी तैयार हुई थी, इस कमिटी में राजागोपालाचारी, अंसारी और कस्तूरी रंग अयेंगर ने कहा कि असहयोग आंदोलन अब पुन: खड़ा करना सम्भव नहीं है पर औपनिवेशिक छत्रछाया में चल रहे संसदीय व्यवस्था से कांग्रेस से बहिष्कार को भी हमें जारी रखना चाहिए। पर इस प्रस्ताव का डटकर पुरजोर खिलाफत चितरंजन दास, मोतीलाल नेहरू, अजमल खाँ, विट्ठल भाई पटेल ने किया। चितरंजन दास और मोतीलाल ने गांधी विरोधी खेमा की मदद से नये दल की स्थापना के बारे में अभियान शुरू कर दिया। अगली गया कांग्रेस कांग्रेस चुनावपन्थी और चुनाव विरोधियों में विभाजित हो गई। 1923 के जनवरी को दास के सभापतित्व में स्वराज पार्टी की स्थापना हुई। मोतीलाल नेहरू इसके महामंत्री बने। स्वराज पार्टी ने कांग्रेस के अन्दर ही नये दल की स्थापना का प्रस्ताव लिया और काउंसिल (संसदीय) चुनाव में हिस्सेदारी में आजादी की लड़ाई को धारदार अस्त्र बनाने का आह्वान किया। यह कदम गांधी के सत्याग्रह और असहयोग आंदोलन की खिलाफत का मंच था। मोतीलाल ने अगले चुनाव के लिए घोषणा पत्र में ऐलान किया कि स्वराज पार्टी चुनाव के माध्यम से सरकार के राज्यतंत्र पर असरदार नियन्त्रण कायम करने का प्रयास करेगी। यही प्रयास आजादी की लड़ाई के लिए मूल अस्त्र बनेगा। ऐसी धारणा थी स्वराज पार्टी की, जिसके मंत्रियों में सुभाष चन्द्र बोस से लेकर युगान्तर के सशस्त्र विद्रोहियों का दल भी शामिल हो गया था।[2]

वस्तुत: स्वराज पार्टी ही ग्राम्ची के रिसोर्जिमेटो और पैसिव रेसिस्टेंस का मंच था और यह मंच महात्मा के सत्याग्रह और असहयोग आंदोलन से उपजी नैतिक प्रक्रिया की सीधी खिलाफत करता था और संसदीय जनतंत्र के माध्यम से आजादी

1. सरकार, सुमित। पूर्व उद्धृत। पृ. 72
2. त्रिपाठी, अमलेश। स्वाधीनता संग्रामे भारतेर जातीय कांग्रेस । पृ. 120

का सपना देख रहा था।

जवाहरलाल अपने पिता मोतीलाल से स्वराज पार्टी के बारे में सहमत नहीं थे और वे पूरी तरह से गांधी के सत्याग्रही आंदोलन के पक्ष में थे। वस्तुत: गांधी ने अतिवादी आतंकवाद से ग्रसित क्रांतिकारियों और स्वराज पार्टी के खालिस संसदवादी धाराओं की अतिवादिता से अलग हट कर एक मध्यम मार्ग को ग्रहण किया था जो हिन्दुस्तानी वस्तुनिष्ठ परिस्थिति और मनमिजाज के मुताबिक था। इस सन्दर्भ में महात्मा का रास्ता विश्व इतिहास के स्वातन्त्र्य युद्ध के परिदृश्य में नया भी था और अलग भी । जवाहरलाल और गांधी दोनों इस पथ के लम्बे दौर के परिब्राजक थे।

गांधी का मुख्य एजेण्डा था एक 'सामासिक या साझा राष्ट्रवाद' का निर्माण। नेहरू का धर्मनिरपेक्ष समाजवादोन्मुख राष्ट्र निर्माण का एजेण्डा सन् 28-29 के बाद बनना शुरू होता है। पर, सन् 20 से ही गांधी और नेहरू के बीच दो मूल प्रश्नों पर पूर्ण सहमति बनी थी कि अंग्रेजी राज द्वारा दिये गए सीमित प्रतिनिधिमूलक व्यवस्था में महज हिस्सेदारी से आजादी की लड़ाई आगे नहीं बढ़ेगी। दोनों भारतीय जनतंत्र के प्रमुख शिल्पी थे। दोनों का दृढ़ विश्वास था कि वेस्टमिनिस्टर शैली के कमजोर नकल में बने हुए 'सीमित प्रतिनिधिमूलक मंचो' पर महज प्रस्ताव पास करने से आजादी नहीं मिल जाएगी।

पर स्वराज पार्टी जो संसदीय रास्ते से आजादी की लड़ाई लड़ना चाहती थी उनके नेता का दृढ़ विश्वास था कि संसद के सदन के भीतर से एक फैसलाकुन लड़ाई छेड़ पाएँगे। कांग्रेस के नव आभिजात्यवर्गीय नेतृत्व के एक अच्छे-खासे हिस्से को यह गांधी के अमूर्त, नैतिक, दीर्घावधि, संयमित सत्याग्रह आंदोलन से अधिक माकूल लग रहा था फिर संसदवाद में हिस्सेदारी का मतलब आंशिक रूप से ही सही एक ठोस प्रभुवर्ग पावर पालिटिक्स में साझेदारी भी बनती। इसी सिलसिले में इलाहाबाद के स्वराज पार्टी के सम्मेलन में निर्णय लिया गया कि कांग्रेस अपने तात्कालिक लक्ष्य के तौर पर 'डोमिनियन स्टेटस' की माँग करेगा और इसको हासिल करने की रणनीति के तौर पर स्वराज पार्टी अगले चुनाव में हिस्सा लेगी। स्वराज पार्टी के अध्यक्ष सी. आर. दास ने कहा "मैं जनता को अंग्रेजी राज के विरोध में ही खड़ा कर रहा हूँ। मैं चाहता हूँ कि स्वराज पार्टी काउंसिल में बहुमत हासिल करे। काउंसिल में अंग्रेजी शासनतंत्र पर हम भीतर से हमला करेंगे और असहयोग आंदोलन का बाहर से हमला होगा। इस रणनीति का यदि अक्षरश: पालन होता तो आजादी की लड़ाई बड़ी तेजी से आगे बढ़ जाती। पर हमें कहीं भी भ्रम नहीं होना चाहिए था कि स्वराज पार्टी

मूलत: गांधी विरोध की ही राजनीति थी। जन आंदोलनों पर दोनों गांधी और जवाहरलाल का गहरा भरोसा और विश्वास था। वे खालिस संसदवाद के बहुत सारे खतरों से अगाह थे।[1] इस प्रकार से जहाँ मोतीलाल और चितरंजन दास इकट्ठा गांधी के खिलाफ खड़े हुए थे। दूसरी ओर जवाहरलाल इस दौर में अपने पिता के खिलाफ खड़े हुए थे।"

---

1. त्रिपाठी, अमलेश। पृ.120
2. वही। पृ. 121। मोतीलाल नेहरू ने स्वराज पार्टी के घोषणापत्र में लिखा कि उनके दल का उद्देश्य वर्तमान राज्यतन्त्र पर पूरा नियन्त्रण कायम करना है।

5

साम्प्रदायिकता और गांधी-नेहरू प्रयास

दूसरा महत्वपूर्ण प्रयास गांधी और जवाहरलाल द्वारा 'नए भारतीय साझा राष्ट्रवाद' के निर्माण और साम्प्रदायिकता के खिलाफ एक मजबूत वैकल्पिकी बनाने का था। हालाँकि दोनों की रणनीति और राजनैतिक सामाजिक व्याख्या साम्प्रदायिकता के प्रश्न पर बेहद भिन्न थी। गांधी मूलतौर पर धार्मिक व्यक्ति थे और नेहरू इस दौर में वर्गीय दृष्टि और आधुनिक राष्ट्र निर्माण को बहुत सारी समस्याओं को सुलझाने के संदर्भ में आजादी की लड़ाई मूल सूत्र मानने लगे थे।

19वीं सदी के अन्तिम दिनों में 1857 तक चली आ रही 'साझा संस्कृति' जो खासतौर पर मुगल कालीन भारत की महत्वपूर्ण उपलब्धि थी वह पूरी तरह से टूट गयी थी। 1809 का लाट भैरव वाराणसी का भीषण दंगा भी इसी दौर में हुआ था पर इस घटना को वाराणसी की जनता में सबालटर्न विद्रोह और ऊपर से मुगल साम्राज्य के पराभव और मराठों के उद्भव और बनारस के विशेष स्थानीय परिस्थिति से जोड़कर देखना शायद अधिक उपयोगी होगा। फिर भी इस घटना को 19वीं सदी के शुरू में एक अपवाद के रूप में ही देखना चाहिए।

हिंदू साम्प्रदायिकता जिन तीन स्त्रोतों से उत्पन्न हुई। उसमें भाषा विवाद, गोवध विरोधी आंदोलन और एज आफ कनसेन्ट मुख्य है। नार्थ वेस्टर्न प्राविंस और बिहार में हिंदी-उर्दू विवाद ने भी दोनों समुदाय के बीच कटुता और साम्प्रदायिकता की राजनीति को मजबूत किया। हिंदी समर्थकों ने बिहार में 1881 में नार्थ वेस्ट प्राविसेंस में और अवध में 1900 में हिंदी को कचहरी की भाषा के रूप में स्वीकृति प्राप्त करने में सफलता प्राप्त कर लिया। मुस्लिम आभिजात्य वर्ग के लिए यह असम्मान का प्रश्न तो था ही परन्तु मुस्लिम फारसी-उर्दू में माहिर मुस्लिम मध्यम वर्ग के लिए यह रोजी-रोटी छिनने का भी प्रश्न भी बन गया।[1]

1. पाण्डे, गिरीश। आप.सिट.। पृ. 20

गोवध का प्रश्न भी एक महत्वपूर्ण प्रश्न था। इसके लिए हिंदूओं ने हिंदू वर्चस्व में चल रहे म्युनिसपलिटियों के प्रस्ताव से लेकर कचहरियों और इलाहाबाद हाई कोर्ट तक का दरवाजा खटखटाया। 1887 में गोवध की कानूनी वैधता का प्रश्न इलाहाबाद उच्च न्यायालय में पहुँचा। इसने पूरे देश में हलचल मचाई। 1887 में इलाहाबाद हाई कोर्ट ने कम से कम दो बार निचली अदालतों के फैसलों को उलट दिया जिनमें गोवध प्रतिबंधित करने का आदेश दिया गया था।[1]

इलाहाबाद उच्च न्यायालय के निर्णयों ने साबित कर दिया कि न्यायालय से गोकशी का फैसला नहीं हो पाएगा। दूसरी ओर मुस्लिम समुदाय भी इस सवाल पर किसी किस्म की रियायत नहीं देने का फैसला कर चुका था।

भारतीय राष्ट्रीय कांग्रेस के बढ़ते हुए कदम को भी मुस्लिम समुदाय एक अच्छा खासा हिस्सा 'हिंदू वर्चस्व' के रूप में देखने लगा था। 1892 में पारित इण्डिया काउंसिल एक्ट में बढ़ते हुए भारतीय प्रतिनिधित्व के प्रावधान ने भी अल्पमत समुदाय में बेचैनी फैलायी। चूँकि ये कदम कांग्रेस द्वारा प्रतिनिधिमूलक व्यवस्था के आंदोलन के समर्थन में दीखते थे।

इस तरह आई.सी.एस. में भागीदारी बढ़ाने के कदमों पर भी अलीगढ़ आंदोलन वाले लोग सशंकित थे। गोवध विरोधी दंगों से ठीक तीन हफ्ते पूर्व में कांग्रेस से सहानुभूति रखनेवाले दलों ने ब्रिटिश हाउस ऑफ कामंस में वह प्रस्ताव पास करवा दिया जिसमें भारत में भी आई.सी.एस. परीक्षा कराने की माँग मान ली गयी। यह भी कांग्रेस की विजय के रूप में देखा गया और स्वाभाविक रूप से इस कदम ने पहले से ही घबड़ाई हुई मुस्लिम आभिजात्य वर्ग में और भी बेचैनी डाल दी।[2]

वस्तुतः इस दौर में कांग्रेस की खिलाफत में अग्रणी भूमिका अंग्रेजी राज के अलावा अलीगढ़ आंदोलन में भी देखी जा सकती है। सर सैय्यद का भारतीय मुस्लिम जागरण, मुस्लिम राजनैतिक चेतना को एक विशिष्ट मुकाम तक पहुँचाता है। मुस्लिम सम्प्रदाय की प्रतिक्रियाओं को हमें हमेशा साम्प्रदायिकता के आइने में नहीं देखना चाहिए। मुस्लिमों के एक अल्पमत समुदाय में बदलने की स्थिति में कौन सी दिशा हो इसको निर्धारित करने में बेहद महत्वपूर्ण भूमिका सर सैय्यद ने निभायी। सर सैय्यद वर्गीय दृष्टि से उदार लोकतन्त्रीय नहीं बल्कि आभिजात्यवर्गीय शासन के पक्षधर थे। सर सैय्यद मुस्लिम समाज में पश्चिमी शिक्षा और आधुनिकीकरण को प्रतिष्ठित कर मुस्लिम समाज को मध्ययुगीय जकड़न से मुक्त करना चाहते थे। वे

---

1. पाण्डे, गिरीश। आप.सिट.। पृ. 22
2. वही। पृ. 26

आभिजात्यवर्गीय शासनसत्ता के पक्षधर थे इसलिए वे कांग्रेस के खिलाफ थे चूँकि कांग्रेस आजादी और प्रतिनिधिमूलक व्यवस्था की माँग कर रहा था जो आभिजात्यवर्गीय शासन की रीढ़ तोड़ देने की स्थिति में था। सर सैय्यद की धारणा थी कि अंग्रेजी राज और अंग्रेजी शिक्षा न केवल मुसलमानों का मध्ययुगीय पिछड़ेपन से उद्धार करेगी, अपितु अंग्रेजी राज समस्त भारत के लिए हिंदू और मुसलमान दोनों के लिये एक 'नेमत' है और इसके सहारे पूरा भारत का हिंदू और मुसलमान समाज मध्ययुगीय जकड़न से बाहर उठ आएगा। इसीलिए उन्होंने पेट्रियोटिक असोसियेशन बनाया जो अंग्रेजी राज के प्रति आनुगत्य संवर्धन का एक औजार था पर ये सभी संस्थाएँ मुस्लिम जनता के आभिजात्यवर्गीय व्यक्तियों तक ही सीमित थे और न ही आम मुस्लिम जनता और न ही हिंदू जनता का इनसे कुछ लेना-देना था।[1] पेट्रियोटिक असोसियेशन मूलत: सामन्तों और जमींदारों का संगठन था जिसमें मुस्लिम और हिंदू दोनों तबकों के सामन्त शामिल थे।

इन हालातों में कांग्रेस की टकराहट पेट्रियोटिक असोसियेशन से होना स्वाभाविक था। 1888 में यह संघर्ष खुलकर सामने आया जब कांग्रेस इलाहाबाद सम्मेलन में मुसलमानों का कांग्रेस में भर्ती के लिए पुरजोर आह्वान करने लगी।

नार्थ वेस्टर्न प्राविंसेस एण्ड अवध, बिहार और सेन्ट्रल प्राविंसेस में 'एज आफ कंसेण्ट' बिल ने भी साम्प्रदायिक माहौल को और मजबूत बनाया। 'हिंदू धर्म खतरे में है' और किसी भी औपनिवेशिक राज को आम जनता के रीति-रिवाज में हस्तक्षेप करने का नैतिक अधिकार नहीं है ऐसी अवधारणाएँ मजबूती पकड़ रही थीं। इस तरह के विचार तिलक से लेकर विपिन चन्द्र पाल तक रखते थे। अन्तिम दौर में इस प्रकार के विचार हिंदुस्तानी समाज को पिछड़ा रखने में ही मदद करता था। एज आफ कंसेण्ट बिल ने हिंदुओं को एक साम्प्रदायिक इकाई के रूप में कार्य करने के लिए प्रेरित किया और हिंदू साम्प्रदायिकता के आंदोलन को बेहद मजबूती दे दी।

इस दौर में गोरक्षा आंदोलन से जुड़ी हुई बहुत सारी हस्तियाँ और कांग्रेस संगठन के छतरी के तले आ गए। गोरक्षा आंदोलन की धार कम करने में यह कुछ हद तक कारगर रही पर दूसरी ओर कांग्रेस के अन्दर हिंदू साम्प्रदायिकता का विषवृक्ष भी पनपने लगा। 1891 में नागपुर में ही कांग्रेस अधिवेशन के तुरन्त बाद नागपुर गोरक्षा सभा की बैठक हुई जिसमें लगभग 1000-1500 लोगों ने हिस्सा लिया। कुछ कांग्रेस डेलिगेट्स ने भी बैठक में भाग लिया ऐसा सरकारी रिपोर्ट से पता चलता है।[2]

भारत धर्म महामण्डल की स्थापना 1887 में हिंदुत्व के पुनरुत्थान और गोरक्षा

1. नेहरू, जवाहरलाल। डिस्कवरी आफ इण्डिया। पूर्व उद्धृत। पृ. 345
2. पाण्डेय, गिरीश। आप.सिट.। पृ. 29

के निमित्त हुई थी। इसी प्रकार से गोरक्षिणी सभा भी थी। एज आफ कंसेण्ट बिल के पास होने के बाद हरिद्वार की सभा में एक कमिटी का गठन किया गया जिसमें यह निर्णय लिया गया कि इस बिल पास होने के विरोधस्वरूप पूरी ताकत लगाकर मुसलमानों के गोवध के अधिकार का विरोध किया जाना चाहिए जिससे भविष्य में अंग्रेजी सरकार हिंदू रीति-रिवाजों में हस्तक्षेप न करे।[1]

इस प्रकार के आंदोलन पर अपने नोट में डी. एफ. मैककैकेन ने 9 अगस्त 1893 को लक्ष्य किया कि मार्च, 1889 में वृंदावन स्थित अपने दूसरे अधिवेशन में भारतबंधु (अलीगढ़) के अनुसार 200 धर्मसभाएँ एकत्र हुई थीं जिनका उद्देश्य सुधारवादियों का खण्डन करना, संस्कृत को बढ़ावा तथा हिंदू पाण्डुलिपियों को संरक्षित करना घोषित किया गया। (28 दिसम्बर 1888 एन. डब्लू. पी. एण्ड ओ. एन. आर. 1888 पृ. 11) 1892 के महामण्डल के बनारस अधिवेशन में 10,000 लोग शामिल हुए। प्रतिनिधियों ने चाँदी के सिंहासन पर रखे चार वेदों की पूजा के बाद सनातन धर्म, हर मैजेस्टी एवं महारानी विक्टोरिया की तीन-तीन बार जय जयकार की (भारत जीवन बनारस 21 मार्च 1892 एन 300 पी. एण्ड ओ. सी. पी. एण्ड राजपूताना एन. आर. आर. 1892 पृ. 101)। चार्ल्स हीमसैक ने लिखा कि 1900 तक जब महामण्डल ने अपना प्रथम बृहद सम्मेलन दिल्ली में किया तब तक संगठन के साथ 700 हिंदू सभाएँ जुड़ चुकी थी। (इण्डियन नेशनलिस्म, पृ. 318)[2]

मदन मोहन मालवीय महज 24 साल के ही उम्र में भारत धर्म महामण्डल के मुख्य महोपदेशक नियुक्त हो चुके थे। ज्ञातव्य है कि मालवीय चार बार हिंदू महासभा के अध्यक्ष हुए और भारतीय राष्ट्रीय कांग्रेस के अध्यक्ष भी चुने गए।इसी प्रकार मुहम्मद अली जिन्ना मुस्लिम लीग के नेता और साथ ही कांग्रेस के नेता भी शुरुआती दौर में बने रहे। सम्प्रदायों और साम्प्रदायिकता की राजनीति में यह ऐसा दौर था जब धर्म निरपेक्षता और सर्वधर्मसमभाव की विचारधारा अभी तक अपनी जड़ें नहीं जमा पायी थी। न ही राष्ट्रीय राजनीति में अभी तक साफ-साफ सीमारेखाएँ खींची गयी थी। सम्प्रदायबोध स्वस्थ परम्परा है पर साम्प्रदायिक बैर या घृणा अस्वस्थ परम्परा है, इस दौर में उभरते राजनैतिक चेतना का अंग था। साम्प्रदायिकता की राजनीति क्रमशः 19वीं सदी के गोवध विरोधी आंदोलन से लेकर सन् 37 और आखिर में सन् 40 के

1. ऐसी सूचना सन् 1845 में चंदननगर के साधु परमानन्द जिनका असली नाम हीरालाल मुखर्जी था ने कलकत्ता के पुलिस कमिश्नर को दी थी। पोलिटिकल एक्टिविटिज आफ साधुस अपटू 1909 पेपर 49 स्टेट कमिटी फार दी कम्पाइलेशन आफ हिस्टरी आफ द फ्रीडम मूवमेंट इन इण्डिया बेंगल रीजन से रपट गिरीश पाण्डेय की पुस्तक मुस्लिम लीग और साम्प्रदायिक राजनीति हर्ष प्रकाशन 2010 के पृष्ठ 42 से उद्धृत।
2. पाण्डेय, गिरीश। पूर्व उद्धृत। पृ. 29

बाद जिन्ना द्वारा 'द्विराष्ट्रवाद' की नीति अपनाने के बाद अपने शबाब में आ गई। पर यह भी तथ्य है कि सर्वधर्मसमभाव और धर्मनिरपेक्षता की असरदार विचारधारा कालान्तर में गांधी और नेहरू के प्रैक्सिस से कालान्तर में बनता है।

जब एक जाति, एक धर्म, एक सम्प्रदाय की भावना और दूसरे समुदायों के प्रति घृणा और प्रत्याख्यान आभिजात्य वर्गीय नेतृत्व से नीचे की आम जनता में प्रसारित होने लगती है तभी साम्प्रदायिकता का जन्म होता है। साम्प्रदायिकता की भावना सामूहिक घृणा वैमनस्य और दंगों तथा अपने धर्मावलम्बियों से इतर जन्य को अपने समाज से 'बहिर्भूत' करता है। इस भावना को एक बड़ा जनसमूह मथ देता है। साम्प्रदायिकता की धारणा अन्य सम्प्रदायों की ओर ईर्ष्या, शत्रुत्व की दृष्टि से देखने से बनने लगती है। 1893 के बाद 'शत्रुवत साम्प्रदायिकता' की भावना धीरे-धीरे अल्पमत समुदाय में घर करने लगी थी। गोरक्षा आंदोलन और दंगों ने हिंदी पट्टी में मुस्लिम और खासतौर पर शिक्षित मुसलमानों में बेचैनी फैलाना शुरू किया था। मुस्लिम अल्पसंख्यक दृष्टि और आंदोलन इसी का प्रत्युत्तर और परिणाम था जो विशेषाधिकार और संरक्षण के लिए अंग्रेजी राज की ओर झुकने लगा।

खासतौर पर नार्थ वेस्टर्न प्रविंस एण्ड अवध के भारतीय राष्ट्रीय कांग्रेस को शिक्षित मुसलमान गोरक्षा आंदोलन से जोड़ कर देखते थे। इसी दौर में मुरादाबाद के निजामउल मुल्क नामक समाचार पत्र ने लिखा कि गोरक्षा आंदोलन मूलत: कांग्रेस की ही एक शाखा है। 'आगरा पंच' पत्रिका ने दंगों के लिए कांग्रेस और गोरक्षिणी सभाओं को दोषी ठहराया, बिजनौर के 'तोहफा-ए-हिंद' और इटावा नज्मउल अखबार और गोरखपुर के रियाजउल अखबार ने भी कांग्रेस को ही साम्प्रदायिक दंगों का कारण माना।[1]

सर सैय्यद ने इन्हीं समाचार पत्रों की रपटों के आधार पर 1888 के अपने भाषण में ऐलान किया कि कांग्रेस और गोरक्षक एक ही थैली के चट्टे-बट्टे हैं। उन्होंने कहा कि कुछ हिंदू इस विश्वास के साथ कांग्रेस में शामिल हो रहे हैं कि वे अपनी ताकत को बढ़ाकर मुसलमानों की धार्मिक रीति-रिवाजों का दमन कर पायेंगे।[1] स्वाभाविक है कि अंग्रेजी राज के महत्वपूर्ण अधिकारी इस तरह से बढ़ते हुए वैमनस्य से बेहद प्रसन्न थे। सेक्रेटरी आफ स्टेट लार्ड किम्बरले की धारणा थी "इस आंदोलन ने हिंदू-मुस्लिम गठजोड़ को असम्भव बना दिया था।" किम्बरले ने आगे कहा "इस आंदोलन ने संयुक्त भारतीयजन की निर्णय प्रक्रिया, जो हमें सत्ता उनके हाथों में सौंपने के लिए बाध्य करती, उसके राजनैतिक मंच 'कांग्रेस आंदोलन' को जड़ से ही काट दिया।"

---

1. पाण्डेय, गिरीश। पूर्वउद्धृत। पृ. 37

1893 के दंगों के पश्चात मोहम्मडन एंग्लो ओरिऐंटल डिफेंस असोसियेशन बना। इसका संचालन पीछे से अलीगढ़ कॉलेज के सेक्रेटरी थियोडोर बेक कर रहे थे। वह अधिकारियों की इस धारणा से सहमत थे कि गोरक्षा आंदोलन और कांग्रेस दोनों हिंदूत्ववाद का मंच है और दोनों के मूल में एक सहमति उपनिवेशवाद से मुक्त भारतीय राष्ट्र का निर्माण और परम्परागत शासन को समाप्त करना है। डिफेंस असोसियेशन के पहले उदघाटन भाषण में बेक ने कहा कि यह अंग्रेजों और मुसलमानों के साझा हित में है कि वे दोनों खतरों, कांग्रेस और गोरक्षा आंदोलन की पुरजोर खिलाफत करें।

गांधी के 1915 में आगमन के पूर्व 1893 की कौंसिल एक्ट और म्युनिसिपल चुनावों के माध्यम से हिंदू हेजेमनी और साथ-ही-साथ साम्प्रदायिकता की सुदृढ़ इमारत बन चुकी थी जो पूरे 19वीं सदी के कालखण्ड को स्पर्श करती थी। प्रतिक्रियावश मुस्लिम साम्प्रदायिकता की राजनीति भी जोर पकड़ने लगी थी। अलीगढ़ कॉलेज आंदोलन मूलतः मुस्लिम सुधार आंदोलन होने के बावजूद उसका इस्तेमाल 'मुस्लिम अलगाववाद' के लिए होने लगा। 1906 आते-आते मुस्लिम साम्प्रदायिकता औजार के रूप में मुस्लिमलीग मंच पर आ जाती है जिसे तत्कालीन वायसराय मिण्टो का समर्थन भी हाथोंहाथ मिल जाता है। 1909 में मार्ले मिण्टो सुधार ने हिंदू-मुस्लिम खाई को और चौड़ा किया। 1911 में बंग विभाजन को वापस लेना अलबत्ता राष्ट्रवादी खेमे के लिए थोड़ा बहुत संतोष देता था, इसमें दो राय नहीं कि आहत हिंदू बहुमत को संतुष्ट करने के लिए लार्ड हार्डिंज ने जार्ज पंचम से बंगभंग निर्णय की वापसी का ऐलान दिल्ली दरबार में करवा लिया पर साथ-ही-साथ मुस्लिम समुदाय का नेतृत्व इस कदम से उतना ही आहत भी हुआ। 1913 में प्रथम युद्ध के शुरूआत के साथ तुर्की का पराभव शुरू हो गया। तुर्की की हार के बाद अंग्रेजों ने शेख हुसैन जो मक्का के शेरिफ थे उन्हें खलीफा घोषित कर दिया। इन घटनाओं ने भारतीय मुस्लिम समुदाय और खासतौर पर उनके नेतृत्व वर्ग को बेहद दुखी अपमानित और नाराज किया था।

6

डायस्पोरिक मोहनदास करमचन्द से महात्मा गांधी तक

गांधी की सन् 14 के इंगलैण्ड यात्रा के दौर में उन्हें खलीफा के पराजय और मुस्लिम अपमान का अन्दाज मिला। 1915-18 जब गांधी भारत लौटे उस शुरुआती दौर में वे किसी भी विवादास्पद प्रश्न पर अपना मत सार्वजनिक रूप से व्यक्त नहीं करते थे पर मुस्लिम लीग और खिलाफत आंदोलन के नेताओं खासतौर पर मुहम्मद अली जैसे नेताओं से गांधी का सम्बन्ध इस दौर में लगातार बना रहा।

गांधी ने खिलाफत आंदोलन को असहयोग आंदोलन से जोड़ने का जो निर्णय लिया उसके पीछे गांधी की दक्षिण अफ्रीका में 21 वर्ष का प्रवास और उस प्रवास के दौरान अनुभवों और विश्वदृष्टि का विशेष महत्व है। एक हद तक एक प्रवासी दृष्टि गांधी को अब तक के कांग्रेस नेताओं के भद्रलोकीय, संकीर्ण और कभी-कभी मुस्लिमविरोधी हिन्दुत्ववादी दृष्टियों से अलग खड़ा कर देती थी। दक्षिण अफ्रीका में गांधी के 21 वर्षों के लम्बे प्रवास ने ही मूल रूप से गांधी की दृष्टि निर्मित की थी।[1]

राजकोट में एक असफल और अन्तरात्मा के दंश से पीड़ित युवा मोहनदास करमचन्द गांधी को मुफस्सिली कचहरी और अंग्रेज पोलिटिकल एजेण्ट के कोर्ट में रास नहीं आ रहा था। इसी दौर में इत्तफाकन राजकोट के अंग्रेज रेजिडेन्ट ने गांधी को अपने भाई के बारे में न्याय माँगने की फरियाद करने पर अपमानित करते हुए कमरे से बाहर कर दिया था। सर फिरोज शाह मेहता जो उस वक्त राजकोट आए हुए थे गांधी ने अपनी राम कहानी उनके पास भेजी। सर फिरोज शाह ने कहा कि "गांधी

1. गोसाईं, महीन, मलिक, दीपक तथा महाबीर कुमार। "द लीगेसी आफ इण्डियन इन्डेन्चर 150 इयर्स आफ ईस्ट इण्डियन्स इन त्रिनिदाद।" न्यू यार्क (यू.एस.ए.), विंडसन प्रेस, पृ. 69
इसमें दो राय नहीं कि गांधी की विश्वदृष्टि उनके 21 वर्ष के दक्षिण अफ्रीका प्रवास के दौर में ही बनी और इसका खुलासा गांधी के मुख्य वैचारिकी दर्शनग्रन्थ 'हिंद स्वराज' में होती है। हिंद स्वराज की रचना के बाद गांधी ने 1909 में कान्फेशन आफ फेथ लिखा।

को कह दो। इस तरह की घटनाएँ अक्सर वकील और बैरिस्टरों के साथ होती रहती है। अभी-अभी वह इंगलैण्ड से आया है और गर्म खून है। धैर्य धरे अपमान को बर्दाश्त करले।[1] ऐसे वक्त में अब्दुल करीम झवेरी जो गांधी की ही तरह काठियावाड़ी थे और उसी इलाके के एक प्रतिष्ठित व्यापारी दक्षिण अफ्रीका के दादा अब्दुल्ला कम्पनी की ओर से कानूनी सलाहकार पद के लिए गांधी से पेशकश की। गांधी के लिए यह एक स्वर्णिम मौका था–राजकोट के बन्द कचहरी की दीवारों को लाँध कर बड़ी दुनिया के प्रांगण में पहुँचने का।[2]

दक्षिण अफ्रीका में गांधी 'भारतीय समुदाय' के नेता के रूप में उभरे इस पूरे प्रकरण में दक्षिण अफ्रीका में बसे व्यापारियों जिसमें अधिकांश गुजराती मुसलमान थे उनकी विशिष्ट भूमिका थी। सितम्बर 11, 1906 में जोहानेसवर्ग के इम्पायर थियेटर में ट्रांसवाल में बसे भारतीयों के प्रतिवाद सभा में प्रथम 'सत्याग्रह आंदोलन' की शुरुआत हुई। इस सभा के अध्यक्ष ट्रांसवाल ब्रिटिश असोसियेशन के अध्यक्ष अब्दुल गनी थे और मुख्य अतिथि एवं संगठनकर्ता तथा मुख्य वक्ता सेठ हाजी हबीब के अलावा 20 लोगों ने भाषण इस सभा में दिया। सबसे आखिर में गांधी ने अपना वक्तव्य और कार्यक्रम रखा।[3]

इसी आंदोलन के फलस्वरूप यह तय हुआ कि एक प्रतिनिधिमण्डल हिंदुस्तानियों के खिलाफ काला कानून वापस लेने के लिए लन्दन जाए। प्रतिनिधिमण्डल में हाजी उमर अली और गांधी शामिल किए गए और वे लन्दन के लिए अक्तूबर 3, 1906 को रवाना हुए।[4]

दरअसल दक्षिण अफ्रीका में भारतीय आप्रवासियों (डायस्पोरा) का नेतृत्व व्यापारी वर्ग करते थे जिसमें बहुमत मुस्लिम धर्मावलम्बियों का था और इसमें भी काठियाबाड़ी मुस्लिम बड़ी संख्या में थे।

1893 के पश्चात गोवध आंदोलन के फलस्वरूप, उत्तर भारत में खासतौर पर अधुना उत्तर प्रदेश में साम्प्रदायिक दंगों और साम्प्रदायिक वैमनस्य का दौर बहुत तेजी से बढ़ा। साथ ही अलीगढ़ कालेज आंदोलन, देवबन्दियों की अंग्रेजी हुकूमत के खिलाफ लड़ाई, 1906 में मुस्लिमलीग की स्थापना और कर्जन-मिण्टो-फूलर की साम्प्रदायिकता की राजनीति को प्रोत्साहन, 1905 में बंगभंग और 1911 में पुनः बंग एकता, मार्ले-मिण्टो रिफार्म ने साम्प्रदायिकता की राजनीति को और भी मजबूत

1. पाईन, राबर्ट। लाइफ एण्ड डेथ आफ महात्मा गांधी। रूपा एण्ड को., 2005
2. वही। पृ. 86
3. वही। पृ. 62-63
4. वही। पृ. 64

किया। ऐसी घटनाओं से दक्षिणी अफ्रीका में हिंदुस्तानी डायस्पोरा जिसमें मुस्लिम व्यापारी (अधिकांश गुजराती काठियाबाड़ी) का वर्चस्व था और शर्तवन्द प्रथा के अर्न्तगत लाए गए बहुमत हिंदू दलित मजदूर कतई अवगत नहीं थे। उनके संघर्ष का आयाम भिन्न था। अंग्रेज व्यापारी वर्ग और औपनिवेशिक सरकार भारतीयों पर नियन्त्रण रखना चाहती थी और वह आप्रवासी भीड़ के आगमन को भी रोकना चाह रही थी।

दक्षिण अफ्रीका के हिंदुस्तानी डायस्पोरा में हिंदू-मुस्लिम शत्रुता, साम्प्रदायिक-वैमनस्य मुद्दा नहीं था वहाँ अंग्रेज गोरे उपनिवेशवादी बनाम कलर्ड एशियन (भारतीय और अन्य) के बीच नस्ली मतभेद मूल मुद्दा बनता था। दक्षिण अफ्रीका की भारतीय डायस्पोरा की अपनी दुनिया मुख्य धारा हिंदुस्तान से अलग ही थी। इन्हीं परिस्थितियों ने गांधी की विश्वदृष्टि बनाई थी।

इसीलिए गांधी भारत में लौटने के बाद जब साम्प्रदायिकता के प्रंश्नों से दो चार हुए तो उनको महसूस हुआ कि स्वराज की प्राप्ति के लिए हिंदू-मुस्लिम एकता ही पहली आवश्यकता है। एक स्वस्थ किस्म के राष्ट्रवाद के निर्माण के लिए भी यह आवश्यक है। गांधी की दृढ़ धारणा बनी कि हिंदू-मुस्लिम एकता के अभाव में न ही हिंदुस्तानी राष्ट्रवाद का गठन हो पाएगा और न ही उपनिवेशवाद विरोधी सशक्त मोर्चा बन पाएगा।

गांधी जहाँ एक ओर बढ़ते हुए हिंदू-मुस्लिम कटुता अलावा साम्प्रदायिकता से बेखबर थे चूँकि वे 1893 में ही भारत छोड़ चुके थे दूसरी ओर यह भी तथ्य है कि काठियाबाड़ के इलाके में हिंदू-मुस्लिम साम्प्रदायिकता नहीं के बराबर थी। काठियाबाड़ी मुसलमान आम तौर पर समुद्रपार व्यापार में जाने से कतराता नहीं था, इसी वजह से दक्षिण अफ्रीका के उपनिवेश बनने के साथ ही जहाँ एक ओर शर्तवन्द कुली प्रथा के अन्तर्गत अधिकांश मजदूर तमिलनाडु से भेजे गए दूसरी ओर अरब सागर के तट पर बस्तियों से खासतौर पर गुजराती मुसलमान और छोटी तादाद में गुजराती हिंदू व्यापारी भी दक्षिण अफ्रीका और पूर्वी अफ्रीका के विभिन्न देशों में बस गए। गांधी की मूल विश्वदृष्टि एक ऐसे जगह में ही बनी इसीलिये उनकी विश्वदृष्टि में हिंदू-मुस्लिम एकता स्वाभाविक रूप से हाज़िर थी।

डायस्पोरिक गांधी और हिंदुस्तानी गांधी में अन्तर दिखलाई पड़ता है। इस मायने में गांधी द्वारा प्रणीत 'हिंद स्वराज' जहाँ पर हिंसा, गुलामी तथा यूरोपीय विकास और उनके संस्थाओं के खिलाफ तीखा प्रतिवाद है दूसरी ओर हिंद स्वराज एक अंशत: डायस्पोरिक टेक्स्ट भी है और कुछ बुनियादी प्रश्नों ने जिसने गांधी को बाद के दिनों में झकझोर दिया, वे इस टेक्स्ट में नहीं हैं। इसमें एक महत्वपूर्ण और

बेहद महत्वपूर्ण अनुपस्थित प्रश्न जातिप्रथा तथा अस्पृश्यता निवारण का है। हालाँकि गोखले ने कहा था कि गांधी भारत में लौटकर एक वर्ष बिताने के बाद स्वयं ही इस टेक्स्ट को नामंजूर कर देंगे।[1] वस्तुतः गोखले को अन्दाज था कि भारत में लौटने के बाद गांधी को उन सारी परिस्थितियों को फिर से देखने को मिलेगा जिससे मुँह मोड़कर वे राजकोट के बन्द सामन्ती कस्बाई दुनिया को छोड़कर वह दक्षिण अफ्रीका चले गए थे और यह सच भी साबित हुआ। भारत में लौटकर एक वर्ष भारत भ्रमण और बाद में शुरुआती तीन परीक्षणों अहमदाबाद, खेड़ा, चम्पारन के बाद इन्होंने नए तरीकें से फिर अपनी मातृभूमि को देखना शुरू किया और इस दौर में उन्होंने उन बाध्यताओं का भी दर्शन किया जो भारत के राष्ट्रीय आंदोलन की पृष्ठभूमि बन चुकी थी और साथ-ही-साथ उनका सामना हिंदुस्तानी समाज और देश की 'जमीनी हकीकत' से भी हुआ।

इस सन्दर्भ में हमें हिंद स्वराज में गांधी की प्रस्तावना जो जनवरी 1921 में लिखी गयी थी उसका संदर्भ लेना चाहिए चूँकि यह गांधी के दिमाग में 'जमीनी हकीकत' को लेकर चल रहे हलचल को जाहिर करता है। भारत लौटने के पश्चात उन्होंने लक्ष्य किया कि भारतीय राष्ट्रीय कांग्रेस और अन्य संगठनों का लक्ष्य एक स्वतन्त्र लेकिन संरचनात्मक रूप में एक संसदीय व्यवस्था प्राप्त करना है। और इस प्रश्न पर भारत में आम सहमति थी। हिंद स्वराज में संसदवाद की भर्त्सना जिन शब्दों में की गई है, वह बोध कराता है कि गांधी संसदीय व्यवस्था जैसा कि उन्होंने इंगलैण्ड में देखा था वह उसके बिल्कुल पक्षधर नहीं थे इस मायने में उनकी दृष्टि और लेनिन की दृष्टि में बहुत हद तक साम्यता है। लेनिन के लिए भी जारशाही के अर्न्तगत चलनेवाला 'डुमा' संसदीय व्यवस्था महज वाद-विवाद प्रतियोगिता का मंच था। असली जनतन्त्र लेनिन के लिये सोवियतों से निर्गमित होता था जो मूलतः मजदूरों, किसानों और सैनिकों की तृणमूल स्तर पर चुनी हुई प्रतिनिधिमूलक संस्थाएँ थीं। यही बात गांधी भी उठाते हैं। उनके लिए असली जनतन्त्र की इकाई 'गाँव गणराज्य' हैं। गणराज्य हो सकता हो कि चार्ल्स मेटकाफ और हेनरी मैन्ज की कल्पना साम्राज्य का उत्पाद हो। पर ग्राम पंचायतें और पंचायत व्यवस्था गांधी के लिए जनतन्त्र का उत्स स्थल था और उनका मानना था कि भारतीय सन्दर्भ में पंचायतें ही जनतन्त्र की मूल भावना को तृणमूल स्तर पर तक ला सकती थीं।

पर देशी यथार्थ से रु-ब-रु होने के बाद गांधी ने अपनी रणनीति में तरकीम की। गांधी ने 1921 के हिंद स्वराज की भूमिका में लिखा "जिस तरह के स्वराज की

---

1. पाईन, राबर्ट। पूर्व उद्धृत। पृ. 225

कल्पना मैंने की है, मैं पाठकगणों को चेतावनी देता हूँ कि वैसे स्वराज को प्राप्त करने की बात मैं फिलहाल नहीं सोच रहा हूँ।[1]

उन्होंने आगे लिखा कि "यह मेरा विश्वास है कि भारत इसके लिए प्रस्तुत नहीं है।" यह मेरी धृष्टता हो सकती है। मैं व्यक्तिगत पैमाने पर उस स्वराज प्राप्ति के लिए अपने को प्रस्तुत करता रहूँगा। जिसकी हमने कल्पना हिंद स्वराज में की है। पर आज मेरी सामूहिक प्रवृत्ति का ध्येय भारतीय जनता के इच्छा के अनुसार 'संसदीय स्वराज' (पार्लियामेंटरी स्वराज) को प्राप्त करना है।[2]

इस प्रकार से गांधी ने अपने 'मूलस्वर' को संशोधित किया है वे इतिहास की धारा और जनता में आम सहमति से बनी इच्छा का आदर करते थे और अपनी बात जबर्दस्ती थोपने की कोशिश नहीं करते थे इसीलिए उन्होंने इसी 1921 वाली भूमिका में कहा कि मैंने मेरे बारे में ऐसे बहुत सारे लेखों को पढ़ा है, जिनका कहना है कि मैं अपने धार्मिक प्रयोगों और सनक को जनता पर लाद दे रहा हूँ।[3] पर हकीकत कुछ दूसरी ही थी, गांधी अनायास अपनी इच्छाओं को जनता पर थोप नहीं देते थे, वे जनता के 'कामनसेन्स' का पूरा एहतराम करते थे और गांधी मूलत: जनतांत्रिक तेवर के व्यक्ति थे।

गांधी ने हिंद स्वराज में डाक्टर, वकील, रेलवे, अस्पताल की भर्त्सना की है। पर 1921 वाले भूमिका में वे कहते हैं कि मैं अदालतों के स्थायी नाश की बात नहीं सोच रहा हूँ। यंत्रों और मिलों के नाश के लिए भी मैं बहुत कम कोशिश कर रहा हूँ। सवालातों को उठाकर मेरे द्वारा लिखे गए उद्धरणों के जरिये लोगों को डराना वाजिब नहीं है। खासतौर से तब जब ये प्रश्न मेरे देश के सम्मुख विचारणीय नहीं हैं।[4]

जमीनी हकीकत से रु-ब-रु होने पर ही हिंद स्वराज पुस्तक की भूमिका पुन: 1921 में लिखी गयी। इस प्रकार से गांधी का मूलस्वर तो एक ओर बेहतर मानवीय समाज निर्माण जिसका आधार अहिंसा है बना रहा था पर उसके प्राप्ति के लिए उन्होंने कहीं-कहीं रणनीतिक तो कहीं बुनियादी समझौते और वास्तविकता की माँगों को भी स्वीकार कर लिया है।

वस्तुत: 1921 की भूमिका एक डायस्पोरिक गांधी और हिंदुस्तानी यथार्थ से रु-ब-रु होने के पश्चात दो जुदा-जुदा परिदृश्यों का भी बखान करती है और

---

1. गांधी, एम.के.। हिंद स्वराज अर इण्डियन होम रूल। अहमदाबाद, नवजीवन पब्लिशिंग हाउस, 1005, पृ. 15
2. गांधी, एम.के.। हिंद स्वराज। नवजीवन पब्लिशिंग हाउस, 1995, पृ. 16
3. वही। पृ. 16
4. वही। पृ. 16

यह भी दर्शाती है कि भविष्य में किस प्रकार से इन दो दृष्टियों के बीच संश्लेषण सम्भव हुआ।

1932 का पूना पैक्ट और 1933 का गांधी का उपवास उस घोर निराशा को दर्शाता है जो उन्हें सवर्ण हिंदू समाज से प्रतिक्रियास्वरूप दिखलाई पड़ रहा था। शुरुआती दौर में गांधी का जोर देकर कहना था कि भारतीय सभ्यता ही श्रेष्ठतम सभ्यता है, अब उस प्रतिस्थापना में कहीं-न-कहीं कमजोरी दिखलाई पड़ने लगी थी। हिंदू-मुस्लिम समरसता के अभाव ने उन्हें आश्चर्यचकित कर दिया था, क्योंकि दक्षिण अफ्रीका में उनके आंदोलन के प्रमुख साथियों और समर्थकों में शुरुआती दौर में, मुस्लिम व्यापारियों का ही बहुमत था। दक्षिण अफ्रीका के हिंदुस्तानी समाज के मुखिया मुस्लिम व्यापारी ही थे और उनमें भी बहुमत गुजराती और काठियाबाड़ी मुस्लिम व्यापारियों का था। दक्षिण अफ्रीका के यूरोपीय समाज और ईसाई समाज के एक हिस्से से भी गांधी का आंदोलनों के माध्यम से रिश्ता बन गया था। भारत लौटने पर गांधी को पता लगा कि हिंदू-मुस्लिम सम्बन्ध और सहअस्तित्व और सहज होना तो दूर रहा, वे एक दूसरे के बेहद विरोधी, कटुता, कड़वाहट और घृणा से भरे हुए थे, जिसके फलस्वरूप साम्प्रदायिक अलगाव और वैमनस्य की मजबूत दीवार बन गयी थी यह डायस्पोरिक गांधी के लिए बेहद निराशाजनक था।

वस्तुतः राजकोट और उसके पहले लन्दन प्रवास और काठियाबाड़ में बिताए हुए बचपन में हिंदू-मुस्लिम प्रश्न का सामना एक बालक के रूप में और बाद में तरुण गांधी ने इसके पहले कभी नहीं किया था। 1893 में दक्षिण अफ्रीका में उन्होंने एक 'हिंदुस्तानी डायस्पोरिक समाज' का नेतृत्व किया जहाँ हिंदू-मुस्लिम प्रश्न और जात-पात के प्रश्न 'डायस्पोरिक अस्मिता' में समाहित हो चुके थे और इस 'डायस्पोरिक समाज' का मूल अन्तर्विरोध औपनिवेशिक सरकार और यूरोपीय समुदाय से था। यह भारत स्थित मुख्यधारा के हिंदुस्तानी समाज की तरह साम्प्रदायिकता, चातुर्वर्णीय व्यवस्था के अनगिनत अन्तर्विरोधों से ग्रसित एक खण्ड-विखण्डित समाज नहीं था। दक्षिण अफ्रीका के भारतीय डायस्पोरिक समाज की बाध्यताओं ने उन अन्तर्विरोधों को समावेशित कर लिया था जिन्हें उन लोगों ने अपने समाज से सांस्कृतिक विरासत के रूप में ढो कर लाया था। उनके द्वारा लाया गया कल्चरल बैगेज बहुत हद तक 'डायस्पोरिक अस्मिता' में समाहित हो गया था।

यह अनायास ही गांधी के दिमाग की उपज नहीं थी जब उन्होंने भारत में लौटने के बाद हिंदू-मुस्लिम एकता के प्रश्न को स्वराज का एक मूलतत्व माना

और महसूस किया कि हिंदू-मुस्लिम एकता में बिखराव रोके बिना स्वराज प्राप्ति संभव नहीं है। वह इस विचार के प्रणेता बने कि साम्प्रदायिकता के साथ सह अस्तित्व करके स्वराज प्राप्ति नहीं हो सकती थी, यह बद्धमूल धारणा महात्मा में घर कर गई थी। दरअसल जिस हिंदू-मुस्लिम एकता जिसका आधार उन्होंने दक्षिण अफ्रीका में 'सर्वधर्मसमभाव' में खोज रखा था उसका नितान्त अभाव उन्हें भारत में लौटकर देखने को मिला और उस सर्वधर्मसमभावी समाज का निर्माण उनके लिए एक महत्वपूर्ण कर्तव्य भार और स्वराज के लिए पूर्व आवश्यकता बन गई।

गांधी ने 20वीं सदी में हिंदू-मुस्लिम एकता के पहले प्रयास को 1916 में कांग्रेस मुस्लिम लीग पैक्ट के सिलसिले में देखा था। 1915 में ही गांधी भारत लौटे थे। इस सहयोग की पृष्ठभूमि में मुसलमानों का अंग्रेजी राज के प्रति जो सद्‌भाव पैदा हुआ था वह 1911 में बंगभंग के फैसले की वापसी और अन्तर्राष्ट्रीय स्तर पर मुस्लिम देशों पर पश्चिमी साम्राज्य का विस्तार (खासतौर पर मुस्लिम विश्व के शीर्ष पर बैठे हुए तुर्की के आटोमन साम्राज्य के प्रधान के रूप तुर्की के बादशाह, जो समस्त विश्व के मुसलमानों के खलीफा माने जाते थे उनके पराभव के बाद) के बाद क्रमशः क्षीण होता गया था। आटोमन साम्राज्य पर लगातार ब्रिटिश साम्राज्य, इतालवी और रुसी जारशाही द्वारा प्रहार के कारण मुस्लिमों का विश्वास अंग्रेजी हुकूमत जो इतालवी और रूसी जारशाही की सहयोगी थी उससे धीरे-धीरे हटता जा रहा था। यह ध्यान देने योग्य बात है कि मुस्लिम नेतृत्व में इस्लामी अंतर्राष्ट्रीयता जिसे 'डम्मा' के प्रति आग्रह में देखा जा सकता है वह महत्वपूर्ण कारक रही है बैनल अकवामी दृष्टिकोण इसलिए भी अधिक प्रयोज्य हो जाती थी चूँकि मध्यप्राच्य के इलाके में अभी भी इलाकाई आधुनिक राष्ट्र राज्य का चलन नहीं हुआ था, डम्मा के भीतर इलाकाई, भाषाई और कबीलाई अन्तर्विरोध तो थे पर 'डम्मा' और बैनल अकवामी दृष्टिकोण मुस्लिम राजनैतिक प्रभुवर्ग का एक प्रमुख शगल था।

ब्रिटेन और रुस ने एक समझौता के माध्यम से ईरान को बाँट लिया था। इटली इस दौर में साम्राज्य विस्तार की दौड़ में अंग्रेजों के साथ-ही-साथ था। इटली ने अफ्रीका में इस्लाम के गढ़ मोरक्को पर कब्जा कर लिया था। बाद में इटली ने तुर्की के अन्तर्गत ओटोमोन साम्राज्य के एक प्रांत ट्रिपोली पर भी कब्जा कर लिया। इसके बाद टर्की के टुकड़े-टुकड़े होने की प्रक्रिया चालू हो गयी। 1912 में इंग्लैण्ड के सहयोगी जारशाही रूस ने बाल्कन में ईसाई प्रांतों का एक गुट बना लिया था जिससे नौजवान तुर्क के आन्तरिक हमले में जूझते हुए तुर्की पर हमला किया जा

सके। युद्धों में तुर्की को करारी हार का सामना करना पड़ा और आटोमन साम्राज्य से पूर्वी परेस छोड़कर अन्य सभी प्रांत उसके हाथ से निकल गए। इंग्लैण्ड में लिबरल दल की सहानुभूति मुसलमानों के साथ नहीं थी। 1910 में मार्ले ने त्यागपत्र दे दिया और क्रूयू भारत मंत्री बने। क्रूयू ने लंदन मुस्लिम लीग प्रतिनिधियों को तुर्की पर विचार विमर्श करने के लिए समय तक नहीं दिया। भारत में मिण्टो के बाद नवनियुक्त वायसराय हार्डिंज की भी आटोमन साम्राज्य से किसी प्रकार की सहानुभूति नहीं थी।[1]

इन घटनाओं के चलते मुस्लिम प्रतिक्रिया तीव्र होती गयी। ए. एच. अल्बेरुनी ने मेकर्स आफ पाकिस्तान एण्ड माडर्न मुस्लिम इण्डिया में लिखा है कि "अब यह दोपहर के सूरज की तरह साफ हो गया है कि हाल ही में जो कुछ हुआ है उसे देखने के बाद मुसलमानों से यह कहना व्यर्थ है कि वे सरकार के प्रति वफादार रहें।"[2]

1913 में हुए मुस्लिम लीग के अधिवेशन में लीग के मूल उद्देश्य को बदल दिया गया और कहा गया कि उनका अब उद्देश्य महज वफादारी नहीं बल्कि "ब्रिटिश ताज के तत्वावधान में भारत के लिए उपयुक्त स्वशासन प्राप्ति रहेगा। 1915 में कांग्रेस से एकता के ये कदम और आगे बढ़े। बम्बई में 1915 में लीग के बैठक में मदनमोहन मालवीय, सरोजिनी नायडू और गांधीजी ने भी हिस्सा लिया।

1916 में लीग और कांग्रेस ने लखनऊ में अपने अधिवेशन एक ही समय में सम्पादित किये और कांग्रेस लीग पैक्ट बना। इनमें कांग्रेस ने सभी प्रांतों में पृथक निर्वाचन को मान लिया। संस्कृति सम्बन्धी सुरक्षा की भी गारंटी ली गयी और निश्चय किया गया कि कोई भी प्रस्ताव इस सन्दर्भ में उस सम्प्रदाय के 3/4 बहुमत के बिना स्वीकार्य नहीं होगा।

31 अक्तूबर, 1918 में टर्की ने हथियार डाल दिया। यह खलीफा की पराजय थी। दिल्ली में मुस्लिम लीग के अधिवेशन (1918) के अध्यक्ष पद से फजलुलहक ने कहा : "मुझे भारत में इस्लाम का भविष्य अंधकारमय और चिन्ताजनक दिखाई दे रहा है। विश्व में मुस्लिम ताकत के टूटने की प्रत्येक घटना का भारत में हमारे सम्प्रदाय पर प्रतिकूल प्रभाव पड़ सकता है।" विशेष महत्व का तथ्य यह था कि उक्त अधिवेशन में अब्दुल बारी से लेकर अनेक उलेमाओं ने भाग लिया। अधिवेशन की दूसरी विशेषता थी कि इसमें जिन्ना और राजा महमूदाबाद ने

1. ताराचन्द्र। पूर्व उद्धृत। पृ. 430
2. वही। पृ. 432

हिस्सा नहीं लिया। पहला खिलाफत सम्मेलन 23 नवम्बर 1919 को फजलुल हक की अध्यक्षता में दिल्ली में हुआ उसमें गांधीजी, मोतीलाल नेहरू और मालवीय भी मौजूद थे।

हालाँकि 1916 के लखनऊ पैक्ट से हिंदू-मुस्लिम एकता की शुरुआत हो चुकी थी पर यह पैक्ट दो राजनैतिक दलों के बीच थी जिस पर वर्चस्व अभी भी आभिजात्यवर्गीय जमात का था। मूलरूप से पावर शेयरिंग और चुनावों के प्रश्न पर यह समझौता हुआ था पर यह चुनाव भी अभी तक दोनों समुदायों में एक छोटे से समृद्ध-आभिजात्यवर्ग जिनके पास बी.ए. की डिग्री, जमींदारी, बैंक बैलेंस और इनकम टैक्स देने का दम हो वहीं तक सीमित था, यह आम जनता को प्रभावित नहीं करता था।

रौलट एक्ट विरोधी आंदोलन के साथ गांधी का पहला पदार्पण भारतीय राजनीति में हुआ। रौलट सत्याग्रह में गांधी को बड़ी सफलता नहीं मिली पर जालियावाला काण्ड हो जाने के कारण पूरे भारत में उपनिवेशवाद विरोध का नया माहौल पैदा हो गया। गांधी की अभय वाणी जिसकी चर्चा जवाहरलाल ने की है उसकी शुरुआत यहीं से होती है। दीनबन्धु सी. एफ. एन्ड्रूज ने रवीन्द्रनाथ टैगोर को, जब उन्होंने सर की उपाधि लौटा दी तब एक पत्र में लिखा कि "अब भय और अत्याचार का राज खतम हो गया। राज का भय जो महामारी की तरह भारत पर छाया हुआ था वह गायब हो गया।"[1]

गांधी की खास हैसियत रौलट सत्याग्रह के दौर में कांग्रेस में बन गयी थी हालाँकि कांग्रेस का पुराना नेतृत्व एनी बेसन्ट, खापार्डे, वाचा, शास्त्री और सुरेन्द्रनाथ बैनर्जी ने गांधी के सत्याग्रह प्रस्ताव से असहमति जताई थी। गांधी ने रौलट व्यर्थता के बाद खिलाफत आंदोलन पर अपना ध्यान लगाया। गांधी को पता था कि सत्याग्रह सफल बनाने के लिए कांग्रेस नेताओं को राजी कराना आवश्यक है और यह पुराने स्थापित नेताओं से सीधी प्रतिद्वंदिता के माध्यम से सफल नहीं हो पाएगा सो उन्होंने कांग्रेस नेतृत्व को मनवाने के लिए किनारे से हमले की योजना बनाई, इसमें हथियार खिलाफत आंदोलन था और इस लड़ाई में उनकी सेना भारत की द्वितीय बृहत्तम सम्प्रदाय अर्थात मुस्लिम जनता थी।

खिलाफत के बारे में गांधी की समझ को उनकी दक्षिण अफ्रीका की पृष्ठभूमि से मदद मिल रही थी। खिलाफत मुस्लिमों का धार्मिक आंदोलन था। मुसलमनों की आम जमात अभी तक बादशाहों, नवाबों और 1906 के बाद-मुस्लिम आभिजात्य वर्गीय राजनैतिक दल मुस्लिम लीग के विभिन्न अभियानों में

1. त्रिपाठी, अमलेश। पूर्व उद्धृत। पृ. 90

शामिल होती थी। 1857 के विद्रोह में वे सिपाही के रूप में और उखड़े सामन्त के रूप में इतिहास के आईने के सामने खड़े हुए थे। स्वाभाविक है कि इन अभियानों का लक्ष्य धार्मिक कम और खोयी हुई सत्ताप्राप्ति अधिक था। खिलाफत का आंदोलन 1857 की अपेक्षा पूरी तरह से धार्मिक था और यह गरीब आम मुसलमान के घर तक पहुँचता था। यह बादशाहों नवाबों बड़े नौकरशाहों की लड़ाई नहीं थी। गांधी स्वयं धार्मिक व्यक्ति होने के कारण और आम जनता की इस लामबन्दी से समृद्ध अनुभव से लैस होने की वजहों से यह समझते थे कि खिलाफत आंदोलन ने भारत में हिंदू-मुस्लिम वैमनस्य को समाप्त करने का एक ऐतिहासिक मौका मिला है और अन्ततोगत्वा हिंदू-मुस्लिम एकता के बिना स्वराज की लड़ाई अधूरी रह जाएगी। गांधी के अनुसार हिंदू-मुस्लिम एकता का ऐसा मौका संभवत: शताब्दियों में नहीं मिलेगा। अत: इस मौके को छोड़ना नहीं चाहिए। यह कांग्रेस-मुस्लिम लीग पैक्ट 1916 की तुलना में कहीं अधिक बड़ी घटना थी चूँकि पैक्ट मूलत: सम्भ्रान्त उच्च शिक्षित मुसलमान और हिंदूओं के बीच 'सत्ता साझेदारी' का मसविदा था। यह सीटों और राजनैतिक शक्ति का बँटवारा था जो दोनों समुदायों के आभिजात्यवर्ग के बीच ही सीमित था। आम हिंदू या मुसलमान की साझेदारी केवल चुनाव के वक्त होनी थी। उसके बाहर यह आपसी सत्ता का सीमित खेल था। गांधी की निश्चित धारणा थी कि महज ऐसे पैक्टों के माध्यम से अंग्रेजी राज को हटाया नहीं जा सकता है।

वस्तुत: गांधी को कांग्रेस के सर्वोच्च नेता के रूप में स्वीकृति भी खिलाफत और असहयोग आंदोलन को जोड़ने से ही प्राप्त हुई थी। रौलट आंदोलन में सत्याग्रह की असफलता के बाद 1921 का असहयोग आंदोलन खिलाफत से जुड़कर भारतीय इतिहास में आजादी की सबसे महत्वपूर्ण शुरुआती दस्तक और एक अनूठी अखिल भारतीय लामबन्दी की ऐतिहासिक घटना बन गई। महात्मा की इस रणनीति ने कांग्रेस के मूल चरित्र को भी बदल दिया।

शुरुआत में दरखास्त और बाद में गर्मदली-नरमदलियों के बीच फँसी कांग्रेस को पहला देशव्यापी विराट जन आंदोलन का नेतृत्व करने का भी मौका मिला। कुरान शरीफ, शरिया, उम्मा, मक्का, मदीना का पवित्र तीर्थ, मसजिद हज और खलीफा को केन्द्रित करके भारतीय मुस्लिम जगत की भी यह अभी तक की सबसे बड़ी जन आंदोलन और लामबन्दी थी। स्थानीय स्तर पर मसजिद में जुम्मे की नमाज, उर्दू पत्र-पत्रिका, जुलूस इस अभियान को शीर्ष तक पहुँचा रही थी। मुस्लिम बुद्धिजीवी प्रभावित हो रहे थे। हालि के 'मुकादस, शिबली नोमानी का ट्रबुल इन बलकान, अलम्मा इकबाल जो कुछ साल पहले तक तराना-ए-हिंद और

नया शिवाला लिख रहे थे अब लिखने लगे थे तराना-ए-मिल्ली। उलेमाओं की बड़ी जमात ने दिल्ली अधिवेशन 1918 में हिस्सा लिया। उन्होंने वायसराय से माँग की कि खलीफा के साम्राज्य को अटूट रखा जाय और अरब, सीरिया, फिलस्तीन और मेसोपोटेमिया (जजिरात-ऊल-अरब) को अटूट रखा जाय। मुस्लिम मनोभाव किस प्रकार से आंदोलित हुआ था इसका अन्दाज मिलता है निम्नांकित कविता से—

इसलाम आज कूफ्र के
नख में आ गया।
बादल सियाह रंग का
काबा पे छा गया।।[1]

1920 के कलकत्ता में विशेष कांग्रेस अधिवेशन से महात्मा की विजय यात्रा शुरू होती है। गांधी अपने साथ 300 खिलाफती प्रतिनिधि लेकर कांग्रेस अधिवेशन में आए थे। इस अधिवेशन में अधिकांश प्रतिनिधि 'असहयोग' को स्वीकार करने के बावजूद गांधी के कार्य सूची से सहमत नहीं थे। पर खिलाफतियों की बड़ी संख्या के बल पर गांधी का विषय कमिटी पर वर्चस्व स्थापित हो गया। उन्होंने 5 सितम्बर को कार्यक्रम प्रस्तावित किया जिसमें उपाधि बहिष्कार, विदेश में युद्ध लड़ने का बहिष्कार, सरकारी समारोह और उत्सवों का बहिष्कार, स्कूल-कॉलेज, अदालत का बहिष्कार और काउंसिल चुनाव का बहिष्कार शामिल था।[2]

खुले अधिवेशन में गांधी के प्रस्ताव के पक्ष में 1855 वोट और विपक्ष में 873 वोट मिला। एजेण्डा में गांधी के प्रस्ताव और विपिनचन्द्र पाल का उस पर संशोधन के अलावा और कोई भी प्रस्ताव नहीं था। महात्मा ने इस अधिवेशन में साल भर में स्वराज प्राप्ति का प्रस्ताव पास करवाया। गांधी को बम्बई, गुजरात, उत्तर प्रदेश, पंजाब और बिहार, बंगाल से बहुमत प्रतिनिधियों का मत मिला पर सेन्ट्रल प्राविंसस और बेरार पूरी तरह से गांधी विरोधी रहा। शुरुआती प्रतिरोध के पश्चात अंत में चितरंजन दास ने भी अपनी हार मान ली। फलस्वरूप बंगाल के बड़ी संख्या में प्रतिनिधियों का मत गांधी को मिल गया।[3]

'खिलाफत-असहयोग' आंदोलन के सामने अकूत सम्भावनाएँ थी। समावेशी भारत और सर्वधर्म समभाव आंदोलन के माध्यम से एक 'नयी ऐतिहासिक गति' बन सकती थी। गांधी की दृष्टि मुस्लिम समुदाय को स्वराज आंदोलन में जोड़ने पर

---

1. त्रिपाठी, अमलेश। पूर्वउद्धृत। पृ. 93-94
2. वही, पृ. 96
3. वही, पृ. 97

निबद्ध थी। एक ओर आगा खाँ, मुहम्मद अली जिन्ना खिलाफत आंदोलन के बारे में कत्तई उत्साही नहीं दिखलाई पड़ रहे थे। उनकी पश्चिमी शिक्षा-दीक्षा और जीवनशैली इसमें बाधक हो रही थी। बृहत्तर मुस्लिम समाज को असहयोग खिलाफत की पाली में लाने के लिए गांधी की मदद अब्दुल बारी अंसारी, अली भातृद्वय और मौलाना आजाद कर रहे थे। पर, इन नेताओं का साधारण मुस्लिम जनता से रिश्ता नहीं था। इसलिए इन्होंने मौलवियों और उलेमाओं का सहारा लिया। गांधी का दूसरा उद्देश्य आभिजात्यवर्गीय पावरशेयरिंग मुसलमान को छोड़कर विराट बहुमत में आम मुसलमान जनता को राष्ट्रीय आंदोलन में शरीक करना था, पर गांधी को समर्थन देनेवाले नेताओं का जनता से सम्पर्क न होने के कारण उलेमा और मौलवियों के भरोसे आंदोलन का संगठन भविष्य के लिए नुकसानदेह साबित हुआ और कालान्तर में यह एक राष्ट्रीय समावेशी आंदोलन की जगह साम्प्रदायिकता के आंदोलन का बीज भारतीय इतिहास में दर्ज हो गया। वस्तुतः यह आंदोलन मुस्लिम मध्यमवर्ग, किसान, युवा समुदाय में उपनिवेशवाद विरोधी जज्बा बनाने में तो सफल रहा, पर आंदोलन में बनी ऊर्जा, तुर्की में अतार्तुक धर्मनिरपेक्ष क्रांति के पश्चात साम्राज्यवाद विरोध का अगला चरण तय नहीं कर पाया जिसका नतीजा रहा कि यह जगह-जगह पर साम्प्रदायिकता के विस्फोट में बदल गया।

इसमें दो राय नहीं कि खिलाफत आम मुसलमानों का पहला ऐतिहासिक जमावड़ा था। इस मायने में इस आंदोलन के लक्ष्य धार्मिक होने के बावजूद यह मूलतः मुस्लिम आम जनता की व्यापकतम जनतांत्रिक पहल थी जिसने मुस्लिम जनता को राजनैतिक उद्देश्यों की ओर चलने की क्षमता से लैस कर दिया। यह नितान्त दुर्भाग्य की बात है कि यह जनजागरण उपयुक्त 'सर्वधर्मसमभावी नेतृत्व' के अभाव में कालान्तर में साम्प्रदायिकता का हथियार बन गया पर मुस्लिम जनता में "सर्वधर्मसमभावी एकता" का भी ऐतिहासिक आंदोलन बनने की सम्भावना इसी आंदोलन में निहित थी।

हमें यह भी ध्यान में रखना चाहिए कि 'सर्वधर्मसमभावी' संस्कार एकाएक पैदा नहीं हो सकता है, सल्तनत और मुगल युग में 'सर्वधर्मसमभावी संस्कृति' नीचे ls (तृणमूल स्तर) से काफी बन गई थी पर राज्यसत्ता में 'समरसी भाव' को दरबार का मौलानातन्त्र काफी हद तक कमजोर बना देता था। पर तुलसी-रहीम-खानखाना सम्बन्ध, रसखान, जायसी एक तरफ आम जनता के (तृणमूलस्तर) से 'सर्वधर्मसमभावी' संस्कृति के आदर्श नमूने हैं तो दूसरी ओर कबीर की मौलवी और पण्डित को फटकार मध्ययुगीय संस्कृति में सर्वधर्मसमभावी संस्कार में रंग भर रहा था पर इस उदात्त सांस्कृतिक आध्यात्मिक पहल के बाद अंग्रेजी राज में

ऐसा कोई सांस्कृतिक-आध्यात्मिक आंदोलन नहीं चला। उसकी जगह दो प्रक्रियाएँ चालू हुईं एक तो फोर्ट विलियम्स कालेज में भाषाओं का आधुनिकीकरण जिसकी बलि वेदी पर उर्दू और हिन्दुस्तानी चढ़ गई और नयी हिंदी बनी। उसके साथ ही साथ बनारस में संस्कृत कालेज की शुरुआत जो एक खास किस्म के सनातनी चातुर्वर्णीय और हिंदूइतर धर्म विरोधी संस्कारों का जखीरा बंगाल के न्याय पण्डितों से लेकर उन पण्डितों का वर्चस्व अंग्रेजीराज की छाया में बना, जो भक्तियुगीन समरसी संस्कृति के खिलाफ थे साथ ही शास्त्रों के यान्त्रिक भाष्यकार थे। दूसरी ओर अंग्रेजी राज समाज के ऊपरी तबको में विघटन का रास्ता जानबूझ कर नहीं बल्कि अज्ञानतावश ही म्युनिसिपलिटियों, स्थानीय निकायों के चुनाव से खोल दिया। तीसरा मामला आदमशुमारी का था जिसने रातोंरात हिंदुओं को बहुमत और मुसलमानों को सत्ताधारी वर्ग के सपने में खोये वर्ग की जगह एक लाचार, निष्प्रभ अल्पमत में बदल दिया। वस्तुतः ये सारे कदम ऐसा नहीं कि शुरुआती दिनों में अंग्रेजी राज ने जानबूझकर लिये थे बल्कि विदेशी शासक होन के नाते और औद्योगिक क्रांति तथा पूँजीवाद के संस्कारों से युक्त होने के कारण एक विदेशी उपनिवेश की संस्कृति वे समझना चाहते थे। इसलिए उन्होंने पण्डितों और मौलवियों मुन्शियों को लेकर फोर्ट विलियम कालेज खोला। इस दोहरी प्रक्रिया संसदीय प्रतिद्वंदिता में उपजी हिंदू-मुस्लिम आभिजात्यवर्गीय दौड़ और दरार और तृणमूल जनता के स्तर पर भाषा विवाद जिसने करवाई बुद्धिजीवियों को जो उर्दू से जुड़े थे उन्हें साम्प्रदायिक राजनीति का मोहरा बनाया। इस प्रकार से करवाई और शहरी निम्न मध्यमवर्गीय कलमनबीश भी रोजी-रोटी के छीनने के बाद हिंदी विरोधी बन गया और खानखाना, रसखान की समरसी संस्कृति टूट गयी। दूसरी ओर हिंदुओं को गोरक्षिणी सभाएँ, म्युनिसिपलिटी चुनावों में सफलता और इसका बोध कि संसदीय जनतन्त्र में बहुमत का ही होता है और अल्पमत निर्णय लेने के वृत्त से हट जाता है। इस प्रक्रिया ने मुस्लिम बेबसीपन और मुस्लिम साम्प्रदायिकता के लिए इन्धन जुगाया। फोर्ट विलियम्स कालेज में पैदा हुई और संस्कारित हुई हिंदी जब काशी पहुँची, तो वह हिंदुत्व की भाषा में तब्दील हो गई और गढ़ लिया गया एक तर्क कि हिंदुस्तानी और उर्दू में हिंदू धर्मशास्त्र की शब्दावली फिट नहीं बैठती थी। खासतौर पर हिंदुस्तानी में। इसलिए एक संस्कृतनिष्ठ हिंदी की आवश्यकता है। इस संस्कृतनिष्ट हिंदी ने हिंदुस्तानी को धीरे-धीरे बहिष्कृत कर दिया। हालाँकि फिल्म की भाषा 80 के दशकों तक एक हद तक हिंदुस्तानी बनी रही और फिर हिंदुस्तानी की जगह इंग्लिश (अंग्रेजी का मिश्रण हिंदी में) नयी हिंदी बन गई। मुंशी प्रेमचंद ने उर्दू और हिंदुस्तानी से यात्रा शुरू की थी। सन् 47-48

आते-आते डा. रघुवीर की हिंदी ने जो कुछ हिंदुस्तानी का बचा-खुचा था उसे समाप्त कर दिया।

असहयोग आंदोलन और खिलाफत को जोड़कर 'आधुनिक इन्क्लुसिव राष्ट्रवाद' बनाने की पहली कोशिश महात्मा गांधी ने ही की। यह बेहद महत्वपूर्ण घटना थी जिसका आँकलन सफलता और असफलता दोनों संदर्भों में होना चाहिए। वस्तुतः एक ओर वेस्टमिनिस्टर ढाँचे का संविधानवाद जिसके समर्थक चितरंजन दास, मोतीलाल नेहरू, राजगोपालाचारी से लेकर हिंदुत्व का स्वर लिए मदनमोहन मालवीय और मोहम्मद अली जिन्ना, सर फजले हसन से लेकर राजा महमूदाबाद और खलिकुज्जुमा खड़े हुए थे तो दूसरी ओर जन आंदोलन के माध्यम से 'इन्क्लूसिव राष्ट्रवाद' के अभियान में गांधी के पीछे शुरुआती दौर में अली बन्धु, अंसारी से लेकर मौलाना आजाद, शिबली नोमानी और उलेमाओं की जमात और लगभग जीवनपर्यन्त धर्मनिरपेक्ष राजनीति के नायक जवाहरलाल नेहरू भी खड़े हुए थे। हालाँकि जवाहरलाल 'खिलाफत आंदोलन' की सीमित अपील से अवगत थे चूँकि उनकी अन्तर्राष्ट्रीय जगत की समझ हमेशा पुख्ता रही है। फिर भी उन्होंने खिलाफत आंदोलन के प्रति उपेक्षा नहीं दिखाई चूँकि यह पहला व्यापक जन आंदोलन मुसलमानों के बीच था जो किसी नवाब, बादशाह या आभिजातवर्गीय नौकरशाह से प्रभावित नहीं था और न ही उनके हितों के रक्षार्थ खासतौर पर हिंदुस्तान में छेड़ा गया था। यह एक व्यापक जनआंदोलन था जो मुस्लिमों के अंग्रेजों द्वारा धार्मिक अधिकार और संरचनाओं को छीनने और तोड़ने के फलस्वरूप बना था।

संविधानवाद और जन आंदोलन का वह ऐतिहासिक संश्लेषण नहीं बना पाया जिसकी अपेक्षा थी, दोनों रास्ते अलग-अलग चलते रहे। संविधानवादी रास्ता में मूल अन्तर्विरोध वयस्क मताधिकार बनाम अल्पमत समुदाय के लिए अतिरिक्त (वेटेड) आरक्षण का बना रहा। एक ओर मोतीलाल नेहरू कमिटी की रिपोर्ट तो दूसरी ओर मुस्लिमलीग और अन्य मुस्लिम संगठनों से अतिरिक्त सुरक्षा के लिए अतिरिक्त आरक्षण (सेफगार्ड्स) की माँग बनी रही। संविधानवाद और प्रतिद्वंदितामूलक संसदवाद जिसका माडल हमने ब्रिटिश संवैधानिक ढाँचे से लिया था सम्भवतः 'इन्क्लूसिव राष्ट्रवाद' की भीत तैयार नहीं कर सकती थी। गांधी और जवाहरलाल नेहरू दोनों को जन आंदोलन और आम जनता की लामबन्दी के माध्यम से 'इन्क्लूसिव राष्ट्रवाद' के जद्दोजहद में ज्यादा भरोसा था। तीसरी बाधा का पक्ष अंग्रेजी औपनिवेशिक राज का था। पर यह पार पाया जा सकता था यदि गांधी के जन आंदोलन का रास्ता और संविधानवादी आपस में एक न्यूनतम साझा बिन्दु पर

पहुँच पाते।

वस्तुत: 1922 के पश्चात चौरीचौरा घटना के फलस्वरूप असहयोग आंदोलन की वापसी और साथ ही साथ टर्की में कमाल अतातुर्क द्वारा खलीफा शाही के अन्त के पश्चात भारत में हिंदू-मुस्लिम एकता के लिए स्वराज और गरीब नवाज वैकल्पिकी ही इस पूरी मुहिम को संभवत: आगे ले चल सकती थी, पर 1928 में मोतीलाल नेहरू कमिटी की संवैधानिक पहल और मुस्लिम पक्ष की सुनवाई से इन्कार और दूसरी ओर तबलीग और शुद्धि और उलेमाओं का अचानक पुरोहिती के सीमित दायरे से उठकर सियासती मैदान में आम मुस्लिम जनता में पैठने से साम्प्रदायिकता की बुझी आग फिर से प्रज्वलित हो गई।

7

जवाहरलाल की धर्मनिरपेक्ष स्वातन्त्र्य आंदोलन बनाने की पहल

हालाँकि गांधी भी आम मुसलमानों को राष्ट्रीय आंदोलन में लाना चाहते थे, उनकी दृष्टि सर्वधर्मसमावेशी थी, पर मौलवियों, उलेमाओं के प्राधान्य की वजह से समावेशी सर्वधर्मसमावेशी राष्ट्रीयता का मुख्यधारात्मक प्रवाहमान इतिहास नहीं बन पाया। हालाँकि मौलाना अबुल कलाम आजाद जैसे राष्ट्रीय नेता के साथ ही धर्मशास्त्रियों ने सर्वधर्मसमावेशी राष्ट्रवाद को इस्लामी परम्परा में एक आवश्यक कदम के रूप में परिभाषित किया। इस प्रकार से मुस्लिम जनमत का हिस्सा राष्ट्रीय आंदोलन में शामिल हुआ। जवाहरलाल की दृष्टि मुस्लिम समस्या पर भी वर्गीय थी, उनका आकलन था कि मुस्लिम लीग मुस्लिम जमींदारों, नवाबों, नौकरशाहों का जमघट है नतीजतन मुस्लिम लीग गरीब मुसलमान किसान, मजदूर और दस्तकार का प्रतिनिधित्व नहीं करती है।

जवाहरलाल की विश्वदृष्टि में भारत में मुस्लिम समस्या को तीन परिप्रेक्ष्यों में देखा जा सकता है। पहली बात तो यह है उनकी दृष्टि जमीनी हकीकत से ज्यादा जुड़ी हुई थी। हालाँकि समस्याओं के निदान के बारे में उनकी समझ बेहद समझौता विरोधी और साथ ही साथ आधुनिक धर्मनिरपेक्ष दृष्टि से आलोड़ित होती रहती थी। इस मायने में महात्मा गांधी से लेकर मौलाना आजाद अपेक्षाकृत लोचदार नीति ग्रहण करते थे। दूसरी बात जवाहरलाल मुस्लिम समुदाय में वर्गीय ढाँचे को राजनैतिक रणनीति के तहत अधिक महत्व देते थे। तीसरे परिप्रेक्ष्य में उनकी दृष्टि लीग की साम्प्रदायिकतापरस्त नीति को लगातार पराजित करने में लगी रहती थी जिससे कि एक सर्वधर्मसमावेशी राष्ट्रवाद और संस्कृति बनाया जा सके वे मुस्लिम लीग जैसे साम्प्रदायिक संगठन को कोई रियायत देना अनुचित मानते थे।

विश्व परिदृश्य से परिचित रहने के कारण जवाहरलाल को खिलाफत जैसे आंदोलन की असफलता का आभास शुरू से ही था। डिस्कवरी आफ इण्डिया में जवाहरलाल ने खिलाफत आंदोलन का जो वर्णन दिया है वह गांधी की नजर में

खिलाफत से पूरी तरह भिन्न है। नेहरू ने कहा "भारत में मुस्लिम बुद्धिजीवियों में दो खेमे थे। पहला खेमा था जहाँ खास तौर पर युवा मुसलमान थे जो भारतीय राष्ट्रवाद की ओर स्वभावत: आकर्षित होते थे दूसरा वह हिस्सा था जो अतीत में झाँककर भारतीय इतिहास की धारा से अपने को अलग देखता था और कालान्तर में वही अलगाववाद से ग्रस्त हो जाता है। उसकी दृष्टि भारत पर निबद्ध न होकर वह आसपास के मुस्लिम और खास तौर पर मध्य प्राच्य के देशों की तरफ देखता है।" जवाहरलाल ने लक्ष्य किया कि भारत का आभिजात्यवर्गीय मुसलमान खिलाफत आंदोलन के समर्थन में है। इस्लाम का वैश्विक आंदोलन जिसे तुर्की के सुलतान हमीद ने समर्थन दिया था। उस अभियान को भारतीय मुस्लिम आभिजात्यवर्ग ने पूर्ण समर्थन दिया था फिर भी सर सैय्यद जैसे समाजसुधारकों ने खिलाफत आंदोलन से मुसलमानों को दूर रहने की सलाह दी थी। युवा तुर्क आंदोलन को भारतीय मुसलमान संदेह की दृष्टि से देखते थे। लेकिन जब इटली ने तुर्की पर हमला कर दिया और वह 1912-13 के बल्कान युद्ध में बदल गया तब भारतीय मुसलमानों में आश्चर्यजनक रूप से तुर्की के लिए सहानुभूति जग उठी। डा. एम. ए. अन्सारी, अब्दुल कलाम आजाद जैसे भारतीय राष्ट्रवादियों ने टर्की, मिस्र और इरान में राष्ट्रवाद के बढ़ते कदम का स्वागत करते हुए भारतीय राष्ट्रवाद की अनिवार्यता पर बल दिया। आजाद ने प्रस्तावित किया कि इस्लामी मुल्कों के समर्थन और भारतीय राष्ट्रवाद को समर्थन के बीच कोई अन्तर्द्वंद्व नहीं है, यह नयी भाषा और नया तेवर भी था। पुरानी पीढ़ी के बहुत सारे लोग मौलाना अबुल कलाम आजाद के विचारों को स्वीकार नहीं करते थे।[1]

जवाहरलाल का खिलाफत आंदोलन का आकलन गांधी की तुलना में इस मायने में भी अलग था। चूँकि वे मुस्लिम और मध्यप्राच्य की दुनिया में राष्ट्रवाद का उदय देख रहे थे जबकि गांधी एक मध्ययुगीय इस्लामी धार्मिक वैश्विक प्रशासन खिलाफत के माध्यम से भारतीय मुसलमानों को राष्ट्रीय आजादी की लड़ाई में जोड़ने का उपक्रम कर रहे थे। गांधी अतातुर्क के 'राष्ट्रवादी इनकलाब' के प्रति उदासीन थे। वे समझते थे कि खलीफा के अन्त से मुसलमानों को गहरा सदमा लगा था। यह अंशत: सत्य था पर पूर्ण सत्य नहीं था आखिर गरीब हिंदुस्तानी मुसलमान को तुर्की में खलीफा की पराजय या कमाल अतातुर्क की विजय से क्या लेना देना था। उसका गुस्सा और बेबसी था अंग्रेजी हुकूमत से, हिंदू जमींदार और बड़े व्यापारी और अफसरशाही से, जिसके दबाव में उसे दैनन्दिन जिन्दगी झेलनी पड़ती थी।

1. नेहरू, जवाहरलाल। पूर्व उद्धृत। पृ. 348

जवाहरलाल ने खलीफा और खिलाफत आंदोलन के अन्त पर न तो आश्चर्य प्रकट किया और न ही आँसू बहाए बल्कि उन्हें राहत मिली चूँकि यह आंदोलन साम्प्रदायिक-धार्मिक लामबन्दी को भी तेज कर रहा था। खिलाफत आंदोलन का सबसे अधिक प्रभाव जवाहरलाल मुस्लिम सामन्तों पर देखते हैं। खिलाफत के प्रति मुस्लिम आग्रह को उन्होंने भारतीय राजनीतिक क्षितिज पर एक क्षणस्थायी विचलन के रूप में ही देखा। जवाहरलाल ने खलीफा की सल्तनत को उखाड़ फेंकनेवाले कमाल पाशा अता तुर्क से हिंदू और मुसलमानों के युवा वर्ग को अधिक प्रभावित होते हुए देखा। जवाहरलाल ने लक्ष्य किया कि इकबाल का रोमानी इस्लामी अतीत का मन्थन और पश्चिम विरोध एक महत्वपूर्ण कारक के रूप में मुस्लिम जनमत में उभर रहा था। इसका कारण भी जवाहरलाल स्पष्ट रूप से दिखाते हैं "भारतीय राष्ट्रवाद पर हिंदुओं का आधिपत्य था इस वजह से मुस्लिम मानस में अन्तर्द्वंद्व उठने लगा इनमें से बहुतेरों ने भारतीय राष्ट्रवाद को अंगीकार किया, कुछ हिस्सों ने इससे सहानुभूति तो रखी पर अलग रहे, बाकी जमात 'अलगाववाद' की ओर चलने लगा",[1] जिसकी सांस्कृतिक जमीन अलम्मा इकबाल ने पहले से ही बना रखी थी।

जवाहरलाल ने अपनी पैनी दृष्टि से गुलाम दुनिया में 'नये राष्ट्रवाद' के उद्भव को गहराई से लक्षित किया। उनकी राजनीति और अन्तर्राष्ट्रीय नीति जिसका आधार 'गुटनिरपेक्षता' था यहीं से शुरू होता है। कमाल पाशा में उन्होंने एशिया और मध्यप्राच्य में उभरते हुए 'नव राष्ट्रवाद' को देखा जबकि वे खलीफा में इस 'नये उभरते राष्ट्रवाद' की तस्वीर नहीं देख पा रहे थे।

इस दृष्टिभिन्नता के बावजूद गांधी और नेहरू दोनों भारतीय राजनीति की सबसे जटिल गाँठ हिंदू-मुस्लिम प्रश्न को सुलझाने में अपनी-अपनी समझ और दृष्टियों से लगे हुए थे।

जवाहरलाल की दृष्टि भिन्नता को तीन संदर्भों में रखा जा सकता है, वे मुस्लिम समुदाय को वर्गों में विभाजित देखते हैं उनके लिए मुसलमान महज इस्लामी ध्वज तले इकट्ठा जमात नहीं है और धर्म का प्रभाव भी उस पर सर्वव्यापी नहीं है। मुशीरुल हसन ने इण्डियास पार्टिशन प्रोसेस, स्ट्रेटजी एण्ड मोबिलाइजेशन पुस्तक में 1921 की जनगणना के हवाले से कहा कि इस्लाम धर्म को आम तौर पर असहिष्णु एवं कट्टरवादी माना जाता है पर इस तरह की प्रवृत्ति आम गरीब मुसलमानों में नहीं पायी जाती है। आम मुसलमान अपने

1. नेहरू, जवाहरलाल। पूर्व उद्धृत। पृ. 35

पड़ोसी के साथ शांतिपूर्ण शर्तों में जीने में विश्वास करता है।[1] जवाहरलाल भी मुस्लिम जमात को एक ठोस एकताबद्ध समुदाय के तौर पर न देखकर उसमें सामन्त और शक्तिशाली आभिजात्यवर्ग और दूसरी ओर एक विराट सबालटर्न किस्म के मुसलमानों के बीच बँटी हुई जमात के रूप में देखते हैं।

कैम्ब्रिज स्कूल के इतिहासकारों ने भी इस प्रश्न पर व्यापक अध्ययन किया है। तथा उनकी भी कुछ अवधारणाएँ नेहरू की अवधारणा से मिलती-जुलती है।

मुस्लिम समुदाय में विभिन्न वर्गों, भाषा, गरीब, अमीर की विभाजन रेखा को जवाहरलाल इस्लाम में ऊपर से दिखनेवाली साम्प्रदायिक इस्लामिक एकता के बावजूद, मुस्लिम समाज की आन्तरिक संरचना के रूप में चिह्नित करते हैं। वर्गों, विभाजनों की उपस्थिति को इस्लाम का सामुदायिक दिखनेवाला चेहरा भी रोक नहीं पाता है। इस सम्बन्ध में जवाहरलाल से ही मिलता-जुलता आकलन कैम्ब्रिज के इतिहासकार अनिल सील अपने 1971 में प्रकाशित पुस्तक में भी करते हैं। अनिल सील आम तौर पर भारतीय मुसलमानों के बारे में इस धारणा का खण्डन करते हैं कि मुसलमान एक सकताबद्ध जमात है। सील का कहना है कि "मुसलमानों में भी विभाजन है जिस प्रकार से हिंदुओं में है।"[2]

जवाहरलाल की मुस्लिम राजनीति का परिप्रेक्ष्य भी गांधीजी से भिन्न है, वे महज हिंदू-मुस्लिम एकता की बात नहीं करते हैं। चूँकि हिंदू और मुस्लिम समाज अपने-अपने समाज के धार्मिक तमगों के बावजूद वर्गों में बँटे हुए हैं। जवाहरलाल का मानना था कि दोनों जमातों के किसान, मजदूर, मध्यमवर्ग और दस्तकारों के बीच चट्टानी एकता बनाने से ही उपनिवेशवाद विरोधी संग्राम मजबूत हो सकेगा और वर्गीय समझ के बिना महज हिंदू-मुस्लिम एकता के नारे से कोई आंदोलनात्मक पक्ष नहीं बन पाएगा। वैसे भी वर्ग विभाजन को दरकिनार कर हिंदू-मुस्लिम एकता की बात बेमानी है। मुस्लिम सामन्त और राजन्य वर्ग ने मुस्लिमलीग के मुस्लिम अलगाववाद का रास्ता खास तौर पर 1937 के चुनाव के बाद से बनाना शुरू कर दिया था।

---

1. हसन, मुशीरुल सम्पादित इण्डियन पार्टिशन प्रोसेस स्ट्रेटेजी एंड मोबिलाइजेशन। आक्सफोर्ड, 2008, पृ. 34
2. "सील, अनिल। दी इमरजेन्स आफ इण्डियन नेशनलिस्म : कम्पीटिशन एण्ड कोलेवोरेशन इन द लैटर नाइनटीन्थ सेन्चुरी केम्ब्रिज 1968, पृ. 339
भारत में आकारहीन समाजों की भीड़ में से नहीं द्विराष्ट्रवाद, न ही राष्ट्रवाद और न ही राष्ट्र वास्तविकता में बन सकता था। भारत तो कब्रगाह था। राष्ट्रवाद का और वहाँ नए किस्म का राष्ट्रवाद जन्म ले रहा था।"

यहाँ दो परिदृश्यों पर हमें विचार कर लेना चाहिए। चौरीचौरा के पश्चात असहयोग के इन्कलाबी दिन लद गए। खिलाफत आंदोलन का एक अच्छा खासा हिस्सा मुस्लिम साम्प्रदायिकता और अलगाववाद की ओर मुड़ गया था। जवाहरलाल को इस दौर में कांग्रेस के गुटबन्दी और देश में फैले हुए साम्प्रदायिक राजनीति से बेहद निराशा हो रही थी। वे ऐसे समय में इलाहाबाद के मेयर और अखिल भारतीय कांग्रेस कमिटी के महामंत्री का काम सम्हाले हुए थे। जवाहरलाल के लिए यह पर्याप्त नहीं था। 1919-20 में महात्मा से मुलाकात के बाद जो स्फूर्ति और दृष्टि उन्हें मिली थी वह एक हद तक धूमिल हो रही थी इसी दौर में अपनी पत्नी के इलाज के सिलसिले में उन्हें यूरोप जाने का मौका 1926-27 में मिला। इस दौर में यूरोपीय रैडिकल्स के साथ विचार विनिमय और नई सूचनाएँ तथा यूरोप में बनती नयी परिस्थितियों से वाकिफ होने के बाद जवाहरलाल ने महसूस किया कि भारतीय राजनीति बेहद अस्पष्ट और संकीर्णतावादी[1] थी और यूरोप यात्रा के दौर में जवाहरलाल को लगता था कि वे जैसे इन निराशाओं से त्रस्त होकर भाग रहे थे। ज्यों-ज्यों महीने बीतते गए उन्हें राहत का अनुभव होता गया। भारतीय राजनीति इस समय बड़ी दयनीय और उदास दशा में थी। कांग्रेस में फूट पड़ चुकी थी। साम्प्रदायिक तनाव बढ़ रहा था और कई पुराने कांग्रेसजन देशभक्तों की तरह से नहीं पर हिंदू और मुस्लिम के नाते घटनाओं पर प्रतिक्रिया व्यक्त कर रहे थे। बहरहाल गांधीजी ने अपनी हिम्मत अभी भी नहीं हारी थी फिर भी वे स्थिति बिगड़कर सुधरेगी ऐसा मान बैठे थे।

अपने प्रवास के दौर में जवाहरलाल को ब्रुसेल्स कानफरेन्स आफ आप्रेस्ड नेशनलिटिस और सोवियत युनियन की यात्रा के दौर में यूरोप और तीसरी दुनिया में चलनेवाले उपनिवेशवाद विरोधी आंदोलन और उस मुहिम में लगे बुद्धिजीवियों कार्यकर्त्ताओं से मुलाकात करने का मौका मिला। साथ ही नए साहित्य और सूचनाओं का भण्डार भी उनके हाथ लगा। सोवियत युनियन की संक्षिप्त लेकिन बेदह महत्वपूर्ण यात्रा से उन्होंने सबक लिया कि समाजवाद महज काल्पनिक दुनिया की उड़ान नहीं है, यह एक वास्तविकता में बदल सकती है।

जवाहरलाल ने अपने 'ऐन आटोबायोग्राफी' मे लिखा है कि साम्प्रदायिक दंगे जो अक्सर बेबुनियादी बातों पर हो जाया करते थे, उन्हें आपसी सद्भाव से सुलझाया जा सकता था, पर ऐसा नहीं हुआ। दंगे उत्तर भारत के कुछ शहरों में केन्द्रित थे, पर गाँवों में और अधिकांश कस्बों और शहरों में ऐसी स्थिति नहीं थी।[2]

1. गोपाल, सर्वपल्ली। जवाहरलाल नेहरू। नई दिल्ली, साहित्य अकादमी, 1999, पृ. 54
2. नेहरू। ऐन आटोबायोग्राफी। पृ. 140

असहयोग आंदोलन के उफान के दौर में प्रतिक्रियावादी मुस्लिम नेता राष्ट्रीय राजनीति से पीछे हट गए थे। जबकि प्रगतिशील और सर्वधर्मवादी मुस्लिम नेताओं और समूहों ने बड़े पैमाने पर राष्ट्रीय आंदोलन में शिरकत किया पर ज्यों ही असहयोग आंदोलन वापस हुआ वे सभी पुनः मुस्लिम जनता पर अपना अधिकार जताने लगे। उसी तरह से हिंदू प्रतिक्रियावादी नेताओं ने भी सरकार के इशारे पर काम शुरू कर दिया।[1]

'आटोवायोग्राफी' का यह उद्धरण साफ तरीके से बयान करता है कि गांधी और नेहरू के बीच साम्प्रदायिकता के बारे में दृष्टिकोण में विराट अन्तर था। गांधी के लिए यह एक सर्वोच्च महत्व का प्रश्न था और उसे वे मुस्लिम-हिंदू जनता के नैतिक-धार्मिक सत्ता के जरिये एकता कायम करना चाहते थे। जवाहरलाल इस प्रश्न को सुलझाने की दृष्टि से देखते थे और वह हेरतअंगेज थे कि कैसे छोटी-छोटी घटनाओं से साम्प्रदायिकता का दूषित वैमनस्य भरा वातावरण बन जाता है। गांधी हिंदू-मुस्लिम एकता की रणनीति की चर्चा करते हुए कहते हैं "असहयोग आंदोलन के पूर्व ही उन्होंने साम्प्रदायिक समस्या सुलझाने का एक समाधान सूत्र तैयार कर लिया था। उनके अनुसार बहुमत समाज (हिंदू समाज) के सद्भाव और उदारता से ही यह प्रश्न हल किया जा सकता था। इसलिए वे मुसलमानों को राष्ट्रवाद की लड़ाई में अपने साथ लाना चाहते थे वे उन्हें एक मुश्तरका राष्ट्रवाद के संघर्ष में साझीदार बनाना चाहते थे। वे मुसलमानों से मोलभाव नहीं करना चाहते थे।[2]

वे हिंदू-मुस्लिम रिश्ते को बाजार की वस्तु नहीं बनाना चाहते थे। मोलभाव नहीं करना चाहते थे। क्योंकि जो मोलभाव कर रहे थे उन्हें पता नहीं था कि कितनी मूल्यवान थी यह दिलफेंक दोस्ती और ऐतिहासिक एकता है। जवाहरलाल गांधी के उदात्त मानवतावाद की कद्र करते हुए कहते हैं कि जो मोलभाव (संसदीय सीटों के बँटवारे) को आधार मान कर समझौता करते हैं, वे सम्भवतः यह नहीं जानते हैं कि एक तीसरी पार्टी भी है, जो शायद ज्यादा देकर खरीद-बेच कर ले सकता है।[3]

दरअसल जिस प्रकार से गांधी की 'विश्व दृष्टि' उनके 22 साल के दक्षिण अफ्रीका के प्रवास में बनी ठीक उसी प्रकार से 1926-27 में यूरोप प्रवास और खास तौर पर ब्रुसेल्स में कांग्रेस आफ ओप्रेस्ड नेशनलिटीज में शिरकत और

1. नेहरू। ऐन आटोबायोग्राफी। पृ. 140
2. वही। पृ. 136
3. वही। पृ. 137

सोवियत यूनियन की दसवीं वर्षगाठ पर सोवियत यूनियन की संक्षिप्त यात्रा ने जवाहरलाल की 'भविष्य यात्रा' का मार्ग तै कर दिया। सर्वपल्ली गोपाल ने जवाहरलाल के बायोग्राफी में इस दौर में जवाहरलाल में एक नयी दृष्टि बनने की प्रक्रिया को लक्ष्य किया।[1]

जवाहरलाल यह मानने लगे थे कि साम्राज्यवाद और पूँजीवाद का सम्बन्ध चोली-दामन का है और उनमें एक भी तब तक नष्ट नहीं होगा जब तक दोनों को नष्ट न किया जाय।[2] ब्रसेल्स कांग्रेस से विश्व को समझने और पूरी तीसरी दुनिया के भविष्य के रास्ते तय करने के लिए एक खाका जवाहरलाल को मिल गया। हालाँकि वे यान्त्रिक मार्क्सवादियों और सोवियतों के अनर्थक हस्तक्षेप का लगातार प्रत्याख्यान करते रहे, जबकि उन्होंने स्पष्ट स्वीकार किया कि उन्हें समाजवाद के मूल तत्व पूरे तरह से स्वीकार थे।[3]

जवाहरलाल ने एक आदर्शवादी दौर में नवनिर्मित होते हुए सोवियत युनियन को देखा था। स्तालिन का वर्चस्व अभी भी बन नहीं पाया था। जवाहरलाल लेनिन की यथार्थवादी समझ और लचीलेपन से विशेष रूप से प्रभावित थे। चीनी प्रतिनिधि मण्डल जो ब्रुसेल्स कांग्रेस में शामिल था वह कुमिन्तांग और चीनी कम्युनिस्ट पार्टी का मिलाजुला प्रतिनिधिमण्डल था। चीन में इस दौर में कुमिन्तांग और कम्युनिस्ट संयुक्त मोर्चे में शामिल थे। जवाहरलाल एशियाई क्रांति में चीन के संयुक्त मोर्चे के इस प्रयोग से भी सबक लेना चाहते थे। जवाहरलाल ने महसूस किया कि इनकलाब में चीनी किसानों का नेतृत्व सोवियत प्रयोग का एक और विस्तृत रूप था। जवाहरलाल ने लक्षित किया कि जिस प्रकार लेनिन ने रुसी क्रांति में मजदूर वर्ग के साथ किसान को जोड़ दिया इस प्रकार से मार्क्स के क्लासिकीय सर्वहारा क्रांति की थीसिस में आवश्यक संशोधन किया और जिसका प्रभाव था कि किसानों के दबाव में कम्युनिज्म का कुछ भाग छोड़ना पड़ा।[4] उल्लेखनीय है कि

1. गोपाल, सर्वपल्ली। पूर्वउद्धृत। पृ. 56
   पहली बार केवल ब्रिटिश साम्राज्यवाद की निंदा करने के स्थान पर जवाहरलाल ने साम्राज्यवाद के हेतु पद्धति और तरीकों को जानने की कोशिश की। इनकी पुख्ता विश्वदृष्टि अब बनना शुरू हो गयी थी।
2. वही। पृ. 59
3. वही। पृ. 59
   उन्होंने यह स्पष्ट कहा कि उन्होंने समाजवादी सिद्धान्तों को मूल सिद्धान्त स्वीकारा था परंतु रूसी या अन्य किसी के द्वारा नकेल डालकर नचाए जाने के वे सख्त खिलाफ थे। वर्किंग कमिटी की गुप्त रिपोर्ट से. 2 खंड 2, पृष्ठ 289 से उद्धृत।
4. गोपाल, सर्वपल्ली। पूर्वउद्धृत। पृ. 61

जवाहरलाल ने सोवियत युनियन को उस दौर में देखा था, जब वहाँ नयी आर्थिक नीति (एन.इ.पी.) का प्रयोग किया जा रहा था और इन घटनाओं ने जवाहरलाल को बेहद प्रभावित किया। उन्होंने भारत में किसानों और गांधी के ग्रामीण भारत की नेतृत्वकारी भूमिका की पृष्ठभूमि में चीन की किसान क्रांति और लेनिन के द्वारा सर्वहारा क्रांति में किसानों के साथ संयुक्त मोर्चा बनाकर इन्कलाब तक पहुँचने तक की भूमिका को हिन्दुस्तानी अक्स पर भी ढाला। यही कारण है कि सन् 47 के बाद नेहरू ग्राम्चीयन तर्ज पर 'भारतीय रिसोर्जिमेंटो' के सबसे बड़े नायक के रूप में उभरे।

जवाहरलाल भारत से गांधी के एक समर्पित शिष्य बनकर यूरोप गए थे। पर जब वह लौटे तब तक वे एक सजग क्रांतिकारी विद्रोही बन चुके थे। वे यद्यपि गांधी से बहुत गहरे रूप से प्रभावित थे पर वे अब पुन: गांधी के साँचे में पूरी तरह बंदी हो सकनेवाले नहीं थे परंतु यह अर्थपूर्ण है कि यह अन्तर भारत की किसी क्रांतिकारी स्थिति से पैदा नहीं हुआ था पर जो कुछ उन्होंने यूरोप में देखा, सुना और पढ़ा और उससे घटित हुआ था। जवाहरलाल सदा यूरोपीय परंपरा के क्रांतिकारी थे, वे सदा चाहते थे कि उन्हीं सिद्धान्तों को वे अपने देश पर लागू करें और उन्हें अपने अनुकूल बनाएँ। यह एक सामर्थ्य भी हो सकता था और कमजोरी भी।[1]

ब्रुसेल्स और रूस की यात्रा से लौटने के पश्चात 1927 में मद्रास कांग्रेस में जवाहरलाल ने डोमिनियन स्टेटस के सवाल को दरकिनार करके 'पूर्ण आजादी' की माँग को स्वीकार करवा लिया। गांधी इससे बड़े परेशान हुए और जवाहरलाल को लिखा।

"आप बहुत तेज रफ्तार से चल रहे हैं इसको एक साल के लिए टाला भी जा सकता था। जब तक कि आप पुन: देश की हालात से वाकिफ न हो जायें।"

जवाहरलाल अब पूरे दमखम से पूर्ण स्वतन्त्रता की लड़ाई लड़ना चाहते थे क्योंकि उसके बिना वे समाजवाद का अगला चरण नहीं ला सकते थे। स्वतन्त्र राष्ट्रवाद के भीतर से ही समाजवाद पनप सकता था। जहाँ तक हिंदू-मुस्लिम साम्प्रदायिकता का प्रश्न है उस सन्दर्भ में वे अब एक 'धर्मनिरपेक्ष गणतन्त्र' की बात सोच रहे थे। नेहरू की धर्मनिरपेक्षता गांधी के 'सर्वधर्मसमभाव' के तहत महज हिंदू-मुस्लिम एकता से गुणात्मक रूप से भिन्न थी।

पर एक हद तक महात्मा और नेहरू दोनों की समझ साम्प्रदायिक बँटवारे के प्रश्न पर एक ही थी। गांधी समझते थे कि हिंदू-बहुसंख्यकों का यह कर्तव्य बनता था

---

1. नन्दा, बी.आर.। जवाहरलाल नेहरू-रिबेल एण्ड स्टेटमैन। आक्सफोर्ड, 2004, पृ. 27

कि वे अल्पमत की रक्षा करें और उससे स्थायी दोस्ती बनाएँ। ठीक उसी प्रकार जवाहरलाल मानते थे कि "एक अल्पसंख्यक जमात में जो आर्थिक और शैक्षिक दृष्टि से पिछड़ी हुई थी उनका भय स्वाभाविक था और समझ में आ सकता था, इसलिए भय से उत्पन्न सम्प्रदायवाद को दूर करना जरूरी था। उसे सिर्फ टालकर नहीं चला जा सकता था।" सच्चा सम्प्रदायवाद (अल्पमत मुसलमान का) 'भय' से उभरा था जो झूठा नहीं था एक हद तक स्वाभाविक भी था।[1] यह जवाहरलाल का मानना था। बहुमत हिंदू साम्प्रदायिकता वास्तव में झूठा सम्प्रदायवाद था जो मूलत: राजनैतिक प्रतिक्रियावाद की राजनीति के फलस्वरूप उभरा था।

जवाहरलाल की दृष्टि साम्प्रदायिकता पर विश्लेषणात्मक थी, वे महज भवात्मक और मानवतावादिता से संचालित बंधुत्व की धारणा से ही उत्प्रेरित नहीं थे और न ही हिंदू-मुस्लिम समस्या का बेहद सरलीकृत हल इसके माध्यम से निकालना चाहते थे। हालाँकि बंधुत्व कायम करने के प्रयास, जैसे कि गांधी की खिलाफत आंदोलन को वे नजरअंदाज भी नहीं करते थे। पर जवाहरलाल साम्प्रदायिकता के ठोस कारणों की ओर अधिक उन्मुख रहते थे और साथ ही वे ठोस निराकरण के बारे में पैना दृष्टिकोण रखते थे। इसी का नतीजा था कि कालान्तर में उन्होंने मुस्लिम मास कान्टैक्ट की राजनीति को सर्वोच्च प्रधानता दी।

जवाहरलाल अपने आटोबायोग्राफी में 20 के दशक के दौर में साम्प्रदायिकता के ज्वार को रोकने के लिए प्रयासों जैसे कि 'एकता सम्मेलन' का जिक्र करते हैं "इनमें सबसे महत्वपूर्ण था जब मुहम्मद अली ने गांधीजी के 24 दिन के उपवास के दौर में सम्मेलन बुलाया और कुछ महत्वपूर्ण प्रस्ताव पास करवाया गया पर परिस्थिति में कोई बदलाव नहीं आया।"

वस्तुत: बहुत सारे साम्प्रदायिक नेता ऐसा कोई समझौता चाहते भी नहीं थे पर नेहरू ने साम्प्रदायिक दुराव के बुनियादी कारणों को खोज निकालने की कोशिश की और उनका कहना था कि इस समस्या का हल महज कुछ नेताओं, मौलवियों और समाज सुधारकों के बस में नहीं है। इस साम्प्रदायिक विभाजन रेखा की बुनियादी जड़ें हैं, जिसको महज कुछ नेताओं के अपने खयालात के बदलने से या सदिच्छा से सुलझाया नहीं जा सकता था।

कुछ सूबों जैसे कि अविभाजित पंजाब और अविभाजित बंगाल में गाँव और कृषि का संकट हिंदू-मुस्लिम विभाजन रेखा का एक बुनियादी कारण बन रहा था। बंगाल में हिंदू जमींदार और मुस्लिम रियाया किसान के बीच अन्तर्द्वंद्व था जिसने साम्प्रदायिक वैमनस्य को बेहद बढ़ा दिया था और यही बाद में पूरी तरह से

---

1. गोपाल, सर्वपल्ली। जवाहरलाल नेहरू : एक जीवनी। आप.सिट.। पृ.100

साम्प्रदायिक झगड़े में बदल जाता है। पंजाब और सिन्ध में भी महाजन और व्यापारी हिंदू ये और मुस्लिम किसान ऋणग्रस्तता के चलते उपरोक्त वर्गों से प्रताड़ित महसूस करता था।[1]

जवाहरलाल की साम्प्रदायिकता के बारे में वर्गीय समझ लगभग 1927-28 से ही बन चुकी थी, हालाँकि मुस्लिमलीग अपने पूरे सबाब में 1937 के पश्चात ही उभरती है। पर जवाहरलाल की समझ में साम्प्रदायिकता का महज कारण धर्मीय भिन्नता ही नहीं था, बल्कि वे उसे सामाजिक और वर्गीय अन्तर्द्वंद्व में भी खोज रहे थे। जिस प्रकार से हिंदू और मुस्लिम मध्यमवर्ग उभर रहा था जिसमें जाहिरा तौर पर हिंदू मध्यमवर्ग आगे बढ़ता दिखाई पड़ रहा था उससे मुस्लिमों में उभरता मध्यमवर्ग परेशान था। दूसरी ओर वर्गीय शोषण का आलम था जिसका आमतौर पर आम मुस्लिम जनता ही शिकार बनती थी।

1930 के दांडी मार्च में अल्पमत समुदाय का प्रतिनिधित्व कम था हालाँकि जवाहरलाल का दावा था कि लगभग 10,000 मुसलमानों ने सिविल नाफरमानी के आंदोलन में हिस्सा लिया था। पर एक अन्तर सन् 30 के दशक में दिखलाई पड़ता था कि हिंदू-मुस्लिम एकता का प्रश्न 20 के दशक में जिस तरह से साम्प्रदायिक राजनीति का मोहरा बन गया था 30 के दशक तक वही संसदीय मोलभाव का प्रश्न बन चुका था।

मुहम्मद अली जिन्ना इस दौर में लन्दन से लौट आए थे। वे इस बीच अंग्रेजी सरकार द्वारा तिरस्कृत और कांग्रेस में अपनी जगह खोने के बाद निराश होकर लन्दन चले गए थे। मुस्लिम नेताओं की अग्रिम पंक्ति के बहुत सारे नेताओं जैसे मौलाना मुहम्मद अली, हाकिम अजमल खाँ, एम.ए. अंसारी, सर फजली हुसैन और मुहम्मद शफी की मृत्यु हो चुकी थी। मुस्लिम राजनीति की शून्यता को भरने के लिए नवाब लियाकत अली खान और अब्दुल मतीन, जिन्ना को मनाने के लिए लन्दन यात्रा की और जिन्ना से मिन्नत की कि वे भारत लौटकर मुस्लिम लीग का नेतृत्व ग्रहण कर लें। थोड़ी हीला हवाली के बाद मुहम्मद अली जिन्ना ने सहमति दे दी और वे भारत लौट आए, तथा उसी समय से मुस्लिम लीग के सर्वोच्च नेता के रूप में स्थापित हो गए। मुहम्मद अली जिन्ना का दृष्टिकोण मूलत: संविधानवादी था। खिलाफत के जमाने का जन आंदोलन बाद में साम्प्रदायिक उन्माद में बहुत सारे जगहों में बदल चुका था। दरअसल खिलाफत के मुस्लिम और कांग्रेस के मिलेजुले जन उभार से जिन्ना बेहद परेशान नजर आते थे। अब परिस्थिति पूरी तरह से बदल चुकी थी। एक व्यापक राष्ट्रीय जन आंदोलन की

1. नेहरू, जवाहरलाल। ऐन आटोबायोग्राफी। पूर्व उद्धृत। पृ. 135

जगह बहुत सारे जगहों में मुस्लिम साम्प्रदायिकता ने ले लिया था। दूसरी ओर उसका जमाना भी खत्म हो चुका था। मैकडोनाल्ड कम्यूनल एवार्ड ने एक ओर मुसलमानों का मनोबल बढ़ाया था तो हिंदुओं को निराश किया था। इसी उहापोह के दौर में डा. अंसारी ने पुनः हिंदू-मुस्लिम समझौते की मुहिम चलाई। इस मुहिम में सन् 35 का राजेन्द्रप्रसाद (जो उस वक्त कांग्रेस अध्यक्ष थे) और जिन्ना वार्ता एक महत्वपूर्ण घटना है।

गांधी इस दौर में पूना पैक्ट और उसके परिणाम और दलित प्रश्नों पर लगभग पूरी तरह से संकेन्द्रित हो गए थे। गांधी ने इस दौर में साम्प्रदायिक सवालों को सुलझाने की लगातार कोशिश के बाद अब अपना ध्यान पूरी तरह से रचनात्मक कार्य की ओर लगा डाला था। यहाँ तक कि जिन्ना ने भी गांधी की उनके प्रति उदासीनता को लक्षित किया और उनमें यह धारणा बलवती होती गयी कि कांग्रेस के सर्वोच्च नेताओं ने एक सम्मानपूर्ण समझौते का मौका खो दिया है। उन्होंने लखनऊ पैक्ट के दिनों में श्रीमती वेसेंट, तिलक और सुरेन्द्रनाथ बैनर्जी के उत्साह को देखा था वे लीग को सम्मानपूर्ण दृष्टि से देखते थे पर अब गांधी की आम जनता की राजनीति की लामबन्दी ने मुस्लिम लीग के राजनीति की अपील को काफी घटा दिया था। कांग्रेस जनआंदोलनों के फलस्वरूप विराट संगठन और जनआंदोलन का केन्द्र बन गयी पर मुस्लिम लीग अंग्रेजी हूकुमत की तरफदारी और हिंदू-मुस्लिम प्रश्न पर संसदीय मोलभाव में डूबे रहने के कारण एक कमजोर लड़खड़ाता संगठन मात्र ही रह गया था। जिन्ना ने महसूस किया कि अब आवश्यक हो गया है कि मुस्लिम लीग भी शक्ति अर्जित कर तभी कांग्रेस से बात हो पाएगी। जिन्ना-राजेन्द्रप्रसाद वार्ता 23 जनवरी 35 से 1 मार्च 1935 तक चली। पर वार्ता निष्फल रही।

कांग्रेस अध्यक्ष ने स्वीकार किया कि मुसलमानों को मैकडोनल्ड अवार्ड में घोषित सीटों की संख्या मिलनी चाहिए पर जिन्ना ने आग्रह किया कि मुसलमानों को डिफरेंशियल फ्रैंचाइज प्राप्त होना चाहिए। गांधी ने राउण्ड टेबिल के दौर में 'वयस्क मताधिकार' के सिद्धान्त को लागू करने की बात की थी पर इसको टालते हुए अंग्रेजी सरकार ने प्रस्तावित मताधिकार को सम्पत्ति, शैक्षणिक योग्यता और आयकर देने की क्षमता पर निर्धारित कर किया था। जिन्ना ने प्रस्तावित किया कि जिन इलाकों में मुस्लिम मतदाताओं की संख्या इनके जनसंख्या की तुलना में कम थी ऐसी स्थिति में मताधिकार के शर्तों में छूट दे दी जाय चूँकि मुस्लिमों में आम तौर पर पिछड़े, गरीब और अशिक्षितों की संख्या बहुत अधिक थी। राजेन्द्र प्रसाद ने इस प्रस्ताव का अध्ययन पंजाब में किया और पाया कि जिन्ना का कथन जायज

था। राजेन्द्रप्रसाद ने अपने आटोबायोग्राफी में लिखा है कि जिन्ना के इस प्रस्ताव को वह न्यायपूर्ण मानते थे और कांग्रेस को इसे मान लेने में दिक्कत नहीं थी, पर जब मैंने बंगाल के नेताओं और सिखों से इसकी चर्चा की तो उन्होंने इसकी पुरजोर खिलाफत की।[1]

गांधी ने भी इस योजना को मंजूरी दे दी थी पर गांधी ने कहा कि हिंदू और सिख जमात यदि समर्थन दे तभी इस योजना पर अमली जामा पहनाया जा सकता है। जिन्ना का दबाव था कि इस प्रस्ताव का अनुमोदन पं. मदन मोहन मालवीय भी करें क्योंकि जिन्ना के खयाल में वे हिंदू जनता का प्रतिनिधित्व करते थे चूँकि 1926 और 34 के चुनाव पर मालवीय-लाजपत आणे की संसदीय हिंदू राजनीति में एक हद तक प्रभावशाली हो चुका था। अन्त में बंगाल के कांग्रेसी नेताओं और मालवीय की आपत्ति के फ़लस्वरूप बात आगे नहीं बढ़ पायी।

1. राजेन्द्रप्रसाद। आटोबायोग्राफी। पृ. 441

8

1937 का चुनाव और संयुक्त प्रांत में पेचिदगियाँ

1937 के चुनाव ने कांग्रेस मुस्लिम ल।ग सम्बन्ध में और भी बड़ी दरार डाल दी। बहुत सारे इतिहासकार जवाहरलाल द्वारा 1937 में कांग्रेस द्वारा उ. प्र. में मुस्लिमलीग से साझा सरकार बनाने की अस्वीकृति में 'पाकिस्तान' के जन्मसूत्र को देखते हैं। इसे तथ्यों की कसौटी पर जाँच लेना ज्यादा आवश्यक है।

वस्तुतः 1930 तक जवाहरलाल का मजबूत आग्रह समाजवाद और धर्मनिरपेक्षता के लिए बन गया था। पर उत्तर प्रदेश की राजनीति में एक खास परिस्थिति थी यहाँ पर मुस्लिमलीग के महत्वपूर्ण नेता जैसे खलीकुज्जमा और राजा महमूदाबाद जवाहरलाल के काफी करीबी थे। और नेहरू ने 21 जुलाई 1937 को राजेन्द्र प्रसाद को लिखे हुए पत्र में कहा कि दोनों दलों के बीच चुनाव में आपस में प्रतिद्वंदिता न हो इसकी कोशिश की जानी चाहिए चूँकि कांग्रेस का मुख्य लक्ष्य अंग्रेजी सरकार द्वारा समर्पित तालुकेदारों की पार्टी एग्रिकल्चरिस्ट पार्टी को हराना था। 1937 के चुनाव में मुस्लिम क्षेत्रों से न तो कांग्रेस को और न ही मुस्लिम लीग को बड़ी सफलता मिली। कांग्रेस को केवल उत्तरी पश्चिमी प्रांत में सफलता मिली जहाँ उसे 38 सीटों में 17 सीटों पर जीत हासिल हुई। लीग को पंजाब में 2 सीट और बंगाल में 119 आरक्षित सीटों में 40 पर जीत हासिल हुई।

हालाँकि 1937 के शुरुआती दिनों में जब चुनाव शुरू हुआ तब मुस्लिमलीग और कांग्रेस के बीच बहुत सारे अनौपचारिक समझौते के तहत कार्य हो रहा था। ताराचन्द ने भारतीय स्वतन्त्रता आंदोलन का इतिहास में निम्नलिखित शब्दों में बयान किया है–

"उत्तर प्रदेश में लीग का निर्देशन शौकत अली जैसे खिलाफी और खलीकुज्जुमा सरीखे पुराने कांग्रेसी सदस्यों के हाथ में था प्रांतीय कांग्रेस के नेताओं ने लीग के प्रत्याशियों के विरोध में कांग्रेसी मुसलमान उम्मीदवार नहीं खड़े किये थे। इतना ही

नहीं, उन्होंने कुछ कांग्रेसी मुसलमानों को प्रेरित किया था कि लीग के टिकट पर खड़े हों। लीग ने कृषि दल के उम्मीदवारों के विरोध में निर्वाचित लड़ा। कृषि दल सर फजली हुसैन की प्रभाव से हुआ था और प्रांत के गवर्नर सर मैलकम हेली ने इसको प्रोत्साहन दिया था परन्तु लीग ने कांग्रेस के उम्मीदवारों का विरोध नहीं किया।[1]

स्वाभाविक था कि चुनावों के पश्चात लोगों को आशा थी कि दोनों दलों में एक साझा बनाने में सहमति हो जाएगी। खलीकुज्जुमा ने इस बारे में पहला कदम उठाया और 12 मई, 1937 को वे जवाहरलाल नेहरू से मिले। नेहरू समझते थे कि मुस्लिमों को अलग संगठन नहीं रखना चाहिए। इसलिए बात नहीं हो पायी।

12 जुलाई को लखनऊ में अबुल कलाम आजाद और खलीकुज्जुमा मिले। भेंट के तीन दिन बाद आजाद ने खलीकुज्जुमा को एक पत्र दिया। इस पत्र में मुख्य था (1) उत्तर प्रदेश के विधान सभा में मुस्लिम लीग पृथक गुट के रूप में कार्य करना छोड़ दे। (2) उत्तर प्रदेश का मुस्लिम लीग पार्लियामेन्टरी बोर्ड भंग कर दिया जाए और तत्पश्चात वह बोर्ड किसी उपचुनाव में कोई प्रत्याशी नहीं खड़ा करेगा।[2]

मौलाना ने उ. प्र. मुस्लिमलीग के सामने साझा सरकार बनाने के लिए जो शर्तें रखी उसे कोई भी दल मान नहीं सकता था और यह मजमून मौलाना का ही बनाया हुआ था। दरअसल इस शर्तनामा में मौलाना ने माँग की कि मुस्लिम लीग को तभी जगह दी जा सकती है जबकि वे अपने संसदीय बोर्ड को भंग कर दें और सभी सदस्य कांग्रेस के सदस्य बन जाएँ। दरअसल इस तरह की शर्त रखने का मतलब होता है कि उन्हें समझौता मंजूर नहीं था। कांग्रेस में लीग से समझौता राष्ट्रवादी मुस्लिमों की जमात को कतई पसन्द नहीं था। क्योंकि ऐसा करने से उनका अपना अस्तित्व खतरे में आ जाता था। यह शुद्ध संसदीय राजनीति का नतीजा था।[3] जवाहरलाल की कोई विशिष्ट भूमिका इस प्रश्न में थी ही नहीं। हालाँकि जवाहरलाल मुस्लिमलीग को साम्प्रदायिक और बड़े जमींदारों की पार्टी मानते थे और वे गैर सैद्धान्तिक समझौते के पक्षधर नहीं थे। खास तौर पर जवाहरलाल ने समाजवाद का संघर्ष 1936 के लखनऊ कांग्रेस के बाद पूरे दम खम के साथ छेड़ दिया था अब उनका रास्ता गरीब किसान मजदूर और समाजवाद का

1. ताराचन्द। भारतीय स्वतन्त्रता आंदोलन का इतिहास। खण्ड 4। प्रकाशन विभाग भारत सरकार, 1984, पृ. 219
2. वही। पृ. 220
3. हसन, मुशिरुल। इण्डियाज़ पार्टिशन : प्रोसेस स्ट्रेटेजी एण्ड मोबिलाइजेशन। आक्सफोर्ड, 2008, पृ. 13

था और मुस्लिमलीग की वर्गीय बनावट और राजनीति की धारा ऐसी थी जो समाजवाद के बिलकुल विपरीत जाती थी।[1]

जहाँ एक ओर मुस्लिम लीग लगातार एक कांग्रेस विरोधी मंच बनती जा रही थी, जिसका अन्तिम परिणाम मुस्लिम अलगाववाद था। दूसरी ओर कांग्रेस की तरफ जमायते उल उलेमाय हिंद, मोमिन कान्फरेन्स, आल इण्डिया अहरार कान्फरेन्स, खुदाई खिदमतगार और शिया समुदाय द्विराष्ट्र सिद्धान्त के खिलाफ मजबूती से खड़ा रहा। मोमिन कान्फरेन्स के करिश्माई नेता अब्दुल कयुम अंसारी ने कहा कि पाकिस्तान का नारा अमीर मुसलमानों का है जो गरीब मुसलमानों का शोषण करते हैं। आल इण्डिया अहरार कान्फरेन्स के 1943, 1945 वाले अधिवेशन में जिन्ना के दो राष्ट्र सिद्धान्त की भर्त्सना की गयी। जमायते उल उलेमाए हिंद ने भारत की पूर्ण आजादी के लिए 1939 में प्रस्ताव पास कर दिया था। मौलाना हुसैन अहमद मदनी, अहमद सैद और कियातुल्लाह इस्लाम के धर्मशास्त्र का प्रचार-प्रसार करने के साथ ही मजबूत राष्ट्रवादी भी थे। इन पर मुस्लिम लीग के गुण्डों ने कातिलाना हमला किया फिर भी ये लोग डटे रहे।[2]

1922 में कांग्रेस-खिलाफत गठजोड़ का नाटकीय पतन और साम्प्रदायिकता का बढ़ता दावानल कोई अस्वाभाविक घटना नहीं माननी चाहिए। इसी दौर में कम्युनिस्ट पार्टी आफ इण्डिया के प्रोग्राम में लिपिबद्ध किया गया कि "भारतीय जनता के संग्राम के लिए कारण हमें सुदूर मेसोपोटेमिया या अरब या कानस्टिनटोपोल में नहीं खोजना चाहिए।[3] इस तरह के प्रस्ताव और मशविरा न केवल कम्युनिस्ट पार्टी से आ रहा था बल्कि देश में एक अच्छे खासे जमात का मानना था कि खिलाफत का असर क्षणस्थायी ही होगा।

खिलाफत के दिनों में निर्मित हिंदू-मुस्लिम एकता को पुन: प्राप्त करने के लिए बहुत सारे प्रयत्न हुए पर उसका नतीजा नहीं निकला। कांग्रेस मुसलिम लीग लखनऊ पैक्ट 1916 चितरंजन दास पैक्ट (1923) नेहरू कमिटी रिपोर्ट (1928) अन्तत: असफल प्रयास रहे।[4] गांधी की राम-रहीम नीति उनके उपवासों (कोहाट

---

1. वही। पृ. 20। अवध के तालुकेदारों ने (जिसमें अधिकांश मुसलमान थे) ने कांग्रेस सरकार द्वारा आम किसान के हित में यू.पी. टेनान्सी एक्ट लगाने की घोषणा से घबराकर एक वर्गीय प्रश्न की धार्मिक प्रश्न इस्लाम खतरे में है पर जोड़ दिया।
2. हसन वही। पृ. 29। मुस्लिम लीग के बाहुबलियों ने मौलाना अबुल कलाम आजाद से लेकर रज्जाक मलीहाबादी और मौलाना मदनी अध्यक्ष जमायते उक्त उलेमाय हिंद ने बत्तमीज़ी शारीरिक रूप से हमला किया।
3. अधिकारी, जी. (सम्पा.)। डाक्यूमेन्ट्स आफ दी हिस्टरी आफ कम्यूनिस्ट पार्टी आफ इण्डिया। खण्ड 3। नई दिल्ली, 1917-1922, पृ. 345
4. हसन। पूर्व उद्धृत। पृ. 134

दंगों के बाद 1924) भी साम्प्रदायिक स्थिति में कोई बुनियादी परिवर्तन नहीं ले आ पाई।[1]

गांधी ने 1930 में एम. ए. अंसारी को एक पत्र में इस दौर के असफल प्रयासों का जायजा लेते हुए लिखा कि "हमें हिंदू-मुस्लिम प्रश्न को दूसरे दृष्टि से देखना पड़ेगा, केवल राजनैतिक सत्ता में साझेदारी से बात नहीं बनेगी। हमें घर के बाहर निकलकर जनता के बीच आना होगा।[2] मोतीलाल नेहरू ने साफ शब्दों में कहा "चाहे जितने फार्मुले हम हिंदू-मुस्लिम एकता का खोज लें उससे हम आगे नहीं बढ़ पाएँगे। हिंदू-मुस्लिम एकता उपदेश देने से नहीं बन जाएगी। इसको आर्थिक आधारों और आजादी की लड़ाई के सूत्रों में खोजना पड़ेगा।"[3]

जवाहरलाल का विचार था कि "हम अभी तक हिंदू-मुस्लिम नेताओं और दलों के बीच समझौतों और साम्प्रदायिक नेताओं से झुककर समझौतों के जरिये हिंदू-मुस्लिम एकता बनाने की असफल कोशिशें करते रहे, पर हमने आम जनता की लगातार अवहेलना की। उन्होंने कहा कि अब तक का सारा प्रयत्न गलत नीतियों की उपज था और उन्हें आशा है कि कांग्रेस आगे इन अर्थहीन कार्यों में अपने को नहीं खपाएगी।" 1937 के अच्छे चुनावी नतीजो को देखकर कांग्रेस हाई कमाण्ड में यह धारणा बलवती होती जा रही थी कि यदि वे हिंदू जनता के बहुमत का समर्थन पा सकते हैं तो मुसलमानों का बहुमत भी वे प्राप्त कर सकते हैं। राजेन्द्र प्रसाद और नेहरू दोनों इस बात पर विश्वास प्रकट कर रहे थे। कांग्रेस की नीतियों को बहुत सारे सूबों में मुस्लिम जमातों ने भी सराहा था। उत्तरी-पश्चिमी प्रांत उसका जीता जागता उदाहरण था जहाँ कांग्रेस एक शत-प्रतिशत मुस्लिम प्रांत में अपनी सरकार बना पायी।[4]

जवाहरलाल का मानना था कि कांग्रेस मुस्लिम जनता की सहानुभूति और समर्थन जो 'नये जागरण' के फलस्वरूप बनी थी उसे समझ नहीं पा रही थी।[5]

जवाहरलाल वस्तुतः सन् 28 के पश्चात इस मायने में निश्चिन्त होते जा रहे थे कि मुस्लिम लीग और अन्य मुस्लिम संगठन जैसे कि उ.प्र. में एग्रिकल्चरिस्ट पार्टी मूलतः मुस्लिम जमींदारों, सम्पन्न वर्गों, नौकरशाहों की पार्टी थी और वर्गीय

---

1. हसन। पूर्व उद्धृत। पृ. 134
2. वही। पृ. 104
3. वही। पृ. 136
4. स्टेटमेन्ट बाइ गांधी आन 16 फरवरी 1930
   देखिए हसन, एम. (सम्पा.)। मुस्लिम इन दी कांग 100 सिलेक्ट करेसपन्डेन्स आफ डा. एम.ए. अन्सारी 1912-1935। नई दिल्ली, 1979, पृ. 101
5. नेहरू, जे.एल.। पूर्व उद्धृत। पृ. 169

दृष्टि से वह आम मुसलमान के हित को सर्वोपरि नहीं रखती थी। गांधी और जवाहर में दृष्टिगत एकता इसलिए भी बनी थी, चूँकि दोनों देन लेन, संसदीय सीटों के बँटवारे से हिंदू-मुस्लिम एकता बनाने पर विश्वास नहीं रखते थे, वे मुस्लिम और हिंदू जनता के लामबन्दी पर विश्वास रखते थे। गांधी ने खिलाफत के माध्यम से आम मुस्लिम जनता को राष्ट्रीय आजादी की लड़ाई के पक्ष में लाने की कोशिश की थी। चूँकि गांधी की मूल दृष्टि धार्मिक थी इसलिए वह धार्मिक आघात जो अंग्रेजी राज ने मुस्लिम ह्रदय को पहुँचाया था उसके निराकरण और हिंदू जनता द्वारा खिलाफत के समर्थन के माध्यम से लगभग पिछले 50 वर्षों से बिगड़ी कटुता भरी हिंदू-मुस्लिम सम्बन्ध को वे गंगा-जमुनी एकता में बदलना चाह रहे थे पर यह हो नहीं सका।

पर जवाहरलाल ने गांधी के इस कदम से आम मुस्लिम जनता में उठते हुए जागरण को लक्षित किया था और हकीम अजमल खाँ से लेकर डा. अंसारी और मुहम्मद अली के नेतृत्व को विकसित हुए देखा था। हकीम अजमल खाँ के बारे में नेहरू ने 'आटोबायोग्राफी' में बड़े स्नेहपूर्ण ढंग से वर्णन किया है। नेहरू हकीम साहब को पुरानी दुनिया का प्रतीक मानते थे। जवाहरलाल के शब्दों में हकीम अजमल खाँ का कांग्रेस को एक प्रमुख देन पुराने हिंदुस्तान से संघर्षशील नए हिंदुस्तान को जोड़ना था। हिंदू और मुसलमानों को नजदीक लाने में उनकी भूमिका थी। गांधी जी हकीम साहब से हिंदू-मुस्लिम प्रश्नों पर लगातार मशविरा लेते रहते थे।[1]

मूल प्रश्न यह था कि गांधी और जवाहरलाल दोनों हिंदू-मुस्लिम एकता को एक स्वाभाविक आयाम के रूप में हिंदुस्तानी जिन्दगी में देखना चाहते थे। गांधी की 'मुश्तरका हिंदुस्तानी समाज' की दृष्टि दक्षिण अफ्रीका के प्रवास के दौर में बनी थी और वे हिंदुस्तान लौटने के बाद काफी हद तक आश्चर्यचकित थे चूँकि हिंदुस्तान में दक्षिण अफ्रीका की तुलना में परिस्थिति बिलकुल भिन्न थी और साथ ही बेहद विषाक्त भी थी। जवाहरलाल के लिए धर्मीय विभाजन कोई प्रश्न ही नहीं बनता था चूँकि 1928 के बाद से वे लगभग मार्क्सीय दृष्टि के समाजवादी बन चुके थे। हालाँकि उन्होंने पार्टी वर्चस्व एवं नौकरशाही शैली का समाजवाद बनाने से सोवियत यूनियन में किस तरह के परिणाम निकल सकते थे इसकी पूर्व चेतावनी भी दे दी थी।

---

1. नेहरू, जे.एल.। पूर्व उद्धृत। पृ. 123

9

नेहरूवीयन दृष्टि और मुस्लिम लीग का वर्ग चरित्र

नेहरू की अंतर्राष्ट्रीय समझ बेहद पुख्ता थी। इसलिये वे मानते थे कि खिलाफत का आंदोलन क्षणस्थायी होगा और इसके बारे में वे आश्वस्त थे। वे देख रहे थे कि टर्की में कमाल अतातुर्क का विद्रोह और धर्मनिरपेक्ष शासन इस्लामी दुनिया से खलीफा के केन्द्रीय महत्व को पूर्णतया समाप्त कर देगा और खिलाफत की अवधारणा की समाप्ति के बाद भारतीय मुसलमानों को ऐसे प्रश्न पर संगठित करना अब महज एक युटोपियाई कल्पना ही रह जाएगी। जवाहरलाल की दृष्टि में दुनिया के सभी हिस्सों में परिवर्तन अवश्यम्भावी थे। इस्लामी दुनिया में खिलाफत की अवधारणा भी इससे अछूती नहीं रह सकती थी।

वस्तुत: हिंदुस्तानी मुसलमानों की मूल समस्या, हिंदू साम्प्रदायिकता के धारदार आक्रमणों से बचाव और मुस्लिम जनता की आर्थिक बेहतरी और राजनैतिक सामाजिक स्तर पर हिंदुओं और अन्य धर्मावलम्बियों के साथ साझेदारी में थी। मुस्लिम लीग चूँकि एक सामन्तवादी आभिजात्य वर्गीय पार्टी थी इसलिए वह आम मुसलमान के प्रश्नों को तरजीह नहीं देती थी। उसका अपना मुख्य उद्देश्य था पावर शेयरिंग और इसके लिए उसके नेतृत्व की लगातार कोशिशें सीटों के बटवारों और सत्ता में भागीदारी का बना रहा पर दूसरी ओर जो आम जनता के दैनन्दिन प्रश्न मुस्लिम लीग का कोई सरोकार नहीं था। पर गरीब किसानों का प्रतिनिधित्व करनेवाला बंगाल में फजलुल हक के नेतृत्व में चल रहे कृषक प्रजा पार्टी ऐसे प्रश्नों को उठाती थी। कृषक प्रजा पार्टी में बंगाल के बहुमत मुसलमानों की शिरकत थी। पर वर्गीय दृष्टि से कृषक प्रजा पार्टी मुस्लिम गरीब किसान और खेत मजदूरों का संगठन था।

यही कारण था कि बंगाल में मुस्लिम लीग मुस्लिम बहुमत के बावजूद एक कमजोर, असरहीन, लड़खड़ाती पार्टी 40 के दशकों तक बनी रही। मुस्लिम लीग पंजाब में और भी खस्ता हालत में थी क्योंकि वहाँ जमींदारों एवं समृद्ध किसानों तथा

आम ग्रामीण जनता के वर्गीय हित की रक्षा करनेवाले युनिनिस्ट पार्टी का वर्चस्व था, मुस्लिम लीग को 1937 के चुनाव में महज दो सीटें पंजाब में मिली थी। मुस्लिम लीग को पंजाब के किसानों की राजनीति से कोई लेना-देना नहीं था। पर पंजाब में भी मुस्लिम लीग 40 के दशक में असर डालने लगी। वस्तुत: अविभाजित भारतवर्ष के दोनों मुस्लिमबहुल प्रांतों में मुस्लिम लीग का नामो निशान नहीं था, जबकि मोहम्मद अली जिन्ना पाकिस्तान योजना में इन्ही दो मुस्लिमबहुल सूबों को द्विराष्ट्रवाद के सिद्धान्त में प्रमाण के रूप में पेश कर रहे थे।

जवाहरलाल के लिए धर्मनिरपेक्षता पर आधारित समरसी राजनीति और धर्म निरपेक्षता के दायरे को विस्तृत करने के लिए वैज्ञानिक तेवर आवश्यक उपादान था। दूसरी ओर गांधी हिंदू-मुस्लिम एकता बिना किसी वर्गीय आग्रह के माँग कर रहे थे, चूँकि हिंदू-मुस्लिम एकता की दीवार भारत में बेहद कमजोर थी। यह उल्लेखनीय है कि 19वीं सदी के अन्त से गोहत्या विरोधी आंदोलन जो मूलत: साम्प्रदायिक हिंदुत्व का प्रतिनिधित्व करती थी इसके दबाव के कारण 1857 तक बनी हिंदू-मुस्लिम एकता टूट गयी थी। गांधी दक्षिण अफ्रीका से 'मुश्तरका हिंदुस्तानी समाज' का अनुभव लेकर भारत लौटे थे। दक्षिण अफ्रीका में हिंदू-मुस्लिम एकता सहज ढंग से हिंदुस्तानी समाज के आन्तरिक संरचना का हिस्सा बन गया था, चूँकि यहाँ न पुराना मुस्लिम सामन्त था, न ही हिंदू जमींदार, न ही गोहत्याविरोधी आंदोलन, न ही आर्यसमाज का मुस्लिम द्वेषी प्रचार या, तृणमूलस्तर पर प्रतिद्वंदात्मक संसदवाद था। गांधी, भारत में इस बिगड़े हुए परिदृश्य को 'सर्वधर्मसमभाव' के सर्वात्मक हथियार से सामना करना चाहते थे। उनकी धारणा थी कि हिंदु बहुमत को मुस्लिम अल्पमत का सम्मान और हिफाजत करना चाहिए। यही 'सम्मेलनी बिन्दु' था नेहरू और गांधी में।

पर नेहरू की दृष्टि डिकान्सट्रक्टनिस्ट थी। वे मुस्लिम जमात में वर्गीय विभाजन से त्रस्त गरीब और आम मुसलमान की नियति को देख रहे थे और यह भी देख रहे थे कि मुस्लिम लीग जो मुसलमानों का अकेला मुखपात्र होने का माँग कर रहा था वह किस तरह से शोषक वर्गीय जमींदार-तालुकेदार, बड़े अफसर, आभिजात्य वर्गीय शाख्सियतों के वर्गीय हितों का ही मात्र संवर्धन करती थी और वह आम गरीब मुसलमानों के हित के बिलकुल उलट खड़ी हुई थी। हालाँकि शुरुआत में जिन्ना जब लंदन से लौट कर आए तब आशा की गई थी कि लीग समस्त मुस्लिमों की प्रतिनिधिमूलक राजनैतिक दल में बदल जाएगी जब कि अभी तक वह तालुकेदारों, बड़े अफसरशाहों और आभिजात्यवर्गियों की ही पार्टी थी। आशा यह भी व्यक्त की गई कि जमायते उल उलेमाय हिंद और नेशनलिस्ट मुस्लिम भी पुन:

लीग में शामिल हो सकते हैं। इन संस्थाओं को मुस्लिम जमात में वामपंथी पुकारा जाता था। जिन्ना जनवरी 1934 में इंग्लैण्ड से बम्बई वापस आ गए। पर अप्रैल 1935 में वे पुनः लंदन वकालत के सिलसिले में लौट गए। मुस्लिम लीग के 24वें अधिवेशन में जिसकी अध्यक्षता अवध चीफ कोर्ट के पूर्व चीफ जस्टिस सर सैय्यद वजीर हसन कर रहे थे उस सम्मेलन में संविधान पर प्रस्ताव रखते हुए जिन्ना ने विस्तार से चर्चा करते हुए कहा कि राउण्ड टेबिल कांफ्रेंस के दौरान मुसलमानों के लिए सेफगार्ड की माँग के पीछे कतई साम्प्रदायिक या धार्मिक मंशा नहीं थी। जिन्ना ने बताया कि कांग्रेस द्वारा बनाए गए संविधान प्रस्ताव के समर्थन में कभी कोई व्यापक स्तर पर सहमति मुस्लिमों या अन्य अल्पमत समुदायों में कभी भी बन ही नहीं पायी थी।[1]

जिन्ना ने आगे कहा कि "आज की स्थिति में सशस्त्र विद्रोह असम्भव है जबकि असहयोग भी आजमाया जा चुका है जो असफल रहा है।" अब सिर्फ संवैधानिक संघर्ष का विकल्प ही बचा हुआ है। यह ब्रिटिश सरकार को झुकने के लिये बाध्य कर सकता है।[2] संसदीय राजनीति का यह स्वरूप मुस्लिम लीग के आभिजात्यवर्गीय नेतृत्व को पूरी तरह से माकूल लगता था चूँकि यह उनके वर्ग के लिए सबसे पसंदीदा रास्ता था। उल्लेख योग्य है कि मुस्लिम लीग के उ. प्रदेश संगठन के आनरेरी सेक्रेटरी राजा महमूदाबाद और अमीर अहमद खान जैसी शख्सियतें थीं जो सूबे के बड़े जमींदार, ताल्लुकेदार हुआ करते हैं। लखनऊ के सबसे बड़े जमींदार राजा महमूदाबाद की वार्षिक आय लगभग 20 लाख रू. उन दिनों में थी।[3] आज यदि यह आकलन किया जाय 20 करोड़ से कम नहीं होगा। मुस्लिम लीग के आभिजात्यवर्गीय चरित्र के बारे में जवाहरलाल का आकलन गलत नहीं था।

उ. प्रदेश में सन् 37 के पहले तक सीधी साम्प्रदायिक लकीर खींची नहीं जा सकी थी। अभी भी मुस्लिम और हिंदू जमींदार उ. प्रदेश में टेनान्सी बिल के खिलाफ इकट्ठा खड़े थे। चूँकि यह गरीब किसान को कुछ हद तक अधिकार प्रदान करता था। नेशनल एग्रीकल्चरिस्ट पार्टी में हिंदू और मुसलमान जमींदार दोनों शामिल थे। हालाँकि इनका बहुमत मुस्लिम था और इसका नेतृत्व मुसलमानों के हाथ में था। छतारी के नवाब, बागपत के नवाब जमशेद अली खान और जौनपुर के नवाब मुहम्मद युसुफ खान जैसे नवाब और बड़े जमींदार जो एग्रीकल्चरिस्ट पार्टी के सदस्य थे जहाँ एक ओर मुस्लिम साम्प्रदायिकता के झोंके में हिलोरें खा रहे थे वहीं दूसरी

1. पाण्डेय, गिरीश। आप.सिट.। पृ. 69
2. स्टैनले, वोलपोर्ट। जिन्ना आफ पाकिस्तान। पृ. 141
3. पाण्डेय, गिरीश। आप.सिट.। पृ. 71

ओर वे अपने वर्गीय स्वार्थ की रक्षा के लिए भी सन्नद्ध थे। मुस्लिम लीग मुस्लिम साम्प्रदायिकता और जमींदारों के वर्ग हित दोनों की परिपूर्ति करती थी। यही कारण था कि नेहरू मुस्लिम लीग से समझौता करने में विशेष आग्रही नहीं थे न ही इसके माध्यम से ये हिंदू-मुस्लिम एकता के बनने की कोई संभावना देखते थे। यह एक स्वस्थ, स्वच्छ, स्पष्ट दृष्टिकोण था पर साम्प्रदायिकता के बारे में ठोस और दो टूक नीतियाँ अभी भी बन नहीं पाई थी। इसकी शुरुआत तो मुस्लिम मास कान्टैक्ट से होता है।

मुहम्मद अली जिन्ना 1937 के चुनाव में पराजय का स्वाद चखने के बाद द्विराष्ट्रवाद की साम्प्रदायिक राजनीति के एकाएक नायक बन गए थे जबकि शुरुआती दिनों में उन्हीं को श्रीमती सरोजिनी नायडू ने हिंदू-मुस्लिम एकता का राजदूत कहा था और सन् 37 के मुस्लिम लीग का घोषणापत्र जो जिन्ना द्वारा रचित घोषणापत्र था वह मूलतः कांग्रेस से कोई अधिक भिन्न नहीं था।

मुस्लिम लीग के वर्ग चरित्र के बारे में नेहरू ने आपत्ति उठायी थी और इस वजह से सन् 37 में उन्होंने मुस्लिम लीग से साझा सरकार बनाने के प्रस्ताव को खारिज कर दिया था। वस्तुतः 1927-28 में नेहरू की विश्वदृष्टि में समाजवाद की मुख्य भूमिका बन गई थी पर उन्हें अपने सपनों का भारत और राजनीति के लिए लगभग एक दशक और इन्तजार करना था। सन् 34 में कांग्रेस सोशलिस्ट पार्टी बनी जिसके स्वाभाविक सर्वोच्च नेता जवाहरलाल थे। सन् 1936 के लखनऊ कांग्रेस में उन्होंने ऐलान किया कि भारत के भविष्य का रास्ता समाजवाद का होगा और जब वे समाजवाद की बात करते हैं तो गैर वर्गीय काल्पनिक समाजवाद नहीं वैज्ञानिक समाजवाद पर आधारित होगा। सन् 36 से नेहरू की अपनी स्वतन्त्र विजययात्रा की शुरुआत होती है और इस यात्रा का मूलमन्त्र था 'समाजवाद'। जवाहरलाल के इस इन्कलाबी तेवर के दौर में आम किसान और गरीब जनता से पूर्णतः विरक्त मुस्लिम लीग से समझौते की आशा नहीं की जा सकती थी।

मौलाना आजाद भविष्य में होने वाले भारत विभाजन का बीज जवाहरलाल द्वारा मुस्लिम लीग के साझा प्रस्ताव के प्रत्याख्यान में देखते हैं। राममनोहर लोहिया जिन्होंने नेहरू विरोध को ही अपना 'मूल मन्त्र' बना लिया था वे भी नेहरू को विभाजन का जिम्मेदार मानते हैं। अभी हाल ही में भाजपा के विचारक राजनीतिज्ञ जसवन्त सिंह ने भी यही खयाल व्यक्त किया है। समाजवादी विचारक मधु लिमये की इस विषय में समझ अन्यों की अपेक्षा कहीं अधिक वस्तुपरक रही है और वे नेहरू को इसके लिए अकेले जिम्मेदार नहीं ठहराते हैं। यह अत्यन्त हास्यास्पद प्रकरण है जिसमें लोहिया, जसवन्त सिंह और मौलाना आजाद यह सोचने लगते थे

कि महज मुस्लिम लीग के साथ साझा सरकार बनाने और गठबन्धन में और उन्हें मन्त्रीपद देने से ही भारत अखण्ड रह जाता। यह बेहद एकांगी और एक हद तक बचकानेपन की दृष्टि थी। जवाहरलाल की सोच थी कि यदि मुस्लिम लीग के साथ साझा सरकार बनाई जाय तो रैडिकल भूमि सुधार, जमींदारी, टेनान्सी सम्बन्धी कांग्रेस कार्यक्रमों से हटना पड़ेगा चूँकि मुस्लिम लीग मूलत: जमींदार-तालुकेदार और सम्पन्न मुस्लिम हितों की पार्टी है और गरीब मुस्लिम और हिंदू किसानों के खिलाफ है।[1]

वस्तुत: 1937 की मुस्लिम जमात में कांग्रेस की कमजोर हालत ने नेहरू को बेबाकी से सोचने के लिए बाध्य कर दिया था। इसी सन्दर्भ में नेहरू ने आल इण्डिया कन्वेन्शन आफ कांग्रेस लेजिसलेचर को संबोधित करते हुए स्वीकार किया कि मुस्लिम सीटों पर उनकी पार्टी सफलता नहीं प्राप्त कर सकी। उनकी असफलता का कारण कांग्रेसजनों द्वारा मुस्लिमजनों में काम का अभाव था। मुस्लिम निर्वाचन केन्द्र तुलनात्मक रूप से छोटे होने से भी कांग्रेस की पराजय का कारण बना। नेहरू ने इस भाषण में कहा कि काफी समय से हमलोगों ने साम्प्रदायिक नेताओं के साथ सुलह समझौते की नीति अपना रखी है जिससे सामान्य मुस्लिम जन उपेक्षित रह जाते हैं। अब हमें इस नीति को उलट देना चाहिए। मुस्लिम और हिंदू समुदायों के अलगाव कि जो लीग की अवधारणा है, वह मध्ययुगीन है और आधुनिक युग में ऐसी चीजों के लिए कोई जगह नहीं है। उच्चस्तरीय मुस्लिम नेता जो हमेशा विधानसभा में आरक्षण और सरकारी नौकरियों की बात करते हैं, उनको छोड़कर जितना जल्दी हम सामान्य मुस्लिमजन से सम्पर्क बढ़ायें उतना ही हम इस साम्प्रदायिक समस्या को हल करने में सफल रहेंगे।[2]

मुस्लिम लीग के वर्ग और समाजी चरित्र के बारे में अलम्मा इकबाल भी चिन्तित थे। इकबाल ने जिन्ना को एक खत में लिखा कि "लीग को अंतिम रूप से यह तय करना पड़ेगा कि वह उच्चवर्गीय भारतीय मुसलमानों का प्रतिनिधित्व करनेवाली संस्था रहेगी या सामान्य मुस्लिम जनता की, जो किन्हीं कारणों से अभी तक लीग से दूर रहे हैं।" व्यक्तिगत रूप से उनका मानना था कि कोई भी राजनैतिक संगठन जो सामान्य मुस्लिमजन की बेहतरी का दावा नहीं करता है वह मुसलमानों के बहुमत को आकर्षित नहीं कर सकता। उन्होने आगे कहा कि मुस्लिम लीग में पार्टी में उच्च पद या तो उच्च वर्ग के पुत्रों या मंत्रियों के मित्रों एवं रिश्तेदारों को दिये जाते हैं और यह पूर्णतया आभिजात्यवर्गीय तहरीक और तंजीम

1. सर्वपल्ली गोपाल। पूर्व उद्धृत। पृ. 124
2. पाण्डेय, गिरीश। पूर्वउद्धृत। पृ. 75

है। किसी भी मामलों में हमारी राजनैतिक संस्थाएँ सामान्य तौर पर अधिसंख्य मुसलमानों की बेहतरी के लिए नहीं सोचती हैं। रोटी की समस्या दिन पर दिन गंभीर होती जा रही है।[1]

यह गम्भीर टिप्पणी थी अलम्मा इक़बाल की और साथ ही साथ यह कटु सत्य भी था। ऐसे हालात में मौलाना आजाद, लोहिया और जसवन्त सिंह की यह शिकायत कि जवाहरलाल ने कांग्रेस मुस्लिम लीग समझौते पर रोड़े अटकाए यह अटपटा ही नहीं, अस्वस्थ सोच का परिचायक है। आखिर जहाँ अलम्मा इकबाल जो पाकिस्तान अवधारणा के जनक रहे उनकी टिप्पणी को गम्भीरता से लिया जाय तो मुस्लिम लीग कभी भी आम मुस्लिम जनता का हिरावल दस्ता नहीं था। अगर वह कहीं खड़ा था तो वह जगह थी नवाब, ताल्लुकेदार और आभिजात्यवर्गीय, पदलोलुप, अंग्रेजी राज से येन-केन प्रकारेण लाभ उठानेवाले सम्पन्न वर्गों के साथ।

---

1. पाण्डेय, गिरीश। पूर्वउद्धृत। पृ. 85

10

मुस्लिम कान्टैक्ट की नयी तहरीक

हालाँकि 'मुस्लिम मास कान्टैक्ट' एक सफल प्रयास नहीं रहा, पर यह सम्भवत: औपनिवेशिक भारतीय इतिहास में गरीब और आम मुसलमानों को भारतीय स्वातन्त्र्य संग्राम में जोड़ने के सभी प्रयासों की अपेक्षा कहीं अधिक ठोस प्रयास था। इसका महत्व निंश्चित तौर पर कौमी एकता के लिए 'खिलाफत आन्दोलन' से कहीं अधिक था क्योंकि महज एकता के लिए उपदेशों या मुसलमानों की ऐसी धार्मिक माँगें जो भारतीय मुसलमान जनता के वस्तुपरक हालात में बेहतरी प्रभावित नहीं करती हों उन पर आधारित होकर स्थायी तौर पर हिंदू-मुस्लिम एकता बनाना कठिन, क्षणस्थायी और लगभग असम्भव था। ऐसे कमजोर और युटोपियाई आधार की अपेक्षा मुस्लिम मास कान्टैक्ट के पीछे ठोस आर्थिक हित और स्पष्ट रूप से वर्गीय प्रश्न जुड़े हुए थे।

31 मार्च, 1937 को नेहरू ने कांग्रेस कमिटियों को 'मुसलमानों में मास कानटेक्ट' के लिए निर्देश दिया। गाँव और शहरों के मुसलमान जनता को कांग्रेस से जोड़ा जाना एक महत्वपूर्ण कार्य के रूप में परिभाषित किया गया।

जवाहरलाल ने अखिल भारतीय कांग्रेस कमिटी में इस कार्य को कुँवर मोहम्मद अशरफ को सौंपा जो मार्क्सवादी थे और साथ ही वे जवाहरलाल के बेहद चहेते युवा कार्यकर्ता भी थे।[1] अशरफ नेहरू की मार्क्सवादी दृष्टि से बेहद प्रभावित थे और वे इस आंदोलन में इस धारणा के साथ आए थे कि मुस्लिम मास कान्टैक्ट एक जन आंदोलन की जमीन तैयार कर देगी और साम्राज्यवाद विरोधी संघर्ष में वे मुसलमानों को जिन्ना के बढ़ते हुए प्रभाव और पुन: संगठित मुस्लिम लीग के आभा मण्डल से मुक्त करा कर भारतीय स्वतन्त्रता संग्राम के मंच पर लौटा ले आएँगे।

कांग्रेस के राजनैतिक और आर्थिक विभाग के सचिव के तौर पर कुँवर अशरफ ने पूरे देश का दौरा किया। उन्होंने कांग्रेसजनों को मुहल्लों और ग्रामस्तरों पर कमिटियों को बनाने का आग्रह किया जिससे कि मुस्लिम जनता को स्वतन्त्रता

संग्राम के दैनन्दिन संघर्ष से जोड़ा जा सके खास तौर पर ऐसे आंदोलनों से जो मजदूरों, किसानों और आम जनता के लिए चलाए जा रहे हों।[1]

अशरफ ने मुस्लिम नेताओं को चुनौती देते हुए कहा कि भारतीय मुस्लिम जगत में मुख्य अन्तर्द्वंद्व मुस्लिम नेताओं के वर्ग चरित्र और मुस्लिम आम जनता के राजनैतिक और अर्थिक आकांक्षाओं और माँग के बीच है। धार्मिक आवरण के बहाने इस अन्तर्द्वंद्व को ढकने के लिए प्रयास किया जाता है। और इस प्रकार से मुस्लिम आम जनता के शोषण को मुस्लिम समाज का स्थायी चिह्न बनाया जाता है। साम्राज्यवाद विरोधी संघर्ष मूलत: एक ऐसा अविभाज्य संघर्ष है जिसमें हिंदू-मुस्लिम अन्तर्द्वंद्व का प्रश्न उठाने का मतलब है साम्राज्यवाद की सेवा। जवाहरलाल ने अशरफ के काम को पूर्ण समर्थन दिया। इसी दौर में झाँसी-जालौन-हमीरपुर उपचुनाव हुआ जिसमें नेहरू ने निसार अहमद शेरवानी को खड़ा किया। यद्यपि शेरवानी चुनाव में हार गए, पर यह कांग्रेस, नेहरू और गांधी के लिए पुन: एक नयी शुरुआत थी मुस्लिम जनता को अपनी ओर लाने में। जवाहरलाल ने कहा कि यह एक सम्माननीय हार थी।[2]

उत्तर प्रदेश में मास कान्टैक्ट का प्रभाव अलीगढ़, लखनऊ, इलाहाबाद, बदायूँ, प्रतापगढ़, गाजीपुर और शामली पर हुआ। अलीगढ़ विश्वविद्यालय के विद्यार्थियों, देववन्द के उलेमाओं, लखनऊ, जौनपुर, अमरोहा के शिया समुदाय और गाजीपुर और मिरजापुर के अंसारियों पर भी मास कान्टैक्ट का अच्छा खासा प्रभाव पड़ा।[3]

इसी प्रकार से पंजाब में भी मास कान्टैक्ट को सफलता मिली। अहरार, खुदाई ख़िदमतगार और समाजवादियों ने पश्चिमोत्तर प्रांत में विशेष सफलता हासिल की। पंजाब में मास कान्टैक्ट के फलस्वरूप युनियनिस्ट पार्टी जो वहाँ पर शासक दल था और मुस्लिमलीग जो बुरी तरह पराजित हुआ था दोनों में बेचैनी बेहद बढ़ गयी। यह अभियान मूलत: अली अशरफ और सज्जाद जहीर चला रहे थे।[4] दिल्ली में आसफ अली, फरीदुल हक अंसारी जैसे नेता मास कान्टैक्ट में सक्रिय थे ये सभी कांग्रेस सोशलिस्ट पार्टी के सदस्य थे।

मई, 1937 में इलाहाबाद में मास कान्टैक्ट कान्फरेन्स काफी सफल रहा। सर वज़ीर हसन जिन्होंने 1936 के मुस्लिम लीग सम्मेलन की सदारत की थी, वे भी शामिल हुए। मुस्लिम धार्मिक नेता मौलाना हिफजुर रहमान, अहमद सैद जैसे लोग भी शामिल हुए। इस सम्मेलन में उत्साह उसी प्रकार का था जैसा क़ि सन् 30 में

1. हसन, मुशिरुल। पूर्व उद्धृत। पृ. 138
2. वही। पृ. 139
3. हसन, मुशिरुल। पूर्व उद्धृत। पृ. 141
4. वही। पृ. 140। मास कान्टैक्ट अभियान उत्तर पश्चिमी प्रांत एवं पंजाब में खान अब्दुल गफ्फार खाँ सोशलिस्ट नेता मियाँ इफ्तीखुरुद्दीन मुहम्मद आलम, खलीफा फजलदीन और बी.एम. दीन शामिल थे।

नेशनलस्टि मुस्लिम पार्टी के सम्मेलन जिसे डा. एम.ए. अंसारी ने संयोजित किया था, में देखा गया था। मुस्लिम जमात के एक अच्छे खासे हिस्से में चर्चा थी कि कांग्रेस को बिना शर्त समर्थन दे दिया जाय। मुस्लिम लीग के बारे में आम चर्चा बन रही थी कि यह सम्भ्रान्त वर्गों की पार्टी थी जिसकी नीतियाँ पिछड़ी और प्रतिक्रियावादी थीं। साथ ही यह 'कायरता और निकम्मेपन' को प्रोत्साहित करती थी।[1]

मुस्लिम मास कान्टैक्ट हिंदू-मुस्लिम एकता कायम करने के लिये आखिरी कदम था और यह सबसे अधिक कारगर कदम साबित होता बशर्ते कांग्रेस का दक्षिणपंथ और कांग्रेस के अन्दर बैठे हिंदू महासभाई इस पूरे मुहिम को नष्ट करने के लिए कटिबद्ध न हो जाते। सन् 34 के बाद हिंदू-मुस्लिम एकता के अप्रतिम नायक गांधी कांग्रेस से विदा ले चुके थे उनका ध्यान रचनात्मक कार्यों पर लगा हुआ था। कांग्रेस के दक्षिणपंथ पर लगाम कसने के लिए गांधी की उपस्थिति आवश्यक थी पर गांधी स्वयं कांग्रेस से निराश थे। वे कांग्रेस के साथियों को 1932 के पूना पैक्ट और सन् 33 में निराशा में डूबे उपवास के बाद भी समझा नहीं पाए थे कि कांग्रेस के लिए सबसे बड़ा काम एक बराबरी का समरसी हिंदू समाज बनाना और साथ ही साथ हिंदू-मुस्लिम एकता खड़ी करना था। इसके बिना आजादी की लड़ाई लूली-लँगड़ी रह जाएगी। गांधी 22 मई 1937 को जिन्ना को एक पत्र में लिखते हैं। "खेर द्वारा भेजा गया आपका हिंदू-मुस्लिम एकता के सम्बन्ध में संदेश मिला। मैं चाहता था कि कुछ करूँ लेकिन पूरे तरह से असहाय हूँ। एकता में मेरा विश्वास हमेशा की तरह कायम है परन्तु घोर अन्धकार में कोई प्रकाश किरण नहीं दिखती और ऐसी स्थिति में मैं प्रकाश के लिए सिर्फ भगवान से प्रार्थना ही कर सकता हूँ।[2]

गांधी इस दौर में साम्प्रदायिक राजनीति के प्रश्नों से अलग तो नहीं हुए थे पर उनके तरकश से साम्प्रदायिकता सुलझानेवाले सभी तीर निकल चुके थे और वे एक हद तक निराश थे। गांधी का जवाब जिन्ना के लिए बड़ा धक्का था। जिन्ना ने सोचा कि कांग्रेस भी हमें तभी तरजीह देगी जब हम उसके बराबर शक्तिशाली हो जायँ। उन्हें अहसास हुआ कि गांधी की आम जनता की जन राजनीति के तुफान ने मुस्लिम लीग का वजन घटा दिया था। दूसरी ओर जन आंदोलनों से जुड़कर कांग्रेस बेहद शक्तिशाली हो गयी थी। अब जिन्ना ने भी ठान लिया कि मुस्लिम लीग को मजबूत और आक्रामक बनाने के लिए वे संविधानवाद की उदारनीति से विदा लेकर सीधे द्विराष्ट्रवाद सिद्धान्त और साम्प्रदायिकता की सियासत के सहारे पूरा जोर आजमाईश करेंगे।

---

1. लीडर मई 1937 ए.आई.सी.सी. पेपर फाइल नं. 12/1937 जिन्ना द्वारा इलाहाबाद सम्मेलन की आलोचना बम्बे क्रोनिकल 20 अप्रैल 1937
2. पाण्डेय, गिरीश। पूर्वउद्धृत। पृ. 85

दूसरी ओर कांग्रेस के अन्दर हिंदू साम्प्रदायिक तत्वों का भी अबाध प्रवेश था। हिंदू महासभा और मुस्लिम लीग की दोहरी सदस्यता का दौर 1938 तक चलता रहा। आखिरकार 11-16 दिसम्बर 1938 में अली अशरफ और अन्य समाजवादी साथियों के जोर दबाव के फलस्वरूप अखिल भारतीय कांग्रेस कमिटी ने पदों पर काबिज सदस्यों को हिंदू महासभा या मुस्लिम लीग जैसे साम्प्रदायिक संगठनों में उसी तरह के पदों पर काम करने पर रोक लगाई।[1]

बहुत देरी से ही सही पर साम्प्रदायिक राजनीति पर रोक लगाने का कांग्रेस का यह कदम था। यह भी तभी सम्भव हो पाया जब अली अशरफ, सज्जद जहीर जेड. ए. अहमद जैसे मार्क्सवादी और प्रगतिशील युवा नेताओं ने इस प्रश्न पर कांग्रेस हाई कमाण्ड को सोचने के लिए मजबूर किया। कांग्रेस सोशलिस्ट पार्टी का बनना और जवाहरलाल का नेतृत्व इसमें मुख्य कारक था। आचार्य कृपलानी जैसे बड़े सांगठनिक नेता जिनके हाथों में संगठन की कुंजी थी, साम्प्रदायिकता के प्रश्न पर उतने प्रखर आलोचक नहीं थे जितना कि जवाहराल की जमात के मुस्लिम मास कान्टैक्ट के युवा नेतागण थे। कृपलानी कांग्रेस के अन्दर हिंदू साम्प्रदायिकता के पक्षधर गुटों को बड़ा खतरा नहीं मानते थे जबकि जवाहरलाल इन प्रश्नों पर निहायत ही संजीदा थे। दूसरी समस्या थी कि जवाहरलाल और आचार्य के बीच सम्बन्धों में कड़वाहट थी, कृपलानी जिनकी मजबूत पकड़ कांग्रेस संगठन पर थी, वे जवाहरलाल जैसे विचारधारात्मक संग्रामी नेताओं का आकलन वैयक्तिक असहजभाव के चश्मे से करते रहे। इस मायने में खासतौर पर सांगठनिक उठापटक में जवाहरलाल बेहद कमजोर और लाचार थे जिसका रु-ब-रु वर्णन डा. जेड.ए. अहमद ने अपने जीवन परिचय में दिया है। बल्लभ भाई पटेल जैसे सांगठनिक पकड़ के नेताओं की तुलना में जवाहरलाल कमजोर ही बने रहे। उन्हें सांगठनिक ताकत तो सन् 1951 के बाद मिली।[2] कांग्रेस प्रस्ताव का यान्त्रिक भाष्य करते हुए कृपलानी ने एक नया भाष्य किया जिसके तहत उन्होंने बंगाल पी.सी.सी. के सचिव जिन्होंने कांग्रेस हाईकमाण्ड

---

1. रेजोल्यूशन आफ दी सीडब्ल्यूसी वर्धा। 11-16 दिसम्बर, 1938, एआईसीसी पेपर्स। फाइल नं. पी.1/1938
2. डा. जेड. ए. अहमद जो आर्थिक विभाग के सचिव थे उन्होंने अपने जीवन के बारे में मेरे जीवन की कुछ यादें, लोकभारती प्रकाशन, इलाहाबाद 2008, पृ.49 में जिक्र किया है हमारे विभाग की बढ़ती हुई लोकप्रियता से आचार्य कृपलानीजी बिल्कुल खुश नहीं थे। उन्होंने हम लोगों की शिकायत बल्लभ भाई पटेल तक पहुँचाई। नेहरूजी से भी शिकायत की। जवाहरलाल इन दिनों दोनों तरफ से घिरे हुए थे। उन्होंने हमें बुलाकर समझाया कि एक तरफ मालवीयजी और आणेजी इत्यादि ने नेशनलिस्ट पार्टी बना ली है। दूसरी ओर कांग्रेस सोशलिस्ट पार्टी भी बन गयी। यह अर्न्तविरोध अ. भा. कांग्रेस कमिटी में भी दृष्टिगोचर हो रहा है।

द्वारा साम्प्रदायिक संगठनों में शिरकत पर रोक का स्वागत करते हुए हिंदू महासभाईयों को कांग्रेस से हटाने की अनुमति माँगी थी, उन्हें लिखा कि कांग्रेस के संविधान में साम्प्रदायिक दलों के सदस्यों को कांग्रेस के अन्दर पदग्रहण करने पर कोई आपत्ति नहीं है।[1]

जवाहरलाल की भी कांग्रेस के अन्दर बैठे हुए दक्षिणपन्थियों जिनके हाथों में कांग्रेस संगठन की कुंजी थी उन्हें पराजित करने की क्षमता नहीं थी। गांधी के कांग्रेस से संन्यास लेने के बाद जवाहरलाल की स्थिति और भी कमजोर हो गई थी। वस्तुत: बुंदेलखण्ड और अमृतसर के दो उपचुनाव मुस्लिम मास कान्टैक्ट और समाजवादी साथियों ने पूरे उत्साह के साथ लड़ा था, पर मूलत: कांग्रेस के दक्षिणपन्थियों के भीतरघात के कारण दोनों उपचुनावों में हार खाना पड़ा। कांग्रेस के अन्दर का दक्षिणपन्थ हिंदू महासभाइयों के साथ मोर्चा बनाकर मास कान्टैक्ट और समाजवादी खेमे की खिलाफत कर रहा था। दूसरी ओर मुहम्मद अली जिन्ना जो अभी तक संविधानवाद तथा ध्रुव साम्प्रदायिकता की राजनीति से अलग सोचने का प्रयत्न करते थे वे भी पूरी तरह से साम्प्रदायिक राजनीति की ओर मुड़ गए थे। 1937 में महत्वपूर्ण उप चुनाव के दौर में अपने अस्तित्व की रक्षा के लिए जिन्ना का एक बयान खिलाफत नामक अखबार में 30 जून को निकला जिसमें इन भड़काऊ शब्दों में अपील की गयी "मुस्लिम लीग को संगठित करने का मेरा एकमात्र उद्देश्य मुसलमानों को संगठित

1. हसन, मुशिरुल। पूर्व उद्धृत। पृ. 153,154
   ताराचन्द। पूर्व उद्धृत। पृ. 222
   जे.बी. कृपलानी जो कांग्रेस के महामंत्री थे उन्होंने मुस्लिम मास कान्टैक्ट समिति के सचिव श्री रियाजुल मुस्तफा को बहुत बुरी तरह से डाँटा और कहा कि कांग्रेस में ऐसी कोई समिति नहीं और उ. प्र. कांग्रेस कमिटी को आदेश दिया कि इस तरह की कमिटियों को वह विघटित कर दे। गोविंद वल्लभ पंत जो मुस्लिम लीग के खलिकुज्जुमा से मिलकर उ.प्र. में कांग्रेस लीग सरकार बनाने का पेशकश कर रहे थे जबकि जवाहरलाल की सहमति इस प्रश्न पर नहीं थी क्योंकि वे मुस्लिम लीग को पूरी मुस्लिम जमात का प्रतिनिधि नहीं बल्कि जमींदारों, तालुकेदारों की पार्टी मानते थे और वे समझते थे कि मुस्लिम लीग के साझा सरकार बनाने से वे गरीब किसानों, खेतिहर मजदूरों की लड़ाई नहीं लड़ पाएंगे। मुस्लिम लीग को यू. पी. टेनान्सी एक्ट पर आपत्ति थी। यही एक्ट बाद में चलकर जमींदारी खातमा अधिनियम की पृष्ठभूमि बनाती है। उसी गोविन्द बल्लभ पंत ने वक्तव्य दिया कि कांग्रेस में अलग से मुस्लिम कान्टैक्ट की आवश्यकता नहीं है। मोरारजीभाई जो बम्बई प्रांत के प्रधानमंत्री थे वे तो कन्नी काट गए कि सुबे में मुस्लिम हैं ही नहीं इसलिए मास कान्टैक्ट की आवश्यकता नहीं है।
   कृपलानी ने रियाजुल को पत्र में कांग्रेस संविधान से निम्नलिखित स्पष्टीकरण किया—
   कांग्रेस संविधान में किसी साम्प्रदायिक संगठन जिसे कांग्रेस संविधान के धारा V (C) साम्प्रदायिक मानती है। ऐसे संगठन के स्वरूप को कांग्रेस दलीय पदाधिकारी बनने में कोई रोक नहीं है। फाइल नं. पी 5/1938, पृ. 101

करना है। मुसलमानों को एक जुट रहने का निर्देश अल्लाह और पैगम्बर का निर्देश है। हम अल्लाह के शुक्रगुजार हैं कि हमारी मेहनत रंग ला रही है। हमारी सफलता इस्लाम के दुश्मनों के आँख की किरकिरी बन रही है। मुस्लिम मामलात में दखलंदाजी करनेवाली गैर मुस्लिम पार्टी को मुँहतोड़ जवाब देना होगा। मैं मुस्लिम लीग और मुस्लिम पार्लियामेण्टरी बोर्ड के अध्यक्ष की हैसियत से आपको विश्वास दिलाता हूँ कि अल्लाह की भी मर्जी है कि इस्लामी शरीयत लागू हो।"[1]

यद्यपि जिन्ना ने इस अपील से इन्कार कर दिया। परंतु इस भड़काऊ अपील की निन्दा नहीं की। अपने प्रत्याशी रफीउद्दीन के लिए वोट माँगते हुए उन्होंने कहा कि इस्लाम के नाम, धर्म के नाम पर तथा इसकी मर्यादा के नाम पर मुस्लिम लीग को वोट दीजिये।[2]

मुस्लिम लीग का बाहर से हमला और कांग्रेस दक्षिणपंथियों का भीतर से हमला मुस्लिम मास कान्टैक्ट की तहरीक को संकटग्रस्त बनाती जा रही थी। कांग्रेस के अन्दर गोविन्द बल्लभ पंत जो उ.प्र. के मुख्यमंत्री थे उन्होंने नेहरू से कहा कि कांग्रेस को मुस्लिम मास कान्टैक्ट नहीं करना चाहिए। कांग्रेस की पारम्परिक नीति के अनुसार किसी भी जाति धर्म का अलग प्रतिनिधित्व और प्रोग्राम कांग्रेस को नहीं करना चाहिए। इत्तफाकन गोविन्द बल्लभ पंत जैसे ऐलानिया दक्षिणपंथी नेता का इस तरह का उपदेश उस जवाहरलाल को दे रहा था, जो कांग्रेस में हिंदू-मुस्लिम एकता, जाति प्रथा की समाप्ति के सैद्धान्तिक समर्थन के सबसे बड़े नायक रहे हों, इससे अधिक हास्यास्पद और अटपटा प्रकरण और क्या हो सकता है?[3] मोरारजी देसाई ने भी इस अभियान को गुजरात के लिए उपयुक्त नहीं माना चूँकि उन्होंने माना कि गुजरात में मुस्लिम कार्यकर्ता ही नहीं थे? कृपलानी ने तो इस अभियान को असफल करने के लिए कोई कोर कसर नहीं छोड़ रखी थी।[4] पंत का पाखण्ड, मोरारजी का नौकरशाहीनुमा घिसा-पिटा बयान और कृपलानी का मुस्लिम कान्टैक्ट विरोधी रुख ने मुस्लिम मास कान्टैक्ट की शिशु हत्या कर दी।

फिर भी यह स्वीकार करना ही पड़ेगा कि मुस्लिम मास कान्टैक्ट में जिन लोगों ने नेतृत्व का भार उठाया था, वे संभवत: हिंदू-मुस्लिम प्रश्न को सुलझाने के इतिहास में सबसे संयमित, दूरदृष्टि सम्पन्न, बुद्धिजीवियों का समूह था जो आधुनिक विचारधाराओं और प्रगतिशील दृष्टि के प्रति पूरी तरह से प्रतिबद्ध था। यह खिलाफतियों की तरह महज मुस्लिम धार्मिक नेताओं और मुस्लिम राजनीति

1. बॉम्बे क्रोनिकल 2 जुलाई 1937
2. वही। 2 जुलाई 1937
3. नेहरू करेसपन्डेन्स 2 फाइल प्रिन्ट। पृ. 8
4. नेहरू पेपर्स। खण्ड 79। भाग 1। पृ. 65-66

के ऐसे मोहरे नहीं थे जो किसी भी वक्त दीवार लाँघ कर साम्प्रदायिक राजनीति के खेमें में चले जा सकते थे। खिलाफतियों के लिये हिंदू-मुस्लिम एकता और साम्प्रदायिकता के बीच आगा-पीछा करना स्वाभाविक धर्म था। इस मायने में मास कान्टैक्ट का नेतृत्व पूरी तरह से साम्प्रदायिकता के खिलाफ खड़ा हुआ था। इस जमात में डा. के. एम. अशरफ कांग्रेस सोशलिस्ट पार्टी के नेता थे और कांग्रेस में 'संखालघु प्रकोष्ठ' के संयोजक थे।[1] डा. जेड. ए. अहमद अ. भा. कांग्रेस कमिटी के आर्थिक विषयों के सचिव, फरीदुल हक अंसारी प्रख्यात डा. एम. ए. अंसारी के चचेरे भाई थे और कांग्रेस सोसलिस्ट पार्टी के संस्थापकों में से एक थे। हयातुल्लाह के सम्पादक अंसार हरवानी, अखिल भारतीय स्टुडेन्ट्स फेडरेशन के महामंत्री (1936-39) हुआ करते थे, सर वजीर हसन के पुत्र हुसैन जहीर जिनकी शिक्षा लखनऊ, लन्दन और जर्मनी में हुई थी, श्री सज्जाद जहीर जो कालान्तर में प्रगतिशील लेखक संघ के महत्वपूर्ण कारकून, कैफी आजमी, ख्वाजा अहमद अब्बास प्रसिद्ध शायर, अली सरदार जाफरी, उत्तर पश्चिमी प्रांत में खान अब्दुल गफ्फर खाँ (सीमान्त गांधी) और डा. जाकिर हुसैन जो कालान्तर में भारत के राष्ट्रपति बने, इस मास कान्टैक्ट की प्रमुख हस्तियाँ थी। कांग्रेस में इसके पहले इतने सुशिक्षित, शक्तिशाली प्रतिबद्ध मुस्लिम युवा नेताओं का पदार्पण या यूँ कहिए आधुनिक भारतीय इतिहास में कभी भी नहीं हुआ था। नेहरू का आकर्षण इनको खींच लाया था। इस तरह के कार्यकर्ता न तो खिलाफत आंदोलन के दिनों में पाए जाते थे, न ही किसी अन्य संगठन में थे।

मुस्लिम मास कान्टैक्ट की एक बड़ी कमजोरी थी कि यह मुस्लिम किसानों तक पहुँच नहीं पाई। मास कान्टैक्ट शहरों के मध्यम वर्ग और उलामा इत्यादि तक ही सीमित रह गया। इसके अलावा कांग्रेस के अन्दर मुस्लिम प्रश्नों पर पस्तहिम्मती छायी हुई थी जिसके परिणामस्वरूप 1930-32 के सिविल नाफरमानी आंदोलन के दौर में मुस्लिमबहुल इलाकों में प्रचार बहुत कम किया गया। दूसरी ओर खिलाफत के फलस्वरूप बढ़ा हुआ तेवर किस प्रकार से साम्प्रदायिकता में बदल जाता है यह स्मृति भी कांग्रसियों को कचोट रही थी।[2] बहुत सारे कांग्रेस नेतृत्व के बड़े नेताओं को भय था कि जिस प्रकार से खिलाफत आंदोलन कालान्तर में साम्प्रदायिकता में बदल गया था कहीं मास कान्टैक्ट भी ऐसा न हो जाय।

वस्तुत: मुस्लिम मास कान्टैक्ट कांग्रेस का हिंदू-मुस्लिम प्रश्न सुलझाने का

1. टू अशरफ, जून 26 1937। एआईसीसी पेपर्स। फाइल नं. 49/1937। पृ. 129
2. हसन, एम.। पूर्व उद्धृत। पृ. 150

आखिरी प्रयास था। इस मुहिम को नेतृत्व जवाहरलाल दे रहे थे। यह मुहिम खिलाफत से लेकर अभी तक के सारे मुहिमों में सबसे अधिक मौजू था। मुस्लिम मास कान्टैक्ट ने मुस्लिम लीग में बेहद बेचैनी फैला दी जबकि खिलाफत जमाने में मुस्लिम लीग बेचैनी तो दूर, वह खिलाफत अभियान पूरी तरह से शामिल था। खिलाफत के दिनों में तत्कालीन कांग्रेस नेता मुहम्मद अली जिन्ना ही अकेले ऐसे नेता थे जो खिलाफत आंदोलन को निर्रथक समझते थे और बल्कि उनकी टिप्पणी महात्मा पर थी "मुझे समझ में नहीं आ रहा है कि मि. गांधी यह क्या कर रहे हैं।" कांग्रेस का दक्षिणपंथ जो जवाहरलाल और कांग्रेस सोशलिस्टों की अपेक्षा संगठन में कहीं अधिक मजबूत था, उसने कटिबद्ध होकर मुस्लिम मास कान्टैक्ट प्रोग्राम की खिलाफत शुरू की चूँकि वे कांग्रेस के धर्मनिरपेक्षता का अभियान जिसका नेतृत्व और रणनीति कांग्रेस के अन्दर का वामपंथ करता हो, उसको सफल नहीं होने देना चाह रहे थे। कृपलानी और जवाहरलाल के बीच शीत युद्ध और गोविन्दबल्लभ पन्त से लेकर बल्लभभाई पटेल और मोरारजी भाई जिनका स्वाभाविक रुझान दक्षिणपंथी राजनीति की ओर था। उन्होंने कांग्रेस सोशलिस्ट पार्टी और मुस्लिम कान्टैक्ट प्रोग्राम की बढ़ती ताकत को महज विचारभिन्नता और अहमन्यता के चलते मुस्लिम कान्टैक्ट के प्रति एक खास विराग भाव रखा। कांग्रेस के अन्दर फैक्शनल लड़ाइयाँ एक विराट महाभारती संग्राम की धार को कूंद कर डालती थीं। महात्मा ने संभवत: गंभीर आत्ममंथन के बाद रचनात्मक कार्य में अपने को डुबो दिया था इसकी पृष्ठभूमि हमें कांग्रेस के अन्दर के उठापठक से साफ-साफ दर्शित होने लगती है। कालान्तर में इसी दक्षिणपंथी अहमन्यता के चलते समाजवादियों को कांग्रेस छोड़ना पड़ा। यह महज विपक्ष में बैठने की संसदीय कर्मकाण्ड को पूरा करना ही नहीं था परन्तु सन् 38, 39 तक और 42 के बाद समाजवादियों का स्पेस कांग्रेस में लगातार घटता गया यह एक बात थी दूसरी ओर साम्प्रदायिकता के विषवृक्ष के लिए एक अनुकूल मौका भी यह दे रहा था। कांग्रेस के अन्दर की दक्षिणपंथी जमात ने मुस्लिम लीग को एक बड़े हमले से बचा दिया और मुस्लिम लीग की विजययात्रा का रास्ता मजबूत कर दिया।

मुस्लिम मास कान्टैक्ट दो साल के अन्दर ही संकटग्रस्त हो गया। इसका कारण केवल मुस्लिम लीग का साम्प्रदायिक हमला ही नहीं था। चूँकि बंगाल, पंजाब और यहाँ तक कि उत्तर प्रदेश में एक अलग मुस्लिम साम्प्रदायिक पहचान अभी तक बन नहीं पाई थी। बंगाल में मुस्लिम लीग की ताकत कमजोर थी पर बंगाल के कांग्रेस पार्टी में हिंदू आभिजात्यवर्गीय और सामन्ती खेमा हिंदू महासभाई इकट्ठा होकर काम कर रहे थे। एक तौर पर बंगाल की कांग्रेस पार्टी उत्तर और मध्यभारत के

सर्वधर्मसमभावी पार्टी की तरह नहीं थी। हिंदू वर्चस्व, जमींदारी, बंगाली हिंदू भद्रलोक और प्रभावशाली हिंदू नौकरशाही और आभिजात्यवर्ग का नेतृत्व बंगाल की कांग्रेस कर रही थी। इस मायने में वह हिंदू महासभा के ज्यादा नजदीक थी जबकि शुरुआती दिनों में खास तौर पर चितरंजन दास के जमाने में बंगाल हिंदू-मुस्लिम एकता का नमूना था यह परम्परा सुभाषचन्द्र बोस ने भी निभाई पर वे बंगाल और भारत छोड़कर चले गए पर उनके भाई शरत बोस ने इस धारा को कायम रखा, पर बाद के दिनों में वे बेहद अकेले पड़ गए। पंजाब में मुस्लिम लीग केवल 2 सीट सन् 37 के चुनाव में पायी थी वहाँ वर्चस्व युनियनिस्ट पार्टी का था। उ. प्रदेश के दो महत्वपूर्ण मुस्लिम लीग के नेता खलिकुज्जमा और राजा महमूदाबाद जिन पर मुस्लिम लीग टिकी हुई थी वे जवाहरलाल के बेहद करीबी थे पर यह सब कुछ बिखर गया।

क्योंकि कांग्रेस का दक्षिणपन्थी खेमा स्वयं ही अपने सबसे प्रभावशाली हिंदू-मुस्लिम एकता की आखिरी कोशिश को असफल बनाने में लगा हुआ था। सन् 1939 में कांग्रेस पार्टी ने मास कान्टैक्ट कमिटियों को भंग कर दिया। इस प्रकार से भारत में हिंदू-मुस्लिम दोनों ओर के गरीब आम संग्रामी जनता का साझा मंच बनाने का सबसे वैज्ञानिक और सटीक प्रोग्राम को दफन कर दिया गया। यह भारतीय धर्मनिरपेक्षता के इतिहास में सबसे त्रासदीपूर्ण घटना थी। खिलाफत को तो असफल होना ही था क्योंकि वह भारतीय मुसलमानों की जिंदगी से जुड़ा प्रश्न नहीं था केवल कुछ उलेमाओं और संभ्रान्तवर्गीय जमात का शगल था उसे एक विराट शक्ल महात्मा गांधी ने दे दी थी। दरअसल यह आंदोलन असहयोग आंदोलन से जोड़ कर बनाया था। यही कारण था कि खिलाफत आंदोलन के साथ न ही जिन्ना थे और न ही सर सैय्यद थे हालाँकि खिलाफत का प्रश्न सर सैय्यद के जीवितकाल में शुरुआती दौर में था।

पर मुस्लिम मास कान्टैक्ट को यदि कांग्रेस का दक्षिणपन्थ भीतरघात न करके समर्थन करती तो मुस्लिम लीग का द्विराष्ट्र का नारा संभवत: रोका जा सकता था। मास कान्टैक्ट आम हिंदू-मुस्लिम की एकता बनाने में सफल हो सकता था पर कांग्रेस ने स्वयं ही आंदोलन के जन्म के दो साल के अन्दर ही उसे जमींदोज कर दिया। चूँकि कांग्रेस का प्रभावशाली दक्षिणपंथ और कांग्रेस के अन्दर बैठे हिंदू महासभाई इस आंदोलन की सफलता में भारतीय इतिहास में ऐसे विराट क्रांतिकारी परिवर्तन देख रहे थे, जिसका वे स्वागत नहीं करना चाहते थे। चूँकि यह कांग्रेस के अन्दर वामपंथियों की ऐतिहासिक विजय होती और पूरा कांग्रेस दक्षिणपंथियों के कब्जे से निकल जाता। साथ ही लगभग 70 साल से चल रही साम्प्रदायिकता की

नफरतवाली सियासत भी सम्भवत: जमींदोज हो जाती।

जिन्ना को सन् 39 के पश्चात पूरी मुस्लिम राजनीति के साम्प्रदायिकीकरण और द्विराष्ट्र सिद्धान्त के तहत अलग राष्ट्र बनाने के लिए खुला मैदान मिल गया। यह काम जो अब तक मुस्लिम लीग के लिए बेहद कठिन था अब सरल हो गया, चूँकि 1939 में मास कान्टैक्ट आंदोलन को बरखास्त कर दिया गया था। सम्भवत: कांग्रेस के अन्दर मुस्लिम मास कान्टैक्ट के विरोध करनेवाली जमात को पता नहीं था कि वे मुहम्मद अली जिन्ना के लिए परोक्ष रूप से जमीन तैयार कर रहे हैं। पर मुस्लिम मास कान्टैक्ट का बाहर से मुस्लिम लीग और कांग्रेस के अन्दर से दक्षिणपंथी और हिंदू महासभाई दृष्टि के नेताओं की ओर से लगातार चोट भारतीय इतिहास को एक सबसे दु:खद त्रासदी की ओर ले गयी और वह त्रासदी थी भारत का विभाजन।

11

गांधी-नेहरू दृष्टिभिन्नता

गांधी और नेहरू के बीच के विश्वदृष्टिकोण में भिन्नता के बावजूद दोनों के बीच ऐतिहासिक साझेदारी थी और इस दृष्टिभिन्नता के बावजूद गांधी ने जवाहरलाल को ही अपना उत्तराधिकारी बनाया। यह तथ्य है कि गांधी और नेहरू में गम्भीर दृष्टि भिन्नता थी फिर भी न ही नेहरू ने गांधी के नेतृत्व को अस्वीकार किया और न ही गांधी ने नेहरू पर अपना भरोसा छोड़ा। 50 और 60 के शीत युद्धों के दशकों में गांधी-नेहरू दृष्टिभिन्नता पर जो विमर्श हुआ उसमें शीत युद्ध की छाया स्पष्ट दिखलाई पड़ती है और साथ ही दो विचारों की टकराहट भी सुनाई पड़ने लगी थी। वस्तुत: इस दौर में विश्व पैमाने पर समाजवाद बनाम पूँजीवाद पर बहस चल रही थी पर इस साँचे में नेहरू और गांधी को रखना अन्याय होगा। वस्तुनिष्ठ तथ्यों, इतिहास और इतिहास निर्माण प्रक्रिया जो परिस्थितियों और खास तौर पर भिन्न देशज परिस्थितियों में भिन्न-भिन्न रास्ते ग्रहण करती है, उनको तत्कालीन अमेरिकी विदेश सचिव डलेस के बनाए शब्दकोश के चश्मे से देखना एक बड़ी ज्यादती होगी। शीतयुद्ध के शब्दकोश में समाजवाद शब्द का अर्थ सोवियत राज्य, सोवियत खेमे के प्रति प्रतिबद्धता से लगाया जाता था और नेहरू पर हमला इन दोनों खेमों की ओर से था, जहाँ प्रावदा के अग्रलेख 50 के दशक तक उन्हें साम्राज्यवाद का समर्थक और चीनी कुमितांग शासक चियांग काई शेक का भारतीय संस्करण मानते थे। दूसरी ओर डलेसवादी अमेरिकन प्रशासन के लिए नेहरू भेस बदले हुए कम्युनिस्ट (क्रिप्टो कम्युनिस्ट) थे। देश के अंदर नेहरू और गांधी के आर्थिक दृष्टिकोण में भिन्नता को लेकर एक अच्छी खासी बहस थी और इसमें दो राय नहीं कि इस दृष्टि भिन्नता का तथ्यात्मक आधार भी था।

आखिर नेहरू-गांधी रिश्ते में क्या रहस्य था कि दो विपरीत ध्रुवों के व्यक्ति लगातार इकट्ठा रहे। संभवत: गांधी-नेहरू पर भरोसा इसलिए करते थे कि आधुनिक दुनिया जो निहायत ही जटिल खतरनाक और बेगानी दुनिया थी उसके बारे

में जवाहरलाल वाकिफ थे। जवाहरलाल के पास विकास का भी एक खाका था। हालाँकि वह गांधी के माडल से बहुत हद तक भिन्न था। नेहरू ने गांधी के अर्थशास्त्र के मूल आधार आत्मनिर्भरता और गरीबनवाज, अर्थतन्त्र के संदेश को ग्रहण किया। साथ ही साथ ऐसे कदम जो ग्रामीण और कुटीर उद्योग के दायरे में आते थे और जो महात्मा के अर्थशास्त्र में बुनियादी हिस्सा बनते थे उन्हें भारत सरकार के 1948 और 1956 की औद्योगिक नीति और प्रथम पंचवर्षीय योजना के लक्ष्य में और सरकार की नीतियों में समावेशित किया।

ग्रामीण अर्थशास्त्र के चार पहलुओं ग्राम विकास, कृषि उत्पादन, भूमि सुधार और कुटीर उद्योग को गांधी ने भी स्पर्श किया और जवाहरलाल ने भी। जवाहरलाल ने ग्रामीण विकास की व्यापक रणनीति बनाई। इस दिशा में ग्राम विकास, शिक्षा, स्वास्थ्य के लिए सामुदायिक विकास योजना जवाहरलाल का शुरुआती कदम था। प्रथम सामुदायिक विकास एवं पंचायती राज मंत्री श्री एस. के. दे को यह काम नेहरू ने सौंपा था। यह ग्राम भारत के सर्वांगीण विकास के लिए नेहरू का महत्वपूर्ण कदम था। कृषि उत्पादन में हरित क्रांति नेहरू के मृत्यु के बाद घटित हुई। ग्रामीण भारत में जमीदारी खात्मा का बुनियादी इन्कलाब जवाहरलाल की प्रथम वरीयता रही है। जमींदारी खात्मा हालाँकि गांधी के शुरुआती प्रोग्राम का हिस्सा नहीं था पर ज्यों-ज्यों आजादी नजदीक आती गई गांधी ने जमींदारी पर अपनी राय बदल दी।

गांधी ने 1929 में आदर्श जमींदार की कल्पना की थी "हमारा आदर्श जमींदार अपनी रैय्यत पर कर भार स्वयं घटा देगा, वह अपनी जिन्दगी में शाहखर्च कम कर देगा और आम किसान की तरह रहेगा जिससे कि रैय्यत में उसकी प्रजा को सादा जीवन शैली के लिये साधन मिले। वह शिक्षा, स्वास्थ्य सम्बन्धी सुविधाएँ रैय्यत के लिए उपलब्ध कराएगा और अपने विलासमय भवनों को स्कूल और अस्पताल में बदल देगा।[1]

आखिर इस कार्यक्रम को कैसे यथार्थ में उतारा जाय। इसके लिए गांधी का नुस्खा था कि पहले जमींदारों से निवेदन किया जाय कि वे अपनी जमींदारी में प्रजा के न्यासी के रूप में कार्य करें। यदि वे ऐसा नहीं करते हैं तो दूसरा कदम शांतिपूर्ण असहयोग का हो सकता है। पर गांधी ने 1942 तक अपनी राय पूरी तरह से बदल दी थी। लुई फिशर जो एक प्रसिद्ध अमेरिकी पत्रकार थे उनके प्रश्न "किसानों की स्थिति स्वतन्त्र भारत में क्या होगी?" इस प्रश्न के जवाब में गांधी ने कहा कि किसान खेतों पर कब्जा कर लेंगे, हमें उनसे कहना भी नहीं पड़ेगा, वे स्वयं ही ऐसा कर लेंगे।

1. नन्दा, बी.आर.। पूर्व उद्धृत। पृ. 381

फिशर के इस प्रश्न पर कि क्या जमींदारों को इसके बाद स्वतन्त्र भारत की सरकार मुआवजा देगी।[1] "नहीं" गांधी का जवाब था। उनका कहना था कि इतनी बड़ी रकम की क्षतिपूर्ति सरकारी खजाने से सम्भव नहीं थी।[2]

असहयोग के शुरुआती दिनों में जहाँ पर गांधी ने फैजाबाद में किसान असंतोष का सामना करते हुए कहा था कि जमींदार भी अंग्रेजी राज का दास है इसलिए उससे फिलहाल संघर्ष नहीं हो सकता था।[3] जबकि जवाहरलाल शुरुआत से ही जमींदारी के विरोध में खड़े हुए थे लेकिन गांधी की दृष्टि बड़ी तेजी से बदल रही थी और सन् 1927 तक उनके विचार समाजवाद के बेहद करीब आ गये थे "मेरा आदर्श है वितरण में बराबरी। लेकिन जहाँ तक मैं देख सकता हूँ यह तत्काल सम्भव नहीं है इसलिए मैं सम्भव बराबरी का पक्षधर हूँ।" 17 मार्च 1927 को यह वक्तव्य था गांधी का।[4]

गांधी पूँजीवादी शोषण के खिलाफ थे। गांधी गाँव के शोषण का मुख्य कारण शहर या पूँजीवादी औद्योगिकीकरण की दुनिया में देखते थे। ऐसे शोषण को स्वाभाविक रूप से वे हिंसा मानते थे। यह धारणा रुसी क्रांतिकारी और विद्वान छायानोव के रुसी क्रांति के शुरुआती दिनों के विचारों से भी मिलता-जुलता है। छायानोव जैसों की आलोचना के फलस्वरूप रूसी क्रांति के शुरुआती दिनों में 'छलांग लगायी हुई समाजवादी क्रांति' से कुछ कदम पीछे हटने के लिए लेनिन ने 'न्यू इकोनोमिक पालिसी' को ग्रहण किया था। जिसके तहत उन्होंने कृषि क्षेत्र में बाजार को आंशिक रूप से पुनर्जीवित किया। उल्लेख योग्य है कि 'युद्ध साम्यवाद' के तहत सम्पूर्ण रूप से केन्द्रीकृत व्यवस्था को लागू किया गया था। सैद्धान्तिक तौर पर न्यू इकोनोमिक पालिसी का निर्णय लिया गया चूँकि पूँजीवादी क्रांति की सारी सम्भावनाएँ अभी रूस में खत्म नहीं हो गयी थीं और इसके खत्म हुए बिना समाजवादी क्रांति के चरण में पहुँचा नहीं जा सकता था। लेनिन की नीति "एक कदम आगे दो कदम पीछे" को महात्मा गांधी ने अपने तरीके से अपने संदर्भों में जीया था। इसीलिए वे 1930 के विराट सिविल नार्फमानी की सफलता के बाद 1934 में कई कदम पीछे हटकर कांग्रेस की सदस्यता छोड़कर रचनात्मक कार्य में लग गए। माओ-त्से-तुंग की समझदारी में भी शहर द्वारा गाँव के शोषण का प्रश्न झलकता है। शहर वस्तुतः पूँजीवादी, औद्योगिकीकरण और व्यापार या सामन्तवाद-राजतन्त्र के केन्द्र

---

1. फिशर, लुईस। दी लाइफ आफ महात्मा गांधी। लन्दन, ग्रान्डा पब्लिशर्स, 1951, पृ. 411
2. वही। पृ. 411
3. त्रिपाठी, अमलेश। आप.सिट.। पृ. 118
   धनाग्रे, डी.एन.। पेज़ेन्ट मूवमेन्ट इन इण्डिया 192-1950। आक्सफोर्ड, 1983, चैप्टर 3
4. घोष, बी.एन.। गांधीयन पोलिटिकल इकोनोमी। हम्पशायर, यू.के., अशगटे, 2006 पृ. 15

रूप में विकसित होता हैं। स्वाभाविक रूप से गाँव से उनका रिश्ता बहुत हद तक शोषण का ही होता है। ज्यादातर किसानी सभ्यता से जूझते हुए चिन्तकों के लिए यह एक महत्वपूर्ण विमर्श बनता है।

पर साथ ही साथ हमें यह भी खयाल में रखना चाहिए कि गांधी गाँव को केवल युटोपियाई आदर्श का ध्रुवतारा नहीं मानते थे। वे गाँव की कमजोरियों से भी परिचित थे। वस्तुत: उनका गाँव जिसे वे भारतीय जनतन्त्र का मुख्य इकाई बनाना चाहते थे, वह आदर्श गाँव या भविष्य का गाँव था। उनके सामने जीता-जागता गाँव को वह कमजोर, अनिच्छुक, अपरिवर्तनशील लोगों का जमाबड़ा ही मानते थे।

गांधी ग्रामवासियों में सहयोग की भावना के अभाव से भी परिचित थे। सेवाग्राम जिसका शुरुआती नाम सेगाँव था गांधी इस गाँव में बस गए। इस गाँव की जनसंख्या महज 600 थी। डा. जान मट्ट ने वर्णन किया है कि सेवाग्राम में उस वक्त गांधी की झोंपड़ी के अलावा प्रो. भंसाली की झोंपड़ी थी जो जंगलों में नंगे घूमते थे, मौनव्रती थे तथा उनका भोजन केवल नीम की पत्तियाँ थीं। मारिस फ्राइउमान नाम से एक पौलेण्डवासी भी वहाँ बस गये थे। कुष्ठरोगी संस्कृत के विद्वान को गांधी ने अपनी झोपड़ी के बगल में रखा था जिससे कि वे उनकी सेवा कर पाये इसके अतिरिक्त एक जापानी संन्यासी वहाँ रहता था जो महादेव देसाई के शब्दों में घोड़े की तरह काम करता था और संन्यासी की तरह जीवन यापन करता था। सरदार बल्लभ भाई पटेल इस गाँव आश्रम को 'पशुशाला' या 'चिड़ियाखाना' पुकारते थे और गांधी इसको 'अपाहिजो का आश्रयस्थल' पुकारते थे।[1]

जैसे कि गांधी की आदत थी वे किसी भी विषय पर अपनी राय जाहिर तभी करते थे जब वे वास्तव में उस कार्य या अनुभव को भोगते हों या भोग चुके हों। वे महास्थविर की पीठ पर बैठ कर उपदेश देकर कृतार्थ करनेवाले महात्मा नहीं थे। उनके शब्दकोश में कथनी और करनी में फर्क नहीं था। गांधी ने सेगाँव के अपने प्रयोग के बारे में लिखा है कि सेगाँव में 400 वयस्क लोग थे और वे आराम से साल में 10,000/- की आमदनी कर ले सकते थे यदि वे हमारी राय पर इत्तफाक करें। "लेकिन वे हमारा मशविरा नहीं सुनेंगे। उनमें आपस में सहयोग नहीं है। वे श्रम का बुद्धिमतापूर्ण कैसे उपयोग किया जाय उसे नहीं जानते हैं, वे किसी भी नई चीज या कार्य को सीखना नहीं चाहते हैं।"[2]

तो यह रहा गांधी का गाँव से अपना 'रु-ब-रु' अनुभव। स्वाभाविक है कि गांधी ग्रामोन्नयन की बात करते थे। रवीन्द्र नाथ टैगोर ने बंगभंग के समय से ही 'गाँव

1. नन्दा, बी.आर.। पूर्व उद्धृत। पृ. 374
2. वही।

चलो' का नारा दिया था, यह नारा बंगाली हिंदू भद्रलोक जो आंदोलन में लगा हुआ था उसको अच्छा नहीं लगता था। चूँकि टैगोर का यह 'पल्ली चलो' अभियान के दो अर्थ थे। एक तो भद्रलोक गाँव में गरीब मजदूर और किसान की बात सुने दूसरी ओर यह भी तथ्य था कि बंगाल में अधिकांश छोटा किसान और खेत मजदूर मुसलमान था। इस प्रकार से टैगोर धर्मनिरपेक्षता और दरिद्रनारायण की सेवा, दोनों व्रतों को करने के लिए आह्वान कर रहे थे। टैगोर ने, गांधी के सेगाँव की तर्ज, पर बोलपुर में अपना विश्वविद्यालय शांतिनिकेतन स्थापित किया पर वे भी गाँव को ज्यों-के-त्यों स्वीकार नहीं कर लेते थे।

दूसरे शब्दों में यह कहा जा सकता है, कि गांधी का सेगाँव से सम्बन्धित यह आकलन महत्वपूर्ण है जिसमें वे समसामयिक गाँवों की जिन्दगी को एक ऐसा पिछड़ा समाज मानते थे, जो आगे बढ़ने के लिये तैयार नहीं था, जवाहरलाल ने भी गाँव को पिछड़ा समाज माना और कहा कि पिछड़े समाज में असत्य और हिंसा की सम्भावना अधिक होती है इसी प्रकार से अम्बेदकर ने गाँव को गंदा पनाला के रूप में देखा बुनियादी रूप से इन तीनों आकलनों में कोई अन्तर नहीं है पर अन्तर है गाँव विकास और सुधार की रणनीति के क्षेत्र में। आखिर इस पिछड़े समाज में परिवर्तन कैसे लाया जाय जवाहरलाल की दृष्टि में समाजवाद ही इस पिछड़ेपन को दूर कर सकता था। गांधी की दृष्टि में आत्मनिर्भरता, सत्य और अहिंसा का मार्ग गाँव से ही होकर गुजरता था। चूँकि शहर पूरी तरह से पूँजीवाद-साम्राज्यवाद के मुख्यालय बन चुके थे। गांधी की सैद्धान्तिकी को लैटिन अमेरिका में आंद्रे गुंडर फ्रांक जैसों ने एक मार्क्सवादी शक्ल दी जिसके तहत समसामयिक दुनिया में मूल अन्तर्विरोध केन्द्र और पिछड़े, ग्रामीण, गरीब किसानी, तीसरी दुनिया के देशों के बीच है। अम्बेदकर गाँव को जातिप्रथा का मजबूत किला मानते हैं इसलिये वे सामन्ती समाज की तानाशाही को स्वतन्त्र भारत के उदार संवैधानिक अधिकारों के औजार से बदलना चाहते हैं और इसी के साथ वे यह भी चाहते हैं कि जनतान्त्रिक अधिकारों से लैस होने के लिए दलित संगठित, शिक्षित और आंदोलनकारी बने। तभी कहीं वह जनतन्त्र में अपनी हैसियत बना पाएगा।

वस्तुतः उत्तर औपनिवेशिक भारत के समाज में इन तीनों धाराओं की उपस्थिति मजबूती से दर्ज है। गाँव आज भी भारत का केन्द्रबिन्दु बना हुआ है, और शहरीकरण की प्रक्रिया से आज की ग्रामीणीकरण की प्रक्रिया कमजोर नहीं है दूसरी ओर समतावादी समाज की धारणा ने एक बड़े जनसमूह में अपना स्थान बना लिया है भले ही उसके पास अमली जामा पहनाने के ठोस साधनों का अभाव हो और तीसरी ओर दलित तथा वंचित समुदाय को जनतांत्रिक संवैधानिक अधिकारों के माध्यम से

राज्यसत्ता में भागीदारी अंशत: दिखलाई पड़ने लगी है। पुरानी चातुर्वर्णीय व्यवस्था की रूपरेखा ध्वस्त हो रही है। नये गठबन्धन बन रहे हैं, जनतांत्रिक विवशताओं ने समाज के आभिजात्यवर्गीय जमातों को भी बाध्य कर दिया है, कि वे वंचितों से राजनैतिक सत्ता में साझेदारी करें। वैसे यह साझेदारी अभी भी अधिकांश जगहों में महज दिखावा, रणनैतिक और ऊपरी आवरण ही है पर कम-से-कम राजनैतिक मंच में चातुर्वर्णीय समाज का कठिन अपरिवर्तनशील, संरचना चूर्ण-विचूर्ण होकर बिखर गया है।

यह दुर्भाग्य की ही बात है कि गांधी की मृत्यु के बाद कुछ लोगों ने गांधी के कथनों की गलत व्याख्या कर उनके ग्राम स्वराज की कल्पना का दुरुपयोग कर एक पिछड़ी राजनीति को महिमामंडित करने में लग गए। दरअसल गांधी को सीधे-सीधे गाँव बनाम शहर विमर्श में डालना पूरी तरह से सत्यपरक नहीं होगा। गांधी शहरी पूँजीवाद-औद्योगिकीकरण-व्यापारिक वर्चस्व के जिस प्रकार से आलोचक थे दूसरी ओर गाँव समाज में फैले विभाजन (जातिप्रथा), गंदगी और साहस के अभाव के भी उतने ही मुखर आलोचक थे। शीतयुद्ध की छाया और गाँव के वोट बैंक को कब्जा करने के लिये बहुत सारे राजनीतिज्ञों ने गांधी को अपना शुभंकर (परचम) बना डाला। बहुत सारे राजनीतिज्ञ हैं जो नेहरू की आलोचना में अपनी पूरी पूँजी लगा डालते हैं और गांधी को नेहरू के खिलाफ ऐसी जगहों पर भी खड़ा कर देते हैं जहाँ गांधी-नेहरू में मूलत: कोई दृष्टिभिन्नता नहीं है।

इस पूरे विमर्श के लिए हमें 1945 में गांधी-नेहरू पत्राचार पर ध्यान देना होगा। गांधी ने नेहरू को अक्तूबर, 1945 में पत्र लिखा, यह पत्र गांधी-नेहरू संदर्भ में बेहद महत्वपूर्ण है क्योंकि गांधी ने इस पत्र में नेहरू से दृष्टिभिन्नता को व्यक्त करते हुए यह आशा की है कि उनके प्रश्नों का उत्तर उन्हें संतोषजनक रूप से मिल जाएगा। पर साथ-ही-साथ पत्रोत्तर के पहले ही वे अपने ह्रदय के अन्तरतम गहराई से घोषणा करते हैं "मैं देश सेवा के लिए 125 साल तक जीना चाहता हूँ पर मुझे स्वीकार करना पड़ेगा कि मैं अब वृद्ध हो चला हूँ। आप मुझसे उम्र में काफी छोटे हैं इसलिए मैंने आपको मेरा उत्तराधिकारी घोषित किया है। लेकिन मेरे लिए यह आवश्यक है कि मैं अपने उत्तराधिकारी को समझूँ और मेरा उत्तराधिकारी मुझे समझ ले। तभी मुझे शांति और संतुष्टि मिलेगी।[1]

इस पत्र में गांधी ने गाँव के प्रश्न को भी उठाया है और यह बताया है कि गाँव के बारे में उनका चिन्तन क्या है? "आप शायद अनुमान लगा रहे हैं कि मैं जब गाँव समाज की बात करता हूँ तो वह आज जिस प्रकार की गाँव की जिन्दगी है

---

1. पारेल, एन्थोनी जे.। हिन्द स्वराज एण्ड अदर एसेज़। आक्सफोर्ड, 1997, पृ. 15

उसी को आधार बना रहा हूँ। पर ऐसा नहीं है। मेरे दिमाग में मेरे सपनों का गाँव ही है। आखिर तक आदमी अपने सपनों की दुनिया में ही जीता है। मेरे आदर्श गाँव (जो मेरे मन और मस्तिष्क में है, वह आज के गाँव से निश्चित तौर पर भिन्न है–कोष्ठ में मेरा स्पष्टीकरण और भाष्य) में बुद्धिमान लोग रहेंगे, वे गंदगी और अँधेरे में पशुओं की तरह जिंदगी नहीं जीएँगे। मर्द और औरत स्वतन्त्र होंगे और उनमें पूरे विश्व का सामना करने की क्षमता रहेगी। गाँव में न प्लेग और न ही कोलेरा न ही चेचक जैसी महामारियाँ होंगी। गाँव में कोई शाहखर्ची-विलासिता नहीं होगी (बराबरी होगी-मेरा भाष्य)। सभी को अपने भरण-पोषण के लिए दैहिक परिश्रम करना पड़ेगा। मैं कोई 'बहुत गुलाबी बड़ी चित्र' नहीं खींचना चाहता हूँ। रेलवे, पोस्ट और टेलिग्राफ भी होगा (इस भविष्य के गाँव के चित्र में–मेरा भाष्य)।"[1]

गांधी ने इस पत्र में साफ तौर पर बताया है कि जब भी वे गाँव की चर्चा करते हैं, तो वह समकालीन गाँवों की ओर इंगित नहीं करते हैं। उनका गाँव 'भविष्य का गाँव' है। हिंद स्वराज में भी उन्होंने उसी 'भविष्य के गाँव' को ही आधार माना है और वे कहते हैं कि "भारत के लोगों को गाँवों में ही बसना है शहर में नहीं। झोंपड़ियों में रहना है राजप्रासादों में नहीं। वहीं सच्चा स्वराज मिल पाएगा। राजाप्रसादों और शहरों में चाहे जितनी बड़ी संख्या में लोग बस जाएँ पर वे शांति में नहीं रह पाएंगे और उन्हें हिंसा और असत्य को अपना औजार बनाना पड़ेगा।"[2]

गांधी के पत्र का यह हिस्सा हमारे जीवन के अकाट्य सत्य को दर्शाता है। महानगरीय शहर (शहर का मतलब गांधी का औद्योगिक-व्यापारिक महानगरों से ही था। चूँकि अपने दक्षिण अफ्रीका के प्रवास के दिनों में भी वे मूलतः जोहानेसबर्ग में रहे फिनीक्स आश्रम के सिलसिले में दक्षिण अफ्रीका के दूसरे महानगर डरबन भी जाते-आते रहे) गांधी के शहर का मतलब निश्चित तौर पर कस्बाई हिंदुस्तान नहीं था। महानगरीय जीवन की कलुष, कठिनाइयाँ, अस्वस्थ जीवन शैली और गलाकाट प्रतिद्वदिंता ने गांधी को विचलित किया था। श्रमिकों की मलिन बस्ती और सेठों की अट्टालिकाएँ गांधी की आँखों में चुभती थी और गांधी के कल्पना लोक का शान्त, छोटा गाँव इन महानगरों का एक सार्थक विकल्प बनता था। दूसरी ओर भारत जैसे विराट उपमहादेशीय अर्थतन्त्र में पूरे मुल्क को शहर में बदला भी नहीं जा सकता है। पूरा भारत केवल नगरों का मुल्क

1. पारेल, एन्थोनी जे.। हिन्द स्वराज एण्ड अदर एसेज़। आक्सफोर्ड, 1997, पृ. 150
2. वही। पृ. 150

हो जाय यह भी कोरी कल्पना है। गांधी इस सत्य से वाकिफ थे। पर इसका मतलब यह नहीं है कि वे समकालीन गाँवों को महिमामण्डित कर रहे थे। अम्बेदकर ने दलित विवशता को भी अधिकतम 'गाँव केन्द्रित जीवनशैली' की बाध्यता बताया है। दरअसल अम्बेदकर की गाँव सम्बन्धी समझ किसी रुमानी कल्पना के गाँव से नहीं बल्कि गाँव के रूखे-सूखे, विभाजित और क्रूर यथार्थ से बनी हुई है। इस समझ में कोई रुमानी उड़ान नहीं है। हिंदुस्तानी सामन्तवाद और चातुर्वर्णीय व्यवस्था के अत्याचार और उसके शिकार के दर्द को अम्बेदकर से बेहतर और कौन बता सकता था। यह अम्बेदकर का भोगा हुआ यथार्थ था। इसलिए अम्बेदकर इस गाँव समाज के ठीक उलट खड़े हुए हैं तो गांधी भी इस गाँव समाज को अतिक्रमित कर भविष्योन्मुखी गाँव–समरस, समतावादी, जात-पात से मुक्त, स्वस्थ परिवेश के गाँव को ही अपना आधार बनाते हैं। टैगोर गाँव की ओर चलो का नारा देते हैं। चूँकि बंगाली भद्रलोक गाँव की आमदनी पर जीता तो जरूर था लेकिन कलकत्ते की सीमा के बाहर जाना नहीं चाहता था। इसलिए टैगोर का एक और इंगित था, वे भद्रलोक हिंदू बंगाली को गाँव के गरीब किसान और खासतौर पर मुसलमान किसान और खेत मजदूरों से दुख-दर्द बाँटने के लिए तैयार करना चाहते थे।

सन् 45 के इस पत्र के पीछे हमें गांधी की मंशा के बारे में स्पष्ट होना चाहिए। सन् 42 के बाद गांधी की भूमिका कम होती जाती है, वैसे साम्प्रदायिकता की आग को बुझाने के लिए उन्हें पुन: 1946 में सक्रिय होना पड़ता है। सन् 42 से सन् 45 का दौर वह दौर है जिसमें अंग्रेजी सरकार की कांग्रेस और लीग से लगातार समझौतों की बातचीत चल रही थी। आजादी की तारीख करीब आ रही थी। अंग्रेजी राज का जल्दी जाना तय हो चुका था। ऐसी स्थिति में सरकार और प्रांतीय सरकारों में कांग्रेसजन शामिल ही नहीं थे, बल्कि राजसत्ता की शैली के रंग में रँगते जा रहे थे। गांधी ने अपने को इस दौर में भी मुख्यत: रचनात्मक कार्य में ही अपने को नियोजित कर रखा था। देश और कांग्रेस को गांधी की जरूरत फिर सन् 46 में पड़ने लगी थी।

गांधी की नजर में कांग्रेस का राजसत्तीय चेहरा साफ-साफ उभर रहा था, उन्होंने इसके बारे में एक चेतावनी देनी चाही थी इसीलिये उन्होंने हिंद स्वराज की प्रतिस्थापनाओं को पुन: अपने पत्र में सामने रखा। चूँकि जवाहरलाल 'हिंद स्वराज' की प्रतिस्थापनाओं पर प्रश्न चिह्न लगाते थे इसलिए गांधी के लिये सत्ता हस्तांतरण की पूर्व बेला में कुछ प्रश्नों पर नेहरू से स्पष्टीकरण माँगना आवश्यक हो गया था। इसीलिए गांधी ने इस पत्र के शुरुआत में ही लिखा।

"मेरे और आपके दृष्टिकोण में जो अन्तर है उसे पहले लिख देना चाहिए। यदि ये अन्तर बुनियादी किस्म के हैं, तो देश की जनता को सूचित किया जाना चाहिए। अन्यथा यह हमारे 'स्वराज' संघर्ष के लिए नुकसानदेह साबित हो सकता है। साथ ही मैं यह भी बताना चाहता हूँ कि मैं हिंद स्वराज में व्यक्त शासन व्यवस्था का समर्थक अभी भी हूँ।"[1]

जवाहरलाल ने इस बेहद महत्वपूर्ण पत्र का उत्तर महज 5 दिन पश्चात अक्तूबर 9, 1945 को दिया।

जवाहरलाल ने कहा कि हमारे सामने प्रश्न, सत्य बनाम असत्य या हिंसा बनाम अहिंसा नहीं है। हमें एक ऐसा समाज बनाना है जो सत्य और अहिंसा को प्रतिष्ठित करे और निश्चित तौर पर तय करना है कि इस उद्देश्य तक कैसे पहुँचा जाय और इस समाज के बुनियादी तत्व क्या हों। मुझे यह नहीं समझ में आता कि कैसे गाँव में ही सत्य और अहिंसा का वास है (और शहरों में नहीं मेरा भाष्य) गाँव आम तौर पर बौद्धिक और सांस्कृतिक पैमाने पर पिछड़ी हुए होते हैं और पिछड़े संस्कृति और बौद्धिकी से प्रगति नहीं की जा सकती है। संकीर्ण दृष्टिकोण के लोग अधिक हिंसक और असत्यवादी होते हैं (गाँव में व्याप्त संकीर्णता जैसे कि जात-पात, ईर्ष्या, सामन्ती संस्कृति, अंधविश्वास और कर्मकाण्ड एक बेहतर समाज की पृष्ठभूमि कभी भी नहीं बना सकती है। चातुर्वर्णीय व्यवस्था के घटाटोप अम्बेदकर स्वयं इस व्यवस्था के शिकार थे इसलिए उन्होंने गाँव को गंदा पनाला कहा था)।

दरअसल यदि गांधी के पत्र को हम एक डिकन्स्ट्रक्टनिस्ट दृष्टि से पढ़ें तो गांधी भी वही कह रहे थे जो जवाहरलाल की मंशा थी। गांधी वर्तमान गाँव का महिमागान नहीं कर रहे थे। उनके सपनों का गाँव आज के गाँव से बिल्कुल भिन्न है। जवाहरलाल ने इसी बात को और मजबूती से वैज्ञानिक तर्ज पर दोहराया है और यही कारण था कि जवाहरलाल ने आजादी प्राप्ति के बाद पहला सबसे बड़ा ऐतिहासिक कदम 'जमींदारी खात्मा अधिनियम 1948' पारित किया। दरअसल जमींदारी खात्मा पूर्व शर्त थी गांधी के सपनों का गाँव बनाने के लिए। शुरुआती दिनों में आजादी की लड़ाई के संयुक्त मोर्चे की आवश्यकता के चलते उन्होंने जमींदारों को सुधरने के लिए न्यासी सिद्धान्त के तहत न्यासी जमींदार की आवधारणा सामने रखी थी। यह गांधी का हिंदुस्तान में शुरुआती दौर था। दक्षिण अफ्रीका का अनुभव उन्हें सिखाता था कि हुकूमत से लड़ने के लिए समाज में एकता की मजबूत दीवार रहनी चाहिए और उसके इर्द-गिर्द एक संयुक्त मोर्चा बनाया जाना चाहिए। इसलिये एक व्यापक संयुक्त मोर्चा उनके दिमाग में उस जमाने में सर्वोपरि था।

---

1. पारेल, एन्थोनी जे.। हिन्द स्वराज एण्ड अदर एसेज़। आक्सफोर्ड, 1997, पृ. 149

इसी के चलते उन्होंने जमींदारी पर सीधा हमला शुरुआती दौर में नहीं किया क्योंकि वे मानते थे कि जमींदार भी अंग्रेजी राज़ का दास है। पर बाद में यह विचार बदल गया। गांधी के इस विचार बदलाव में वामपक्षीय सामन्त विरोधी राजनीति की बड़ी भूमिका है जमींदारी खात्मा को लेकर अखिल भारतीय किसान सभा, कम्युनिस्ट पार्टी, कांग्रेस सोशलिस्ट पार्टी ने एक बड़ी मुहिम छेड़ दी थी। स्वयं जवाहरलाल इस अभियान में शामिल थे। नमक सत्याग्रह के बाद और खासतौर पर गांधी के सन् 34 में कांग्रेस छोड़ने के पश्चात, कांग्रेस की सरिता सूख रही थी, इस समय वामपंथियों ने कांग्रेस सोशलिस्ट पार्टी के माध्यम से कांग्रेस के अन्दर और बाहर खड़े वामपंथियों और मार्क्सवाद की ओर झुके इन्कलाबियों जैसे कि भगत सिंह ने देश के सामने और साथ ही कांग्रेस को आजादी की लड़ाई लड़ने के लिए ठोस एजेण्डा दिया। सन् 42 आते-आते उन्होंने 'भूमि सुधार' और जमींदारी खात्मा के लिए किसानों के स्वत:स्फूर्त ऊर्जा पर भरोसा जताया और लुई फिशर को यह भी बतलाया कि वे जमींदारी प्रथा की समाप्ति के पश्चात उन्हें मुआवजा देने के भी पक्ष में नहीं है। गांधी के दृष्टिकोण में यह बहुत बड़ा परिवर्तन था लगभग इन्कलाबी परिवर्तन था यह। अब 20 के दशकों वाली संयुक्त मंच की आवश्यकता नहीं थी चूँकि आजादी की लड़ाई ने एक स्वतन्त्र गति पकड़ ली थी।

नेहरू ने वस्तुत: गांधी के भविष्योन्मुखी कल्पना के गाँव यथार्थ में उतारने के लिए जमींदारी खात्मा का ऐलान किया था। जमींदारी खात्मा का मतलब था जनतन्त्र को गाँव समाज तक ले जाना, गैर बराबरी की दीवार को तोड़ना, शोषण के क्रूरतम अँधेरे इतिहास को खत्म करना था। यह कार्नवालिस के परमानेन्ट सेटलमेंट एक्ट के जमाने से लादे हुए और पूर्व राज्यसत्ताओं द्वारा चलायी हुई परम्परागत शोषण व्यवस्था को खत्म करने का एक ऐतिहासिक कदम था। नेहरू का यह कदम रूसी अक्तूबर क्रांति की प्रथम घोषणा (डिक्री) 'जमीन जोतनेवालों को' से कम नहीं था। हिंदुस्तानी जिंदगी और खासतौर पर हिंदुस्तानी ग्रामीण जिंदगी में यह एक इन्कलाबी कदम था और साथ ही साथ यह गांधी के सपनों का भारत, सपनों के गाँव के तरफ प्रथम मजबूत इतिहास हिलानेवाला कदम था।

इसके साथ यह भी स्पष्ट होना चाहिए कि जमींदारी खात्मा के प्रति कांग्रेस के दक्षिणपंथी राजनीतिज्ञ राजगोपालाचारी, बल्लभ भाई पटेल से लेकर अन्य बड़े नेता उत्साहित नहीं थे। जमींदारी सामंतीविरोधी आंदोलन मूलत: कांग्रेस सोशलिस्ट पार्टी, कांग्रेस के अन्दर वामपंथी, कम्युनिस्ट पार्टी, क्रांतिकारी समूहों जैसे कि भगत सिंह का हिंदुस्तान सोशलिस्ट रिपब्लिकन आर्मी/असोसियेशन स्वामी सहजानन्द सरस्वती के नेतृत्व में चलनेवाला वामपंथ और मार्क्सवाद से प्रभावित किसान सभा

और नेहरू के कार्यक्रम के फलस्वरूप बना था। इस मायने में हमें पुनर्विचार करना चाहिए कि गांधी के सपनों को चरितार्थ करने के लिए कौन सबसे अधिक इच्छुक था? कम्युनिस्ट और सोशलिस्ट, वामपंथ, नेहरू, कांग्रेस का वाम पक्ष या कांग्रेस का तथाकथित दक्षिणपंथ या परम्परागत नेतृत्व?

जबकि गांधी की बुनियादी प्रतिस्थापनाओं में से जो महत्वपूर्ण प्रतिस्थापनाएँ थीं उसे संविधान में और सरकार की सुधारनीतियों में अनुसरण यथासम्भव किया गया। संभवत: जिस प्रकार की संरचना भारत की आजादी की लड़ाई की थी जिसका केन्द्र बिन्दु कांग्रेस था जो एक संयुक्त मोर्चे की छतरी थी ऐसे संयुक्त मोर्चे से न तो गांधी के हिंद स्वराज का अक्षरश: अनुपालन किया जा सकता था और न कम्युनिस्ट पार्टियाँ खासतौर पर रणदिवे के नेतृत्व में चलनेवाला अतिवामपंथ या अति कटु और मुखर आलोचक सोशलिस्टों के इच्छानुसार एक खालिस सोवियत रिपब्लिक या समाजवादी समाज भी नहीं बनाया जा सकता था। राजनीति एक 'सम्भव यथार्थवादी कला' है। यह एक ही कदम में पूरा परिवर्तन नहीं कर पाती है। यदि करती भी है तो उसे पीछे हटना पड़ता है जैसे कि लेनिन को हटना पड़ा था। 'युद्ध साम्यवाद' के ठीक बाद लेनिन को यह नीति पलटनी पड़ी और उन्हें 'न्यू इकोनोमिक पालिसी' ग्रहण करनी पड़ी जो अंशत: पूँजीवाद की पुनर्स्थापना थी।

आजादी के बाद प्रथम योजना मूलरूप से 'कृषि योजना' थी और इसका रुझान गाँव की तरफ था। सिंचाई के साधन और बहुउद्देशीय बाँधों का मूल उपयोग कृषि उत्पादन को बढ़ाने में किया गया। दूसरी ओर गाँव में जमींदारी प्रथा और कृषि में राज्य की सहायता के अभाव में बेहद गरीब और पिछड़ा हिंदुस्तान लगातार और गरीब और पिछड़ा बन रहा था। इस स्थिति में बुनियादी सुधार लाने के लिए जमींदारी खात्मा एक्ट 1948 पारित किया गया। पंजाब एक समृद्ध कृषि प्रधान प्रांत इसी प्रथम योजना से बन पाया।

इस सन्दर्भ में हमें यह भी याद रखना चाहिए गांधी 40 के दशक में यह महसूस करने लगे थे कि उनके न्यासी सिद्धान्त को न ही पूँजीपति स्वीकार कर रहा है और न ही गाँव पर राजपाट करनेवाला जमींदार। 1934 में कांग्रेस में कांग्रेस सोशलिस्ट पार्टी के रूप में वामपंथ का उदय और सन् 36 से नेहरू के नेतृत्व में सीधे तौर पर समाजवाद का ऐलान और सन् 42 के भारत छोड़ो आंदोलन में कांग्रेस सोसलिस्टों की प्रभावशाली हिस्सेदारी, गांधी के मन और ह्रदय को आंदोलित कर रहा था। गांधी शुरुआत में जिस तरह से व्यापक वर्गों का जनमोर्चा बनाने की बात करते थे अब उसे लगभग छोड़ चुके थे और उन्हें यह एहसास होता जा रहा था कि उन्हें आगे आने वाले दिनों में सामन्तों, पूँजीपतियों और साम्प्रदायिक तत्वों से

लड़ना पड़ेगा। चूँकि अंग्रेजी राज के अब दिन गिने चुने ही रह गए थे गांधी प्रस्तुत हो रहे थे एक नए महाभारती लड़ाई 'आन्तरिक उपनिवेशवाद' से लड़ने के लिए। इसके लिए एक नये किस्म की लामबन्दी होनी चाहिए थी। अब पुरानी छतरीवाली संयुक्तमोर्चा और बहुत सारी पुरानी अवधारणाएँ नहीं चल सकती थीं। उसमें बुनियादी परिवर्तन होना था।

1941 और फिर 1945 में गांधी ने अपने रचनात्मक कार्यक्रम के दौर में गांधी ने पूँजीपतियों को चेतावनी दी कि एक अहिंसक राज्य और समाज, जहाँ अमीर और गरीब में बड़ी खाई हो और लाखों लोग भूखे हों, वहाँ नहीं बन सकता है। एक ओर अट्टालिकाएँ और उसके पास ही बनी गरीब मजदूरों की झोंपड़ियों के बीच शांति कायम नहीं हो पाएगी क्योंकि स्वतन्त्र भारत में गरीब और अमीर सबके पास समान अधिकार होंगे। एक खूनी क्रांति अवश्यम्भावी हो जाएगा बशर्ते कि अमीर स्वेच्छा से गरीबों को अधिकार और धनसम्पदा का वितरण न कर दें।[1]

विकेन्द्रीकरण की नीति की सीमित अपील भी गांधी के दिल-दिमाग में छाता जा रहा था। 28 जून, 1939 को उन्होंने लिखा कि मुख्य और बुनियादी उद्योगों जिसकी राज्य को जरूरत होगी उसका केन्द्रीकरण किया जा सकता है। एक ही अपवाद हो सकता है उदाहरणार्थ जैसे कि यदि सार्वजनिक क्षेत्र का कारखाना कागज बनाना चाहती है ऐसे हालत में यदि गाँव में कागज पहले से ही बन रहा है, तो गाँव के कागज उद्योग की रक्षा राज्य को करनी पड़ेगी।[2]

दरअसल 1948 और बाद में 1956 की औद्योगिक नीति में गांधी दृष्टि को केन्द्रित करके कुटीर उद्योगों और ग्रामीण उद्योगों को संरक्षण दिया गया। साथ ही बुनियादी उद्योगों को राज्य के हाथों में रखा गया। उन नीतियों जिसमें गांधीवादी समझ का समावेश किया गया था ऐसे नीतियों को लाने के लिए जवाहरलाल ने व्यक्तिगत रूप से पहल की थी। इसमें गांधी का ही प्रभाव देखा जा सकता था पर इसके साथ-साथ जवाहरलाल का समाजवादी एजेण्डा भी स्वाभाविक रूप से इसमें शामिल था। दरअसल नेहरू के समाजवादी कार्यक्रमों और गांधी के रचनात्मक कार्यक्रमों और ग्रामविकास उन्मुख कार्यक्रमों में शब्दों का हेर-फेर हो सकता था, पर दोनों में एकरूपता भी बहुत हद तक थी इसलिए तीन मूल एजेण्डाओं एक स्वतन्त्र राष्ट्रीय अर्थतन्त्र का निर्माण, गांधी का रचनात्मक कार्यक्रम और समाजवाद ढाँचे के समाज के कार्यक्रमों का समावेशन सरकार की नीतियों में तेजी से 1948 के बाद दिखलाई पड़ने लगता है। जवाहरलाल ग्रामीण क्षेत्रों और शहरों, कस्बों में कुटीर

---

1. फिशर, लूइस। पूर्वउद्धृत। पृ. 410
2. वही, पृ. 411

उद्योग को पूर्ण संरक्षण प्रदान कर रहे थे और कृषि क्षेत्र में उन्होंने जमींदारी का खात्मा किया था जिसके फलस्वरूप कृषि में पिछले सैकड़ों सालों से श्रम करनेवाले आम किसान को मालिकाना हक मिला तथा साथ ही न्यायपूर्ण भूमिसुधार जितना भी सम्भव था उतना लागू हुआ और उत्पादकता में वृद्धि हुई। बुनियादी उद्योगों के राष्ट्रीयकरण से देश ने औद्योगिकीकरण के क्षेत्र में एक लम्बी छलाँग लगाई चूँकि पूरे औपनिवेशिक काल में स्वतन्त्र राष्ट्रीय अर्थतन्त्र के लिये आवश्यक औद्योगिकीकरण का अभाव था। इसके पहले जो कुछ भी औद्योगिकीकरण या इन्फ्रास्ट्रक्चर बना था वह एक 'परनिर्भरता (डिपेन्डेसी) के अर्थतन्त्र' बनाने के लिए पहल मात्र था।

गांधी की अवधारणा मशीन और उद्योग के बारे में सन् 1924 से ही बदलना शुरू हो जाता है चूँकि गांधी को अब देश के समस्या से रु-ब-रु होना पड़ रहा था। जिस प्रकार से उन्होंने जमींदारी के बारे में अपनी राय बदलनी शुरू कर दी थी। उसी तरह से वे औद्योगिकीकरण, मशीन के प्रति भी अपनी राय बदल रहे थे। 1924 में गांधी ने कहा कि "मैं मशीन के प्रति पागलपन का शौक पालने का आलोचक हूँ। पर मशीन का आलोचक नहीं हूँ। तथाकथित श्रमबचत करनेवाली तकनीक से हजारों लोग बेरोजगार होते जा रहे हैं इसलिए मैं इसके खिलाफ हूँ। इस सन्दर्भ में उन्होंने सिंगर सीविंग मशीन का उदाहरण दिया।[1]

गांधी ने सिंगर मशीन के आविष्कार के बारे में परिलक्षित किया "यह एक ऐसा आविष्कार है जिसके पीछे रोमांस है। मिस्टर सिंगर ने अपनी पत्नी को कपड़ा सिलते हुए देखा और उन्हें लगा कि यह कार्य कम श्रम और बेहतर तरीके से किया जा सकता है। अपनी पत्नी के कष्ट से दु:खी होकर उन्होंने सिंगर सिलाई मशीन का ईज़ाद किया। यह एक प्रेम की कहानी है। इस मायने में जहाँ मशीन स्नेह और प्रेम का प्रतीक बनता है" गांधी ऐसे मशीन का समर्थन करते हैं। धनसम्पदा अर्पित करने के लिए अंधी दौड़ की आलोचना करते हुए वह कहते हैं कि मजदूर को न केवल जीवन जीने योग्य मजदूरी दी जाय बल्कि उसे ऐसी सुविधाएँ और तकनीक उपलब्ध करायी जाय जिससे कि उसका काम निहायत ही उबाऊ न हो जाय। इस हालत में मशीन राज्य के लिए और नियोक्ता दोनों के लिये लाभप्रद हो जाएगा। धन इकट्ठा करने की पागलपन की दौड़ खत्म होगी और आदर्श हालात में लोभ की जगह प्रेम ले लेगा।[2]

1931 में गांधी ने कहा कि 'यदि मनुष्य मशीन पर नियन्त्रण' कर ले तो अच्छा रहेगा पर यदि मशीन मनुष्य पर नियन्त्रण कर ले तो यह पूरी सभ्यता और जीवन के लिए खतरनाक होगा।[3]

1. पारेल, एन्थोनी जे.। पूर्वउद्धृत। पृ. 166
2. वही, पृ. 166
3. वही, पृ. 167

1934 में गांधी ने पूँजीवाद जो मशीनी इस्तेमाल से बनती है उसके बारे में चेतावनी देते हुए कहा कि साम्राज्यवादी पूँजीवादी व्यवस्था की नकल नहीं करनी चाहिए।

"जब मैं कहता हूँ कि मैं लाखों लोगों के लिए स्वतन्त्रता की माँग कर रहा हूँ इसका मतलब है कि मैं ऐसी दशा में उन लाखों लोगों को भोजन, कपड़ा, मकान की सुविधा मुहैया कराने के लिए ही नहीं कह रहा हूँ बल्कि मैं चाहता हूँ कि वे भीतर और बाहर के शोषकों से भी मुक्त हों। हम पूरे भारत में कभी भी औद्योगिकीकरण नहीं कर पाएँगे। यह तभी सम्भवतः सम्भव होगा जब हम अपनी जनसंख्या 35 करोड़ से घटाकर 3 करोड़ तक ले आएँ और साथ ही हमारे पास एक बड़ा बाजार हो, जो हमारी जनसंख्या से कहीं अधिक हो। वस्तुतः हम पूरे हिंदुस्तान में औद्योगिकीकरण पूरी तरह से तब तक नहीं कर सकते हैं जब तक कि हम पूरी दुनिया को अपना गुलाम बना लें।[1]

गांधी की यह समझ अंग्रेजी साम्राज्यवाद के ढाँचे को देखकर बनी। इंगलैण्ड जो एक छोटा सा टापू है वहाँ पूँजीवाद को विकसित करने के लिए पूरी दुनिया में साम्राज्य फैलाना पड़ा फिर भी सन् 20-30 के दशक तक अंग्रेजी मजदूर वर्ग की हालत बेहद खराब थी। वस्तुतः सन् 50 और 60 का दशक जब लोककल्याणकारी राज्य लेबरपार्टी के जमाने में बना तभी अंग्रेज मजदूरों की हालत अच्छी हुई। 19वीं सदी में भी अंग्रेजी श्रमिक वर्ग गरीबी में जी रहा था जबकि अंग्रेजी साम्राज्यवादी सरकार तथा उसका पूँजीपति सारी दुनिया पर राज कर रहा था।

गांधी की यह समझ रोज़ा लुम्सेमबर्ग से निहायत मिलती-जुलती है। साम्राज्यवाद, पिछड़ा अर्थतन्त्र, गुलाम देश और कृषि क्षेत्र के मोलभाव करने की कम क्षमता के कारण ही पूँजी संचयन होता है, यह समझ गांधी और रोज़ा को एक साथ खड़ा कर देती है।

1946 में गांधी ने कहा कि "मशीनरी के प्रति मेरे विरोध को गलत समझा गया है। मैं मशीन के खिलाफ इसलिए हूँ कि वह श्रमिकों को बेरोजगार बनाता है।[2]

स्पष्ट शब्दों में गांधी ने मशीन से जन्य पूँजीवादी व्यवस्था में अन्तर्निहित बेरोजगारी की ओर इंगित किया है। 1947 में गांधी ने कहा कि "मशीन आर्थिक विकास में बहुत योगदान कर सकता है लेकिन कुछ पूँजीपतियों ने मशीन को अपने मुनाफा के लिए और आम जनता और मजदूरों के खिलाफ इस्तेमाल किया है इसीलिए हमारी हालत आज खराब हो गयी है।[3]

---

1. पारेल, एन्थोनी जे.। पूर्वउद्धृत। पृ. 167
2. वही।
3. वही। पृ. 170

पूँजीवाद के खिलाफ यह गांधी का अंतिम और नितान्त प्रौढ़ आलोचना थी। इसकी प्रतिध्वनि कांग्रेस के अन्दर जवाहरलाल, रफी अहमद किदवई और सम्पूर्णानन्द जैसे लोगों में तो दिखलाई पड़ती है, पर बल्लभ भाई पटेल, राजेन्द्रप्रसाद, कृपलानी, राजगोपालाचारी, गोविन्द बल्लभ पंत से लेकर मोरारजी भाई देसाई में यह प्रतिध्वनि नहीं सुनाई पड़ती है। कांग्रेस सोशलिस्ट पार्टी के खिलाफ बल्लभ भाई पटेल ने तो जेहाद छेड़ दिया था जिसकी वजह से समाजवादियों को बाध्य होकर कांग्रेस से हटना पड़ा।

फिर भी गांधी का समतावादी समाज का ढाँचा नेहरू से भिन्न था। नेहरू ने 1936 के लखनऊ कांग्रेस अधिवेशन में न केवल समाजवाद को एकमात्र विकल्प बताया था बल्कि ऐसा समाजवाद जो यूटोपियन नहीं बल्कि वैज्ञानिक समाजवाद पर आधारित हो। नेहरू की समाजवाद की यह धारणा मार्क्सवाद से मिलती-जुलती थी। पर गांधी का वैज्ञानिक समाजवाद पर विश्वास नहीं था, वे 'नैतिक समाजवाद' के हामी थे। उन्होंने 1 जून 1947 में हरिजन में लिखा–

"समाजवाद का आधार समता है। आज के इस असमान समाज और अर्थतन्त्र पर ईश्वर का राज्य नहीं हो सकता है जहाँ कुछ लोग बेहद अमीर हों और आम आदमी को दो वक्त का भोजन तक मयस्सर न हो। मैंने तो समाजवाद को दक्षिण अफ्रीका में ही अंगीकार कर लिया था।

जवाहरलाल ने अपने अक्तूबर 9, 1945 के पत्र में और भी महत्वपूर्ण मुद्दे उठाए थे। जवाहरलाल का कहना था कि हमारी जनता के लिए रोटी, कपड़ा, मकान, शिक्षा, सफाई का बन्दोबस्त करना अति आवश्यक था। इन हलको में कमी को कैसे तेजी से दूर किया जाय इसके लिए आधुनिक संचार के साधन और भारी उद्योगों की आवश्यकता पड़ेगी। उद्योगों का विकेन्द्रीकरण भी सम्भव है खास तौर पर बिजली आने के बाद।

"दूसरा प्रश्न है विदेशी आक्रमण से रक्षा का। जवाहरलाल ने अपने उत्तर में आगे कहा यदि हम तकनीकी दृष्टि से आगे नहीं बढ़े तो गुलामी की ओर पुनः लौटना पड़ेगा। विश्व आज अन्धी दौड़ में है। उन मुल्कों के बीच जो अधिकतम सम्पदा पर कब्जा करना चाहते हैं जिनकी वजह से युद्ध होते हैं। अगर सम्पदा को लेकर लूट मार बन्द हो जाय तो आपसी सहयोग से सभी का विकास सम्भव है।"

जवाहरलाल आगे कहते हैं राजप्रासादों में लोगों को बसाने की कोई योजना हमारी नहीं है पर कम से कम आम लोगों के लिये न्यूनतम छत तो होनी ही चाहिए। शहरों में जनसंख्यावृद्धि के फलस्वरूप बहुत सारी गन्दगियाँ आई हैं। हम उनको ठीक करने की कोशिश करें। (न कि उन्हें और भी खराब होने के लिए संकट को और बढ़ने के लिए छोड़ दें–मेरा भाष्य)

जवाहरलाल के पत्र में लेकिन आखिरी पैराग्राफ सबसे महत्वपूर्ण था जिसमें उन्होंने कहा "मैंने वर्षों पहले हिंद स्वराज पढ़ा था, वह उस वक्त बहुत ही अवास्तविक लगता था। पर उस ग्रन्थ के प्रकाशन के बाद से आपके लेखों और वक्तव्यों में बहुत बड़े परिवर्तन आए हैं जो आपकी पिछली अवधारणाओं की अपेक्षा कहीं अधिक सुसंगत तर्कयुक्त और अग्रगामी हैं, आपने आधुनिक विकास की धाराओं की प्रशंसा भी की है।"

"आपने कांग्रेस से भी हिंद स्वराज की अवधारणाओं को लागू करने का निवेदन कभी नहीं किया। आज की तारीख में उन प्रश्नों को उठाने से भ्रम की स्थिति उत्पन्न हो सकती है और यह कांग्रेस पार्टी और आम जनता में विभाजन ला सकती है। हमें इससे बचना चाहिए। ये प्रश्न अन्तिम दौर में आजाद भारत में सुलझाए जा सकते हैं। लगभग 38 वर्ष पूर्व आपने जब हिंद स्वराज लिखा था तब से दुनिया बेहद बदल गयी है। हमें आज के सन्दर्भ में विचार करना पड़ेगा। आपने हमारी सभ्यता के बारे में जो चिन्ता व्यक्त की है उससे हम सहमत हैं, यह तो दिखलाई पड़ रहा है कि आज विश्व आत्महत्या की ओर झुक रहा है। एक अशुभ तत्व बीज के रूप में हमारी सभ्यता को प्रभावित कर रहा है। इस बुराई से कैसे पार पाया जाय यह केन्द्रीय प्रश्न है। अतीत में ही सब कुछ अच्छा नहीं था। वर्तमान में भी अच्छाइयाँ हैं, उन्हें कैसे सँजोया जाय यह प्रश्न है।"[1]

जवाहरलाल के इस पत्र और नवम्बर 12 की लम्बी बातचीत से महात्मा पुनः आश्वस्त हो गए और उन्होंने कहा कि जो हमारे बीच विचार विनिमय हुआ उससे लगता है कि हमारे बीच कोई बुनियादी मतभेद नहीं है बल्कि हमारे विचारों में काफी साम्यता है।[2]

गांधी ने इस पूरे बहस को चार बिन्दुओं में समेटा–

1. व्यक्ति की नैतिक, मनोवैज्ञानिक, आर्थिक, बौद्धिक, राजनैतिक बेहतरी किस प्रकार से की जाय यही मुख्य प्रश्न है। गांधी ने नेहरू से सहमति जताते हुए कहा कि मैं इसके बारे में आपसे पूर्णतः सहमत हूँ।
2. बराबरी का अधिकार और बराबरी का मौका हर एक को मिलना चाहिए।
3. गाँव और शहरवासियों में भोजन, आवास, कपड़े के मामले में बराबरी होनी चाहिए। इसके लिए लोगों को स्वयं उत्पादन करना पड़ेगा।
4. मनुष्य सामाजिक प्राणी होता है और उसका विकास होना आवश्यक है। इकाई छोटी होनी चाहिए। यह छोटी इकाई गाँव ही हो सकती है।[3]

---

1. पारेल, एन्थोनी जे.। पूर्वउद्धृत। पृ. 155
2. वही।
3. वही, पृ. 156

वस्तुत: गांधी-नेहरू के बीच जो असहमतियाँ बनी थीं इन्हीं पत्रों और वार्तालाप के माध्यम से एक हद तक सुलझ गयी थी और कुछ असुलझी भी पड़ी रहीं। गांधी को भी दिखलाई पड़ रहा था कि असहमतियों के भीतर यदि झाँक कर देखा जाय तो वास्तविकता में ऊपर से दिखनेवाली असहमतियों के भीतरी सतह में उन दोनों के दृष्टिकोणों में कोई बुनियादी अन्तर नहीं है। इसे गांधी ने अपने 13 नवम्बर सन् 45 के पत्र में स्वयं स्वीकार किया है।

आम तौर पर जिन प्रश्नों पर गांधी-नेहरू असहमति बार-बार खोजा जाता है। गांधी ने उन अधिकांश प्रश्नों का निराकरण कर दिया। महादेव देसाई ने एक दिलचस्प वाकया गांधी और प्रसिद्ध हालीवुड अभिनेता चार्ली चैपलिन की बैठक के बारे में दिया है। चैपलिन ने गांधी से प्रश्न किया "कल्पना कीजिए कि हिंदुस्तान में रूस जैसी परिस्थिति होती और आपको अपने बेरोजगार जनता के लिए दूसरे काम मिल जाते और साथ ही बराबरी की सम्भावना बन जाती तो क्या फिर भी आप उस मशीन से घृणा करते। सम्भवत: आप उस मशीन से काम के घण्टे कम कर सकते हैं और औसत मजदूर के अवकाश के लिए ज्यादा समय निकाल पाते।"[1] गांधी ने चैपलिन के वक्तव्य से सहमति जताई (ऐसी स्थिति में वे मशीन के खिलाफ नहीं थे–मेरा भाष्य), वे मूलत: मशीन के अन्यायपूर्ण व्यवस्था के पक्ष में उपयोग के खिलाफ थे।

गांधी मूलत: अहिंसक माध्यम से बराबरी लाना चाहते थे। अगर उन्होंने व्यक्तिगत सम्पत्ति को मान्यता दी तो इसका कारण यह नहीं था कि वे निजीकरण के पक्षधर थे पर वे अहिंसक माध्यम से निजीकरण और व्यक्तिगत सम्पत्ति को समाप्त करना चाहते थे। वे सम्पत्ति को न तो व्यक्तिगत मालिकाना में रखना चाहते थे और न ही सम्पत्ति को राज्य के हवाले दे डालना चाहते थे। वे सम्पत्ति को ईश्वर के हवाले करना चाहते थे।[2]

1934 में गांधी ने कांग्रेस की औपचारिक सदस्यता छोड़कर रचनात्मक कार्य में अपने को पूरी तरह से डुबो दिया था। हालाँकि उसके बाद 1942 में भारत छोड़ो आंदोलन में उनके नेतृत्व की जरूरत पड़ी, आम जनता और कांग्रेस दोनों का आग्रह था कि वे सन् 42 के 'भारत छोड़ो' आंदोलन का नेतृत्व करें। यही वजह था कि वे सन् 42 में पुन: राजनैतिक मंच की ओर मुड़े। सन् 42 के बाद पुन: 1946-47 के भीषण दंगों ने गांधी को हिला दिया था और गांधी का परिव्राजक मन पुन: निकल पड़ा था नोआखाली से लेकर बिहार और आगे

---

1. नन्दा, बी.आर.। पूर्व उद्धृत। पृ. 378
2. वही। पृ. 380

दिल्ली तक की यात्रा पर। पर इन सभी मौकों पर जवाहरलाल गांधी के अभिन्न सहयोगी और शिष्य बने रहे। जिस प्रकार से गांधी ने नेहरू के अन्दर एक सर्वधर्मसमभावी, समतावादी और अहिंसक, सत्यनिष्ठ उत्तराधिकारी का आविष्कार किया, उसी प्रकार से एक निहायत ही आधुनिक, डंके की चोट पर समाजवादी और गणतन्त्रवादी नेहरू के लिए गांधी भी बेहद आवश्यक सम्बल थे क्योंकि गांधी हिंदुस्तानी मन को आंदोलित करने का रहस्य जानते थे उनके हाथों में वह जादू की छड़ी थी जिससे यह धीमी, अर्धसुषुप्त, ग्रामीण जनता को नाटकीय रूप से मग्न इन्कलाबी बना दे सकते थे। दोनों, गांधी और नेहरू, एक दूसरे पर आश्रित थे, इस हद तक कि, जब महात्मा की हत्या हो गयी तो अन्त्येष्टि के इंतजाम में लगे गमगीन जवाहरलाल अचानक बोल बैठे "चलिए बापू से पूछ लिया जाय अब कि क्या किया जाय।" उसी समय उन्हें याद आया कि बापू तो अब उनके बीच नहीं रहे।

गांधी ने सन् 42 में लुई फिशर से कहा था कि स्वतन्त्रता प्राप्ति के पश्चात किसान जमीन पर स्वत: ही काबिज हो जाएँगे चूँकि सबै भूमि गोपाल की है, यह किसी जमींदार या राजा का व्यक्तिगत मालिकाना नहीं है। गांधी के सूत्र को ही पकड़कर जवाहरलाल ने 1948 में जमींदारी खात्मा अधिनियम पास किया पर गांधी के एक दूसरे शिष्य विनोबा भावे ने इसी दौर में पूरे देश के पैमाने पर गरीब और सर्वहारा किसान के लिये शक्तिशाली और धनाढ्य भूमिस्वामियों से जमीन माँगना शुरू किया। यह विश्व इतिहास में अभी तक का सबसे बड़ा अहिंसक भूमि सुधार था। भूदान आंदोलन 1951 से शुरू हुआ और 1969 तक चला। 1967 तक विनोबा को 42,64,096 एकड़ जमीन भूमिहीन किसानों और खेत मजदूरों में बाँटने के लिए मिल गयी थी।[1]

विनोबा इस 'भूदान' आंदोलन को एक कदम और आगे 'ग्रामदान' तक ले गए थे। जवाहरलाल ने इस आंदोलन को ग्रामीण कृषि क्षेत्र में सहकारी आंदोलन को विकसित करनेवाले कदम के रूप में देखा। कृषि में निजी स्वामित्व के माध्यम से उत्पादन वृद्धि में नेहरू का यकीन नहीं था। 1958 में विनोबा गुजरात की भूदान पदयात्रा पर थे। प्रधानमंत्री जवाहरलाल नेहरू विनोबा से मिलने इस पदयात्रा के दौरान गुजरात गए और कहा कि "भूमि समस्या हमारे सम्मुख सबसे बड़ी समस्या है। विनोबा का कहना है कि कृषि में निजी सम्पत्ति समाप्त की जाय। जमीन व्यक्ति के नहीं बल्कि समुदाय के हाथों छोड़ा जाय। विनोबा का कथन सही है लेकिन जमीन

---

1. आयंगर, सुदर्शन। भूदान मूवमेन्ट एज़ ए गांधीयन एप्रोच टू रिसोर्स डिस्ट्रीब्यूशन एण्ड डेवेलपमेन्ट। नई दिल्ली, 2006, पृ. 7

महज समुदाय के हाथों आ जाय, यह पर्याप्त नहीं है। हमें सामुदायिक खेती करने के लिए उपयुक्त संगठन बनाना होगा।"[1]

जवाहरलाल की विनोबा के भूदान यात्रा में रुचि दिखलाती है कि वे किस प्रकार से जमींदारी खात्मा अधिनियम 1948 और विनोबा के प्रयत्न को जोड़कर अहिंसक ढंग से सामुदायिक खेती की पहल कर रहे थे। सहकारिता आंदोलन की पहल भी सरकार इस बीच ले चुकी थी। जवाहरलाल की दृष्टि रूसी कोलखोज और चीनी कम्यून पर निबद्ध थी, पर वे जोर जबर्दस्ती से सामुदायिक खेती का आयोजन नहीं करवाना चाह रहे थे, वे स्वेच्छा से, अहिंसक माध्यम से लोकतान्त्रिक शैली में सामुदायिक खेती को भारतीय कृषि क्षेत्र में समाजवाद और गांधीवाद के मिलेजुले प्रयोग के रूप में देखना चाह रहे थे। पर नौकरशाही ने इस पर ध्यान नहीं दिया और नतीजतन यह प्रयोग भी निष्फल रहा। सुबाई सरकारों का भी ध्यान इस ओर आकृष्ट नहीं किया जा सका। कांग्रेस पार्टी के अन्दरुनी संयुक्त मोर्चे के ढीलेढाले छतरी के नीचे एक मजबूत गांधीवादी या समाजवादी रुझान का प्रयोग करना काफी हद तक मुश्किल था चूँकि दक्षिणपंथ और सरकारी तन्त्र अभी भी 1947 के पहले के पुराने औपनिवेशिक ढर्रे से बहुत अलग नहीं हो पाया था।

इस सन्दर्भ में एक और पहल की तरफ भी ध्यान दिलाना आवश्यक है और वह है 1955 में अवाडी कांग्रेस अधिवेशन में नेहरू द्वारा समाजवादी ढाँचे का समाज (सोशलिस्टिक पैटर्न आफ सोसाइटी) तथा संसद में भी इस आशय का प्रस्ताव पास करवाना। सन् 1936 में नेहरू द्वारा समाजवाद की घोषणा के साथ वैज्ञानिक समाजवाद की शर्त लगी हुई थी और इस मायने में उन्होंने अपने को शुरुआती दिनों के युटोपियाई फेबियन सोशलिस्ट की धारा से अपने को अलग कर लिया था। 1955 में कांग्रेस जैसे संयुक्त मंचीय दल के अन्दर विभिन्न स्रोतों और वर्गहितों के बीच तारतम्य बनाते हुए और साथ ही साथ गांधी के सर्वोदय तथा न्यासी सिद्धान्त प्रभाव में उन्होंने लोकतान्त्रिक समाजवाद का एक नया माडल खड़ा किया। वस्तुतः 'समाजवादी शैली का समाज' एक ऐसा नारा था जो भारतीय सन्दर्भ में समाजवाद का रास्ता बहुत हद तक तय करता था। देशी पूँजीपतियों के कमजोर हैसियत के चलते और एकाधिकारी पूँजी के प्रभाव से अर्थतन्त्र को मुक्त रखने के लिये जवाहरलाल ने सार्वजनिक क्षेत्र, निजी पूँजी क्षेत्र और कुटीर उद्योगों का एक नया कोआलिशन (गठबन्धन) निर्मित किया। योजना आयोग का भी भरपूर इस्तेमाल किया गया। मिश्रित अर्थतन्त्र और एक 'मध्यवर्ती' राज्य सत्ता और अर्थतन्त्र का यह एक नया

1. आयंगर, सुदर्शन। लोभराज कुमार मेमोरियल लेक्चर। भूदान मूवमेन्ट एज़ ए गांधीयन एप्रोच टू रिसोर्स डिस्ट्रीब्यूशन एण्ड डेवेलपमेन्ट। नई दिल्ली, 2006, पृ. 25

प्रयोग था। मध्यवर्ती राजसत्ता का सिद्धान्त प्रसिद्ध पोलिश अर्थशास्त्री कलेकी ने ऐसे राज्य व्यवस्था के रूप में परिभाषित किया, जो समाजवाद के चरण की पूर्वावस्था को बोधित कराता था। मध्यवर्ती राज्य वस्तुत: समाजवाद में आवश्यक रूप से संक्रमित हो सकता है, खास तौर पर नेहरूवीयन ढाँचे का मध्यवर्ती राज्य को किसी न किसी किस्म के समाजवाद में परिवर्तित होना चाहिए था ऐसी समझ इस राजनीति के स्थपति जवाहरलाल नेहरू को थी। पर 1991 में नेहरूवीयन ढाँचे को अलविदा कह दिया गया और वही मध्यवर्ती राज्य बाजार संक्रेदित पूँजीवाद में शनै:-शनै: परिवर्तित होने लगी पर 2008 से चल रहे विश्व पूँजीवादी संकट के दौर में जहाँ पिछले 40 वर्षों के बने नये त्वरित पूँजीवाद के माडल के अर्थतन्त्र एक के बाद एक गहरे आर्थिक संकट में फँसने लगे और इस दौर में भारत 8 या 9% का वृद्धिदर पर टिका रहा। दूसरी ओर चीनी लोक गणराज्य ने भी विकास के राह में थोड़ी बहुत धीमी गति होने के बावजूद उच्च विकासदर को कायम रखा है। भारत और चीन दोनों मध्यवर्ती राज्य के माडल हैं। चीन पुराने किस्म का सोवियत माडल पर आधारित 'कमाण्ड अर्थतन्त्र' से उतरकर नेहरूवीयन किस्म के मध्यवर्ती राज्य की ओर बढ़ रहा है। भारत में वामपंथ के दबाव में यू. पी. ए. (एक) मध्यवर्ती राज्य को पूरी तरह विघटित नहीं कर पायी, अवश्य ही उस दौर में नेहरूवीयन ढाँचे में काफी मात्रा में नये संयोजन और सुधार किए गए हैं, पर अभी भी यह है। संशोधित नेहरूवीयन ढाँचा कुछ मूल सन्दर्भों में टिका हुआ है। उच्च विकासदर कायम रखने में अगर एक हद तक निजीकरण, उदारीकरण और वैश्वीकरण कारक बनते हैं तो दूसरी तरफ विकास के आधार संरचना और आज के वैश्विक संकट के दौर में पुराना अंशत: संशोधित नेहरूवीयन ढाँचा ही काम में आ रहा है। 1929 के पश्चात कीन्सियन फार्मूले के आधार पर लोककल्याणकारी राज्य और सार्वजनिक क्षेत्र बुनियादी उद्योगों और इन्फ्रास्ट्रक्चर क्षेत्र पर जोर दिया गया। विश्व आर्थिक व्यवस्था का संकट इस वजह से कुछ हद तक टल गया था, पर जब भारत आजाद हुआ तो उत्तर औपनिवेशिक राज्य (पोस्ट कोलोनियल स्टेट) में दो मूल धाराओं का संगम हुआ पहली धारा थी गांधीवादी अर्थशास्त्र जिसके बुनियाद में स्वनिर्भर गाँव जनतन्त्र जो प्राचीन जजमानी व्यवस्था का 20वीं सदी में विस्तार था। पर गांधी की राय थी कि भारतीय गाँवों में बुनियादी सुधार होने चाहिए। वे गाँव समाज के अनक्रिटीकल अंधे प्रेक्षक और समर्थक नहीं थे। गाँव जिस प्रकार से जात-पात, गन्दगी, ईर्ष्या और परिवर्तन विरोधी लोगों का जमावड़ा हो चुका था उसे समाप्त कर नये तर्ज पर वे 20वीं सदी के समाज में एक नेतृत्वकारी अग्रिम दस्ते के रूप में गाँव को पेश करने की कोशिश की कल्पना और कार्यक्रम उनके पास थी। यह तीसरी दुनिया के क्रांतियों

के लिये एक वैकल्पिक माडल था जहाँ एक ओर चीनी इन्कलाब को किसानक्रांति का दर्जा दिया जा रहा था तो दूसरी ओर गांधी ने भारतीय गाँवों को नये किस्म के राष्ट्रवाद की धुरी बताया।

राष्ट्रवाद अभी तक पूँजीवाद और नागरीकरण, का उत्पाद था। भारतीय राष्ट्रवाद का मूलतत्व भारत में गांधी ने 'ग्राम समाज' में देखा। वस्तुत: गांधी नयी राज्य व्यवस्था और राष्ट्रतन्त्र जो पश्चिम में विकसित हुआ था उसकी जगह एक वैकल्पिक 'सभ्यताई माडल' के तहत राष्ट्र की संकल्पना देखते थे। नेहरू ने अपने उत्तर औपनिवेशिक राष्ट्र निर्माण के दौर में गांधी की नूतन दृष्टि का यथासम्भव समावेश किया। गाँव में पंचायती राज, सामुदायिक विकास योजना, सहकारी किसान के लिये राज्य द्वारा सुविधाओं का मुहैया करना वस्तुत: गाँव के जनतांत्रिक ढाँचे को सशक्त तो बनाता ही था। इसके अतिरिक्त यह गाँव को स्वायत्तता (ग्रामीण गणतन्त्रवाद) और भारतीय राष्ट्रवाद का सार्थक आधार भी बनाता था। शिक्षा और स्वास्थ्य पर विशेष ध्यान दिया गया। एक तौर पर नेहरू के ये कदम ग्राम्चीयन विचारदर्शन में 'रिसोरजिमिंटो'[1] कहलाएँगे जबकि गांधी का असहयोग आंदोलन 'वार आफ पोजिशन' था और उनका रचनात्मक कार्यक्रम पर जोर 'वार आफ ट्रेचेंस'[3] के रूप में परिभाषित किया जा सकता है। ग्रामीण जीवन, अर्थतन्त्र, गाँव जनतन्त्र और स्वशासन के एकमुश्त कार्यक्रम नेहरू ने योजनाओं के माध्यम से और सरकारी नीतियों के जरिये देश के विकास रणनीति में समायोजित किया। लघु और कुटीर उद्योग, ग्रामीण उद्योगों को आरक्षण देकर उन्हें 'स्वायत्त' बनाने की शुरुआत की।

वस्तुत: जापानी संदर्भों में बड़े उद्योगों और कुटीर और लघु उद्योगों के विकास का एक माडल बना था पर जापानी माडल में लघु, कुटीर उद्योग की भूमिका बड़े उद्योगों के लिए एक सहायक के रूप में निभाहना था। भारत में गांधी दृष्टि के चलते कुटीर उद्योग की भूमिका बड़े उद्योग या शहरीकरण को प्रोत्साहित नहीं करता था बल्कि गाँव को बेहतर और स्वायत्त बनाना था। कुटीर और लघु उद्योगों में आरक्षण और प्रोत्साहन की नीति का ही प्रभाव था कि भारत में विदेशी मुद्रा की आमदनी बड़े उद्योंगों के क्षेत्र से नहीं आया बल्कि कुटीर और लघु उद्योग से ही आया।

वस्तुत: भारी और बुनियादी उद्योगों में सार्वजनिक क्षेत्र, उपभोक्ताजन्य उद्योगों में निजी पूँजी क्षेत्र और कुटीर लघु उद्योगों में ग्रामीण जनता, कारीगर और आम जनता की भागीदारी से एक नया समुच्चय बनता था जो भारत में ही बन सकता था चूँकि भारत मूलतौर पर एक दस्तकारी मुल्क था जो उपनिवेशबाद के

चपेट में आकर 'पराश्रित (डिपेन्डेन्ट) इकोनोमी' की ओर बढ़ रहा था। राष्ट्रीय पूँजीपति वर्ग अभी भी महाजनी पूँजीवाद से उभर भी नहीं पाया था और दूसरी ओर उसकी क्षमता भी नहीं थी कि वह बुनियादी क्षेत्र के विकास का जिम्मा ले।

इसलिए नेहरूवीयन अर्थशास्त्र विकास की एक नयी धारा बनी यह उत्तर मंदी युग (1929 के महान मंदी के पश्चात्) यूरोप में बने शास्त्रीय कीन्सियन या लेनिनिस्ट मिश्रित अर्थतन्त्र या जापान में भारी-उद्योगों के सहायक भूमिका में कुटीर और लघु उद्योग, की अपेक्षा भिन्न माडल था। लघु और कुटीर उद्योगों को पनपाने, जीवित रखने के मायने में यह विश्व का सबसे बड़ा प्रयोग था चूँकि यूरोप और अमेरिका के औद्योगिकीकरण ने लघु-कुटीर उद्योगों को दफन करके अपनी यात्रा शुरू की थी। सोवियतनीत समाजवादी अर्थतन्त्र में भी कुटीर और लघु उद्योग की गुंजाइश नहीं थी। विकास की यह धारा गांधीयन-नेहरूवीयन तर्ज पर (प्रसिद्ध सोवियत विचारक उल्यानोवस्की के गैर-पूँजीवादी रास्ते नान कैपिटलिस्ट पाथ आफ प्रोग्रेस) एक मजबूत नमूना बन सकता था। दुर्भाग्य से इस प्रयोग को 1977 और फिर 1980 में और फिर 1991 में पूरी तरह से ठप कर दिया गया। तत्कालीन वित्त मंत्रालय और प्रधानमंत्री नरसिम्हा राव के नेतृत्व में कांग्रेस और सरकार ने नेहरूवीयन ढाँचे को अलविदा कह दिया। प्रकारान्तर से यह गांधीयन ढाँचे को भी अलविदा कहना था। 2008 के आर्थिक संकट के बाद अमेरिकी जगत में भी मिश्रित अर्थतन्त्र और यूरोप में आगे बढ़े हुए पूँजीवादी लोक कल्याणकारी राज्यों में पुन: राष्ट्रीयकरण का दौर चला है। चीन में एक जमाने में कमाण्ड इकोनोमी था वह भी अब मिश्रित अर्थतन्त्र की तरफ लौट रहा है। चाहे हम मानें या न मानें पर तथ्यत: 'नेहरूवीयन अर्थशास्त्र का विस्तार' अब इस संकट के दौर में पूरे विश्व में विमर्श स्तर के पुन: लौट आया है।

12

विश्व शांति गुट निरपेक्षता और गांधी-नेहरू दृष्टि

जवाहरलाल अपने जमाने के भारतीय नेतृत्व वर्ग की पाँत में अन्तर्राष्ट्रीय प्रश्नों पर सबसे अधिक सजग थे। कांग्रेस में अन्तर्राष्ट्रीय सम्बन्धों पर विशेष सेल का निर्माण उन्होंने ही किया। 1945 में जर्मनी, जापान और इटली के पराजय से फिलहाल फासीवाद पराजित हो गया था। फासीवाद के विरुद्ध संग्राम को जवाहरलाल भारतीय स्वातन्त्र्य संग्राम का एक अभिन्न अंग अन्तर्राष्ट्रीय स्तर पर मानते थे पर सुभाषचन्द्र बोस जैसे नेता इसे नहीं मानते थे। उन्हें शार्टकट चाणक्यीय मध्ययुगीय रणनीति के तहत 'शत्रु का शत्रु मित्र सिद्धान्त' में अधिक आस्था थी। इसलिए उन्होंने फासीवादी जर्मनी और सैन्य तानाशाही वाले जापान से मदद माँगी। यह रणनीति न केवल भारतीय स्वातन्त्र्य आंदोलन के लिए बल्कि पूरे विश्व जनतांत्रिक आंदोलन को नुकसान पहुँचाता। जवाहरलाल की दृष्टि इस प्रश्न पर साफ थी।

सन् 45 में द्वितीय विश्वयुद्ध की समाप्ति के तुरन्त बाद अमेरिकी बनाम सोवियत खेमे में शीतयुद्ध शुरू हो गया, ये दोनों शक्तियों के बीच दुनिया का ध्रुवीकरण हो गया। प्रभुसत्ता की परिभाषा बदल गयी। ऐसी स्थिति में भारत आजाद हुआ और भारत की आजादी के साथ-साथ पूरे विश्व में साम्राज्यवाद का वर्चस्व एक-एक करके टूटने लगा और गुलाम देश आजाद होने लगे।

नेहरू की गुट निरपेक्ष नीति के पीछे तीन मुख्य तत्व हैं। भारत की आजादी की लड़ाई मूलत: भारत में औपनिवेशिक शासन के विकल्प में लोकतन्त्र और नेहरूवीयन राष्ट्र राज्य के रूप में विकसित करना प्रथम वरीयता थी। दूसरे महायुद्ध के पश्चात शीत युद्ध शुरू हो गया था। एक ओर अमेरिका और उसके सहयोगी देश थें जो मूलत: साम्यवाद और समाजवाद के खिलाफ थे और दूसरी ओर सोवियत यूनियन और हाल ही में बने यूरोपीय समाजवादी देश थे और एशिया में समाजवादी चीन था। नेहरू का लोकतान्त्रिक समाजवाद सोवियत शैली के मजदूर वर्ग के तानाशाही से पूरी तरह से सहमत नहीं था। हालाँकि भारत सोवियत यूनियन के शुरुआती सोवियत

गणराज्य के लिए सहानुभूति रखती थी पर नेहरू की दृष्टि खासतौर पर स्टालिन के मास्को और कीव मुकदमों के बाद सोवियत ढाँचे के ब्यूरोक्रैटिक तानाशाही रूप का पक्षधर नहीं था।

गांधी की दृष्टि में अहिंसा और शांति दो सबसे बड़े प्रश्न थे जिसे तीसरी दुनिया के देशों को आगे ले चलना था चूँकि एक ओर साम्राज्यी पूँजीवादी दुनिया यूरोप और अमेरिका था, इन्होने अपनी 'साम्राज्यी विशेषाधिकार' को अभी भी पूर्णरूप से अपने पास सुरक्षित रखा था। सोवियत यूनियन के प्रति गांधी की दृष्टि में उस प्रकार की सहानुभूति नहीं थी जिस प्रकार से जवाहरलाल रखते थे। गांधी के 'शांतिवाद' को चुनौती द्वितीय महायुद्ध के दौर में मिलना शुरू हुआ। प्रथम महायुद्ध के दौरान वे पूरी तरह से अहिंसक शांतिवादी नहीं बन पाए थे। दक्षिण अफ्रीका में भारतीय समुदाय की ओर से प्रतिवाद के अस्त्र के रूप में सत्याग्रह के प्रयोग को उन्होंने भारत में 1920-21 के दौर में दुहराया। रौलट एक्ट के खिलाफ भी गांधी ने सत्याग्रह की पहल की थी पर कांग्रेस संगठन पर तब तक गांधी का अधिकार नहीं बन पाया था।

असहयोग आंदोलन के पश्चात गांधी की अन्तर्राष्ट्रीय दृष्टि 'शांतिवाद' की तरफ लगातार मुड़ती जा रही थी। सन् 1931 में रोमा रोलाँ जो यूरोप के एक प्रमुख शांतिवादी थे उनसे भी गांधी का रिश्ता मजबूती से बनना शुरू हुआ। तालस्ताय से लेकर रोमा रोलाँ तक की यात्रा गांधी के 'शांतिवादी' बनावट को क्रमशः मजबूत कर रही थी।

द्वितीय महायुद्ध एक चुनौतीपूर्ण घटना थी गांधी के लिए। इस दौर में गांधी ने जहाँ एक ओर 'शांतिवादी अपील' ब्रिटेनवासियों से और यहाँ तक कि हिटलर से भी की पर वे धीरे-धीरे वे आश्वस्त होते जा रहे थे कि युद्ध के दौर में पूरी तरह से 'शांतिवादी' रहने के बावजूद उन्हें केवल नैतिक प्रतिवाद अपितु न्यायपूर्ण पक्ष की जीत के लिए प्रयत्न पर ही भरोसा कर संतुष्ट नहीं हो जाना चाहिए।

अमेरिकी पत्रकार मार्गरेट बूर्के ह्वाइट से एक वार्ता में गांधी ने 22.2.40 में इस प्रश्न के जवाब में कि आप क्या अमेरिका से एटम बम बनाने पर रोक अपील करेंगे। गांधी ने उत्तर में कहा कि इस युद्ध में जो भी जीत रहा है वह भी अन्तिम दौर में पराजित हो जाएगा। अहिंसा एटम बम की अपेक्षा अधिक ताकतवर अस्त्र है।

गांधी और नेहरू विश्व शांति के लिए दो अलग-अलग दृष्टियों बावजूद वे एक बिन्दु पर सहमत दिखते हैं और वही बिन्दु जवाहरलाल की विदेश नीति, गुटनिरपेक्ष आंदोलन के लिए सबसे महत्वपूर्ण पहल बन जाता है। नेहरू विश्वशांति, युद्ध विरोध, युद्ध पर रोक के विरुद्ध एक मिशनरी के रूप में केवल तीसरी दुनिया

में ही नहीं बल्कि पूरे विश्व में 50 के दशक के मध्य तक विश्व शांति के प्रमुख मुखपात्र और मसीहाई राजनेता बन जाते हैं। विन्सटन चर्चिल जो भारत के स्वतन्त्रता आंदोलन के घूर विरोधी थे। उनके जैसे शत्रुवत राजनेता भी बाध्य हुए जवाहरलाल की प्रशंसा करने के लिए। साम्राज्यवाद की राजनीति से उभरे विन्सटन चर्चिल जैसे एक महत्वपूर्ण राजनेता, गांधी के प्रति कभी भी आदर या श्रद्धा भाव नहीं रख पाए। गांधी उनके लिए नंगे फकीर से ऊपर उठ नहीं पाए। पर जवाहरलाल आजादी के लड़ाई के नायक के रूप में चर्चिल के दृष्टि में स्वीकृत होने लगे थे। उसी चर्चिल ने 21 फरवरी 1955 को जवाहरलाल को एक पत्र में लिखा।

"मुझे लगता है कि आप वह कर सकेंगे जो अन्य कोई व्यक्ति नहीं कर सकेगा। आप भारत को कम से कम विचारों के क्षेत्र में नेतृत्व देंगे साथ ही सारे एशिया को भी। आप वहाँ व्यक्ति की स्वतन्त्रता और गौरव का आदर्श देंगे, बजाय कम्युनिस्ट पार्टी की कवायदी किताब के हिदायतनाम के।[1]

बादुंग कान्फरेन्स से गुटनिरपेक्ष आंदोलन की रूपरेखा बनना शुरू हो जाता है। इस आंदोलन का स्वाभाविक नेतृत्व और वैचारिकी जवाहरलाल ने ही बनाया। शीतयुद्ध और नाभिकीय युद्ध का खतरा पूरे विश्व को आच्छादित कर रखा था। अमेरिका और रूस अस्थाई तौर पर द्वितीय विश्वयुद्ध में फासीवाद के खिलाफ खड़े हुए थे पर वे अब पूरे विश्व को कई बार ध्वंस करने की क्षमता लेकर आमने-सामने खड़े हुए थे।

कौन इस अँधेरे या न्यूक्लीयर जाड़े (विश्व स्तर पर नाभिकीय युद्ध के बाद सूर्य छिप जाने के साथ एक मानवहीन दुनिया का दृश्य) से विश्व को उबारने के लिए मिशनरी उत्साह से विकल्प प्रस्तुत करता! जवाहरलाल ही इस दौर के नायक थे इसलिए कि उन्होंने 20वीं सदी में सबसे बड़े और सबसे प्रभावी 'शांति आंदोलन' गुट निरपेक्ष आंदोलन के 'हिंसामुक्त समाज और युद्धहीन दुनिया बनाओ' का औजार बना दिया था। हालाँकि निर्गुट आंदोलन के निर्माण में शुरुआत में मार्शल टिटो जो स्तालिन के रुख से निराश थे लेकिन युगोस्लाविया में एक नये स्वतन्त्र किस्म के जनता और श्रमिक स्वायत्तता उन्मुख समाजवाद के शिल्पी थे उनकी महत्वपूर्ण भूमिका थी। साथ ही कर्नल गमाल अब्दुल नासेर जिन्होंने 50 के दशक में अरब दुनिया में साम्राज्यवाद विरोध में अरब लोकतन्त्र और अरबी समाजवाद का परचम उठाया था जो आज तक के इतिहास में अरब और मध्यप्रच्य दुनिया के सबसे बड़े और प्रभावी जननायक एवं विचारक थे। उनको भी जवाहरलाल ने साथ लिया था। नासेर की वाथ 'विचारधारा' मिस्त्र में ही नहीं इराक से लेकर पूरे अरब दुनिया को

1. गोपाल, सर्वपल्ली। पूर्व उद्धृत। पृ. 288

आंदोलित कर रही थी। एकमात्र सउदी अरब ऐसा पिछड़ा राजतन्त्र था जो नासेर के 'बाथ' विचारधारा की पुरजोर खिलाफत करता था और अरब दुनिया में अमेरिका का सबसे बड़ा समर्थक था। इन्दोनेशिया में डच साम्राज्यवाद के खिलाफ इन्दोनेशिया के जननायक सुकर्ण जो इन्दोनेशियाई समाजवाद का प्रयोग इन्दोनेशियाई कम्युनिस्ट पार्टी के सहयोग से कर रहे थे वे भी जवाहरलाल के साथी बने इस विश्व संग्राम में। घाना के राष्ट्रपति और विचारक राजनेता क्वामे इनक्रुमा ने भी जवाहरलाल का साथ दिया।

गुट निरपेक्ष आंदोलन और नेहरू का विश्व व्यवस्था में न्याय और शांति का आह्वान एक नयी उभरती दुनिया की सभ्य, शांतिपूर्ण, अहिंसक आवाज थी ऐसे विश्व मंच पर जिस पर यूरोप और अमेरिका ने मिलकर लगभग दो शताब्दियों से युद्ध विनाश, फासीवाद, साम्राज्यवाद, नस्लवाद और पूँजीवाद का विषवृक्ष लगाकर पूरे विश्व को अभूतपूर्व संकट में लाकर खड़ा कर दिया था।

वस्तुत: 20वीं सदी में शांति और तीसरे विश्वयुद्ध के न होने के कारणों को अगर खोजा जाय तो नेहरू और गुटनिरपेक्ष आंदोलन की विराट भूमिका स्पष्ट तौर पर दिखलाई पड़ने लगती है। यह अनायास ही नहीं था कि जब गुटनिरपेक्ष आंदोलन के दिल्ली सम्मेलन (1985) में जवाहरलाल की पुत्री श्रीमती इन्दिरा गांधी ने विश्व के इन्कलाबी सपनों के नायक फिडेल कास्त्रों से जब सदारत की जिम्मेदारी ली तो उन्होंने अपने उद्‌बोधन वक्तव्य में कहा कि "गुट निरपेक्ष आंदोलन महज तीसरी दुनिया और साम्राज्यवाद से मुक्त हुए देशों का एक गठबन्धन नहीं है बल्कि यह विश्व का सबसे बड़ा शांति आंदोलन है।"

इस शांति आंदोलन की संरचना, विचार और आंदोलन की संरचना, विचार और आंदोलन की रूपरेखा जवाहरलाल ने ही 1955 के प्रथम वाडुंग कान्फरेन्स से बनाना शुरू किया था। आज लगभग 118 देशों का यह आंदोलन विश्व मंच पर विश्व की आबादी के सबसे बड़े हिस्से का 55% प्रतिनिधित्व करता है। यह साम्राज्यवाद और उससे जनित पूँजीवाद और साथ ही साम्राज्यी शोषण के खिलाफ अब तक के इतिहास में वैश्विक संदर्भ में सबसे बड़ा गठबन्धन आज भी है।

इस पूरी यात्रा में हम देख सकते हैं जवाहरलाल का विराट व्यक्तित्व और उसके पीछे गांधी के अहिंसक समाज आंदोलन की विराट छाया।

13

सर्वधर्मसमभाव की ऐतिहासिकता

सर्वधर्मसमभाव की प्राग ऐतिहासिकता को यदि कम कर भी आँका जाय तो उसका प्रस्फुटन प्राचीन भारत से शुरू हो गया था। अशोक जैसे महान नायक सर्वधर्मसमभाव के विश्व इतिहास में संभवत: सबसे असरदार संरक्षक रहे हैं, यह अनायास ही नहीं कि जवाहरलाल ने अशोक महान और अकबर की तुलना की है। सर्वधर्मसमभाव भारतीय संस्कृति की एक लम्बी परम्परा रही है। वस्तुत: भारत एक देश के रूप में निर्मित हो पाया यह सम्भव हुआ बहुलवादी और सर्वधर्म समभावी संस्कृति के कारण।

बहुलवादी संस्कृति, समन्वयवादी संस्कृति, सर्वधर्मसमभावी संस्कृति के साथ ही साथ प्राचीन भारत में राज्य व्यवस्था, सल्तनत और मुगलकालीन साम्राज्य और अंग्रेजी राज के अन्तर्द्वंद्व से ही एक उपमहादेशीय राष्ट्र और राज्य का निर्माण हो पाया। इन विभिन्न धाराओं के भीतर से समन्वय के अन्त:सलिला का परिष्कृत रूप और भारतीय जनमानस के कामनसेन्स के आधार पर सर्वधर्मसमभावी संस्कृति की पृष्ठभूमि बनती है। पर इस सर्वधर्मसमभावी तत्वों को एक जनप्रिय परम्परा में बदलने का काम आजादी के लड़ाई की ही दौर में हुआ और उसमें गांधी और नेहरू दोनों की विशिष्ट भूमिका है। यदि साम्प्रदायिकता के बरक्स भाषा का प्रश्न उठाएँ तो हम पाएँगे कि गांधी ने बराबर हिन्दुस्तानी की वकालत की। हिन्दुस्तानी बोलचालवाली हिन्दी थी जिसमें उर्दू के शब्द भी काफी बड़े पैमाने पर शामिल थे। वस्तुत: यह उर्दू और हिन्दी के भेद को मिटा देती थी। कम्पोजिट संस्कृति के लिए भाषा का प्रश्न सुलझना अति आवश्यक था और गांधी ने हिन्दुस्तानी की वकालत कर इस प्रश्न का एक हल ढूँढ़ निकाला था।

भाषा का प्रश्न साम्प्रदायिकता के निर्माण में महत्वपूर्ण कड़ी थी। 19वीं शताब्दी के अन्तिम दिनों में एक उभयमुखता (एम्बीवैलेन्स) साहित्यिक, राजनैतिक

हल्कों में साफ-साफ दिखलाई पड़ती है। उसी प्रकार से धर्मनिरपेक्षता और सर्वधर्मसमभाव के बारे में भी एक द्वैत बना रहता है। पेन्डुलम के तरह युगीन साहित्यकार और सामाजिक राजनैतिक नेतृत्व कभी साम्प्रदायिकता के पक्ष में, तो कभी अंग्रेजी राज के पक्ष में तो कभी कदाच साम्प्रदायिकता के विरोध में और अंग्रेजी राज के खिलाफ खड़ी हो जाती थी। ये तो रही आधुनिक हिन्दुस्तान की कहानी। मध्यकालीन लेकिन मुगल साम्राज्य एक बेहद सुगठित सामन्ती ढाँचे में ढला था।

सामन्ती शासन का एक प्रमुख लक्षण है नागरिक अधिकारों का अभाव यहाँ पर यह प्रश्न नहीं उठता है कि सामन्त किस धर्म का है मुसलमान या हिन्दू? दोनों ही समान रूप से नागरिक अधिकार के विरोधी थे। दोनों एक अन्यायपूर्ण चातुर्वर्णीय व्यवस्था के पक्षधर थे चूँकि यह आभिजात्यवर्गीय सामाजिक व्यवस्था थी। यहाँ तक कि 1857 में बहादुरशाह जफर का शाही फर्मान भी दर्शाता था कि अन्तिम मुगल भी अंग्रेजी राज की गुलामी के साथ-साथ अंग्रेजी राज द्वारा वर्णाश्रमी चातुर्वर्णीय व्यवस्था की अवहेलना से भी नाराज था। पर 19वीं सदी आते-आते खासतौर पर 19वीं सदी के अन्तिम दिनों में अधिकांश आख्यान साम्प्रदायिकता के रंग में रंग जाते हैं और अंग्रेजी राज के प्रति हिन्दू बहुमत में द्वैध भाव विकसित हो जाता है पर साम्प्रदायिकता का रंग अब मजबूती से चढ़ने लगता है। भारतेन्दु हरिश्चन्द्र एक ओर प्रिंस आफ वेल्स स्वस्थ हों इसलिए ईश्वर से कामना करते हैं तो दूसरी ओर अंग्रेजी राज की भर्त्सना भी अपने लेखन में करते हैं। इसी तरह 1892 में प्रताप नारायण मिश्र ने भारत की सन्तानों को 'हिन्दी, हिन्दू और हिन्दुस्तान' नारा अपनाने के लिए अपील करते हैं।[1]

गोरक्षा आन्दोलन की अपील इस दौर में हिन्दू और हिन्दुस्तान को एकाकार कर देती है। यह एक गुणात्मक परिवर्तन है। प्रोफेसर शाहिद अमीन ने अपने लेख 'रेप्रेसेन्टिंग दी मुसलमान' में लिखा है कि 1884 में गोरखपुर से प्रकाशित होनेवाले 'हिन्दी उर्दू की लड़ाई' में एक दोहे में कहा गया "हिन्दी दफ्तर में बसाई, गऊ घाट हो बन्द, तेही क्षण चमकै हिन्द जस चमकत रविचन्द"।[2] 19वीं सदी के अन्त में आजमगढ़ के दंगों की पृष्ठभूमि में यदि इस साहित्य को हम देखें तो इस

1. मुस्लिम दलित एण्ड दी फैब्रिकेशन आफ हिस्टरी, सबालटर्न स्टडीज 12, नई दिल्ली, परमानेन्ट ब्लैक, पृ. 18
2. मुस्लिम दलित एण्ड दी फैब्रीकेशन आफ हिस्ट्री सबालटर्न स्टडीज 12, सम्पादित शैल मायाराम, एम.एस.एस. पाण्डियन, अजयस्कारिया शाहिद अमीन का लेख - रेप्रेसेन्टिंग दी मुसलमान, परमानेन्ट ब्लैक, पृ. 18

विभाजन रेखा की लकीरें स्पष्ट हो जाएँगी। गोरक्षिणी सभाएँ एक ऐसी विषयधारा बन गई थी कि उन्होंने मध्ययुग के इस मुश्तरका संस्कृति जिसको रसखान, जायसी, कबीर ने बनाया था उसे तार-तार कर दिया। पर यदि इतिहास की अधिक प्रामाणिक व्याख्या को माना जाय जिसके तहत "इतिहास कभी भी ठुकराता नहीं है अगर वह किसी शक्ल में दुहरा जाय तो वह प्रहसन मात्र होता है।" उसी प्रकार से आज की तारीख में यदि गोरखपुर के महन्त अवैद्यनाथ और परवर्ती महन्त आदित्यनाथ द्वारा फैलाया जा रहा हिंदुत्व वह गति नहीं पकड़ पा रहा है, चूँकि आज जनता की चेतना में इजाफा हुआ है।

वस्तुतः पूरे 19वीं शताब्दी में एक दुविधाग्रस्त मनोभाव खास तौर पर उभरते हुए नये मध्यमवर्ग में दिखलाई पड़ता है। यह दुविधा एक पूरे-के-पूरे पुराने समाज जिसमें सामन्तवाद, चातुर्वर्णीय व्यवस्था के साथ-साथ पुरानी प्रभुवर्गीय एकता में भी देखी जा सकती है। जहाँ हिन्दू और मुस्लिम का अन्तर मिट जाता है। मुस्लिम प्रभुवर्ग और हिन्दू प्रभुवर्ग दोनों सामन्ती अवशेष थे पर हिन्दू प्रभुवर्ग अपेक्षाकृत संख्या में बहुमत, चातुर्वर्णीय व्यवस्था के शीर्ष में रहने के कारण अधिक शक्तिशाली, अधस्तनों की बड़ी संख्या पर वर्चस्व और पश्चिमी शिक्षा के प्रति कोई जेहादी भाव नहीं होने के कारण लम्बे दौर पर भिन्नधर्मी सामन्ती शासन के अन्तर्गत रहने के कारण उसकी हिंसा अधिक प्रबल हो गई थी अपने ही अन्त्यजों अवर्णों के प्रति। चूँकि उनकी स्थिति विद्रोही नहीं रह गयी थी इसलिए यह प्रभुवर्ग अधिक खतरनाक बन गया था। एक ओर समझौतावादी, बहुलवादी, आन्तरिक वर्चस्व पर दूसरी ओर बहिसमर्पण की एक लगभग स्थायी दोमुँही परम्परा बन गयी थी।

पर दूसरी ओर एक निःशब्द लेकिन व्यापक पैमाने पर फैली 'अन्य परम्परा' भी थी। यह अन्य परम्परा साम्राज्य और बड़े सामन्तों से कोसों दूर थी। यह परम्परा आम आदमी, दूर-दराज के गाँव, गरीब, सताए हुए लोगों की सवालटर्न चेतना से बनी थी, जो आम तौर पर कस्बाई और शहरी आभिजात्यवर्गीय झगड़ों से अलग थी। हालाँकि पूरी तरह से अप्रभावित भी नहीं थी। इस परम्परा में एक साथ ताजिया उठाने से लेकर पीर, दरगाह, सत्यपीर की कथा और निर्यातितों की एकता थी। ये सभी निष्कासित थे उस आभिजात्यवर्गीय समाज से जिसमें ललक थी छोटी बड़ी सत्ता हासिल करना। यह एक ऐसी दरिया थी जो अपनी गति से एक समाज की अन्तरात्मा में अनवरत बहती रहती थी। इसको समाजशास्त्रियों ने 'लघु परम्परा' (लिटिल ट्रेडिशन) के रूप में पहचाना वस्तुतः यही ग्रेट ट्रेडिशन (महान परम्परा) थी। पर छोटे लोगों की चीजें तो छोटी ही

मानी जाती रही हैं। पर गांधी का सर्वधर्मसमभाव इसी लिटिल ट्रेडिशन का परिष्कृत रूप है।

सर्वेश्वरवाद और बहुदेववाद तथा समन्वयवाद खासतौर पर हिन्दू जनमत में एक स्वीकार्यधारा थी। भारतीय इस्लाम भी इससे अछूता नहीं रह पाया और सुफी और भक्ति की धारा अपने-अपने दायरे में बनी।

जहाँ तक राष्ट्र बनाने का प्रभुवर्गीय प्रकरण का सन्दर्भ आता है तो हमें यह स्वीकार करने में हिचक नहीं होनी चाहिए कि तथाकथित ग्रेट ट्रेडिशन (प्रभुवर्गीय परम्परा) उस तरह का सर्वधर्मसमभावी समाज नहीं बना पाया जैसा कि लिटिल ट्रैडिशन के लोग बना चुके थे। ग्रेट ट्रेडिशन (प्रभुवर्गीय परम्परा) का राष्ट्र अभी भी आंशिक, लड़खड़ाता हुआ असमाप्त इमारत थी क्योंकि प्रभुवर्गीय दैनन्दिन कसरत सत्ता छीनने की, होड़ में, लूट में आगे बढ़ने की थी। स्वाभाविक है कि ऐसे ठाँचे विखण्डन की ओर तो ले ही जाते हैं और यह खण्डित भविष्य को ही बनाते हैं। प्रसिद्ध इतिहासविद प्रो. ताराचन्द ने इस उहापोह को निम्नलिखित शब्दों में बयान किया है।

"भावुकता चाहे जितनी भी हो, वास्तविकता को तटस्थ और प्रत्यक्ष रूप से देखना आवश्यक था। इतिहास में भारत एक कल्पित आदर्श था। यह वास्तविकता नहीं थी। उदाहरण के लिए ईसा से 3 शताब्दी पूर्व मौर्य सम्राटों के समय में लगभग 50 वर्षों तक और खिलजी और तुगलक के समय में थोड़े समय तक मुगल सम्राटों के समय 16वीं शताब्दी से लेकर 18वीं शताब्दी के आरम्भ और अन्त में अंग्रेजों के समय में 100 वर्षों से अधिक राजनैतिक एकता रही।"[1]

कमजोर धागों पर टिकी एकता और बेनेडिक्ट एण्डरसन के अनुसार काल्पनिक समुदाय और राष्ट्र की नीव को निर्णयात्मक ढंग से एक साम्राज्य विरोधी मंच पर खड़े करने की राजनैतिक रणनीति का पूरा इस्तेमाल महात्मा गांधी और नेहरू के इस 'ऐतिहासिक साझा' ने ही सम्पादित किया। धर्मों में, जातियों में, भाषाओं में, परम्पराओं में, लोकसंस्कृति में बहुआयामी भिन्नता को एकता के सूत्र में पिरोने का काम न ही 1857 में सम्भव हो पाया था, न ही कालान्तर में तत्कालीन आंदोलन जैसे कि गोबध विरोधी आंदोलन और उसके जवाब में मुस्लिमलीगी आंदोलन, न ही कम्युनिस्टों के वर्गीय आंदोलनों, न ही हिन्दू महासभाई शुद्धि या मुस्लिम तबलीक और न ही रियासतों और प्रांतों में भाषागत भिन्नता के आंदोलनों और परिपाटी के द्वारा सम्भव था उपरन्तु राष्ट्रीय एकता का परिदृश्य निहायत ही

1. प्रो. ताराचन्द। भारतीय स्वतन्त्रता आंदोलन का इतिहास। खण्ड 4। सूचना एवं प्रसारण मन्त्रालय भारत सरकार, 1984, पृ. 228

निराशाजनक था। अंग्रेजी राज को यह स्वाभाविक अनुकूलता मिली हुई थी जिस पर साम्राज्य का दारोमदार टिका था। महात्मा गांधी ने हिन्द स्वराज में ठीक ही कहा था अंग्रेजों को साम्राज्य बनाने का मौका हमीं ने और हमारी विखण्डित तन्त्र और परिस्थिति ने दिया। उनका यह कथन कम्पनी बहादुर को बहादुर किसने बनाया एक महत्वपूर्ण टिप्पणी है।

1920-21 गांधी का असहयोग-खिलाफत का संयुक्त मंच लाहोर कांग्रेस में पूर्ण आजादी की घोषणा, सन् 30 का नमक सत्याग्रह, सन् 32 में पूना पैक्ट, 1934 में कांग्रेस सोशलिस्ट पार्टी का बनना, अ. भा. किसान सभा, आल इण्डिया ट्रेड यूनियन कांग्रेस, आल इण्डिया स्टुडेण्ट फेडरेशन का बनना, ये सभी गांधी-नेहरू साझा की रणनीतिक कड़ियाँ हैं जिसने एक विराट जन आंदोलन से तपकर एक नये किस्म की एकता को बनाया। वर्तमान भारतीय गणराज्य की एकता की दीवार भी यहीं से बनी थी।

आखिर प्रताप नारायण मिश्र के 'हिन्दी हिन्दू हिन्दुस्तान' के नारे को अतिक्रमित किया स्वराज, हिन्दू-मुस्लिम एकता और समाजवाद के नारे ने, जिसको जनप्रिय और जनस्वीकार्य बनाने में गांधी और नेहरू की फैसलाकुन भूमिका थी।

शाहिद अमीन ने अपने लेख 'रिप्रेसेंटिंग दी मुसलमान' में 'हिन्दू अग्रारियन पास्ट' में जिक्र किया कि रामगरीब चौबे जो 1899 में वरिष्ठ लिपिक थे ग्रियर्सन के लिंगुइस्टिक सर्वे आफ इण्डिया में, उन्होंने एक लोकप्रिय पुस्तक 'भाषाविज्ञानकुर' प्रकाशित की। इस पुस्तक के प्रस्तावना में चौबे ने कहा कि यह पुस्तक 'निज देश के बालकों के लाभ के लिए' लिखी गई है।[1] यह पुस्तक भाषाई एकता की बात करता है। चौबे कहते हैं कि भारत में प्रचलित बोलियाँ और भाषाएँ किसी एक भाषा से ही उभरी होंगी (किसी समय में) इसका कारण उन्होंने लेकिन धर्म में खोजा है जब भारत में एक ही धर्म का बोलबाला था तब से भाषाएँ बनीं।[1]

शाहिद अमीन ने दूसरा पाठ्य 'कृषि कर्म सुधारें' 1874 को प्रस्तुत किया। यह पुस्तक मूलत: मौलवी उलफत हुसैन नार्मल स्कूल दिल्ली ने 'किमियाजरियत' के नाम पर लिखी थी। इसका अनुवाद हिन्दी में किया गया और नागपुर से यह प्रकाशित हुआ। शहीद ने इस पूरे पाठ्य में दो मूल प्रश्न उठाए हैं एक तो 'पैक्स ब्रिटानिया' मतलब अंग्रेजी राज और उसका अवदान और दूसरा इस पाठ्य में काल विभाजन।

---

4. सबालटर्न स्टडीज। खण्ड 12। पूर्व उद्धृत। पृ. 27
5. वही। पृ. 27

औपनिवेशिक माहौल में यह पुस्तक लिखी गई चूँकि इसका प्रकाशन भी तत्कालीन सेन्ट्रल प्राविंस के नागपुर शहर से इन्सपेक्टर जनरल आफ पब्लिक इन्स्ट्रक्शन की ओर से हुआ निश्चित तौर पर साम्राज्य विरोधी पाठ्य नहीं होगा। शाहिद के अनुसार इस पाठ्य में तीन कालों प्राचीन, मध्ययुगीन, आधुनिक में कृषि कर्म की विभिन्न पद्धतियों को परिचित कराने के लिए काल विभाजन किया गया। साथ ही सामाजिक स्थिति का भी वर्णन था। प्राचीन काल या पूर्वकाल को निर्भय काल कहा गया है। मध्ययुग में किसानों को आजादी नहीं रही। आधुनिक काल (तत्कालीन अंग्रेजी राज) में हर किस्म की आजादी है। इस विभाजन रेखा से एक बात स्पष्ट होती है कि मध्यकाल जिसके बड़े हिस्से में मुस्लिम शासक रहे हैं, वह आजादी से मरहूम था। वस्तुत: मध्यकालीन भारत में ग्रामीण स्तर पर शासन स्थानीय हिन्दू जमींदारों और मुखियाओं का ही था। आमतौर पर यह एक सामन्ती शासन का विकसित नमूना था। लेकिन एक बात स्पष्ट है कि स्थानीय करउगाही में सल्तनत या मुगल अधिकारियों की भूमिका कम और हिन्दू स्थानीय जमींदार और मुखियाओं की भूमिका अधिक होती थी हालाँकि वे ऊपर के सल्तनत और मुस्लिम शासन के अन्तर्गत ही कार्य करते थे। नागरिक अधिकार और न्याय प्रणाली मध्ययुगीय सामन्ती ढाँचे की तर्ज पर चल रही थी। इसमें दो राय नहीं कि अंग्रेजी राज में एक विकसित औपनिवेशिक राज्य की सृष्टि की गई। नागरिक अधिकार का सीमित दायरा बना। न्याय व्यवस्था भी सामन्ती काजी के न्याय और हिन्दुओं के मत्स्यन्याय, शुक्रनीति और मनु स्मृति पर आधारित थी जो मूलत: असमानता की धारणाओं से ओतप्रोत था वह समाप्त हो गई।

शाहिद अमीन आगे लिखते हैं कि "भारत का कृषि इतिहास को तीन कालों में बाँटा गया। प्राचीन, मुस्लिम और आधुनिक। वे आपत्ति उठाते हैं मध्ययुग या मुस्लिम युग की व्याख्या से। और उनका वक्तव्य है कि उर्दू और हिन्दी अनुवाद ऐसे पाठ्यों का मुसलमानों ने ही किया पर यह महत्वपूर्ण नहीं है कि वे मुसलमान थे या हिन्दू थे। महत्वपूर्ण यह है कि अंग्रेजी औपनिवेशिक प्रशासन में वे एक 'अधस्तन' हैसियत के कर्मचारी थे।"[1]

इस कालखण्ड को साम्प्रदायिक सन्दर्भों में न देखकर सामन्ततन्त्रीय, गैरसामन्ततन्त्रीय पर औपनिवेशिक सन्दर्भ में देखना चाहिए।

निश्चित तौर पर मौलवी उल्फत हुसैन जो नार्मल स्कूल के प्राध्यापक थे उनकी उर्दू कृति 'किमियाजरियत' जिसका हिन्दी अनुवाद 'कृषि कर्म सुधारों'

---

1. मुस्लिम, दलित एण्ड दी फैब्रीकेशन आफ हिस्टरी। खण्ड 12। पूर्व उद्धृत। पृ. 29,30

में हुआ-1874 में इस पुस्तक के प्रकाशन के वक्त मौलवी उल्फत हुसैन पर अंग्रेजी राज का दबदबा रहा होगा और चूँकि यह पुस्तक तत्कालीन सेन्ट्रल प्राविंस के इन्स्पेक्टर जनरल नागपुर के तत्वावधान में छपा इसलिए मौलवी उल्फत पर अंग्रेजी राज के दबादबा से अस्वीकार भी नहीं किया जा सकता है।[1]

पर इस 'अधस्तन स्थिति' से बनी दृष्टि में मनुस्मृति और काजी के न्याय व्यवस्था की जगह ताजीरात हिन्द के नये कानून अपेक्षाकृत निष्पक्ष और नागरिक अधिकारो को अधिक मान्यता देनेवाले थे। इस तथ्य को पूरा नज़रअन्दाज नहीं किया जा सकता है। दरअसल पोस्ट कोलोनियल इतिहास में कुछ विवादास्पद गहरे स्मृतिदोष हैं उसे हमें देखना चाहिए। पोस्ट कोलोनियल इतिहास अपने पूर्ववर्ती काल के बारे में पाठक और शोधकर्ताओं को गहरे अँधेरे में रखता है। वस्तुतः पोस्ट कोलोनियल इतिहासविदों के लिए प्राक-कोलोनियल युग पूरे तरह से इतिहास के कूड़ेदान में फेंक दिया जाता है। इस काल पर कार्य करने की जिम्मेदारी डाल दी जाती है मध्यकालीन इतिहासकारों पर, जिन्होंने भारतीय इतिहास में नये स्वच्छ, स्वस्थ अध्याय खोले हैं। इसी तरह से 1857 को भी एक 'पवित्र लक्ष्मण रेखा' मान लिया जाता है और वह इतिहास से कहीं अधिक उसका इस्तेमाल समकालीन समस्याओं के निदान के लिए गढ़े गए नारों में परिवर्तित हो जाता है। फिर भी हम शाहिद अमीन के इस महत्वपूर्ण लेख 'रेप्रेसिटिंग द मुसलमान' के आखिरी लाइनों से बेहद मुतमैन हैं जहाँ उन्होंने नेहरूवीयन हिन्दुस्तानी जीवनधारा के वटवृक्ष के नीचे बने एक फिल्मी गीत का उद्धरण दिया है।

छोड़ो कल की बातें, कल की बात पुरानी।
नये दौर में लिखेंगे, मिल के नई कहानी।
हम हिन्दुस्तानी, हम हिन्दुस्तानी।

शाहिद इस गीत की व्याख्या करते हुए कहते हैं कि नये युग की नेहरूवीयन आम सहमति का यह गीत है...जहाँ दुःखद-विभाजक अतीत को छोड़कर हमें आगे बढ़ना चाहिए।[2]

गांधी का सर्वधर्मसमभाव और नेहरू की धर्मनिरपेक्षता ही आधुनिक भारत की नींव है। गांधी का सर्वधर्मसमभाव लिटिल ट्रेडिशन के परिष्कृत रूप लेकर चलती है।

---

1. मुस्लिम, दलित एण्ड दी फैब्रीकेशन आफ हिस्टरी। खण्ड 12। पूर्व उद्धृत। पृ. 27
2. वही, पृ. 35

'लिटिल ट्रेडिशन' ही लोकोन्मुख, बृहत्तर और व्यापक रूप से प्रभावशाली होता है। ग्रेटर ट्रैडिशन अक्सर आभिजात्यवर्ग तक ही सिमट कर रह जाता है। आभिजात्य हेजेमनी के दबाव में ऊपरी तौर पर कभी-कभी लगता है कि इसकी व्याप्ति बहुत अधिक है, पर यह हेजेमनी का दबाव ही उसे आम आदमी तक पहुँचाता है पर ग्रेटर ट्रेडिशन लिटिल ट्रेडिशन की तरह स्वाभाविक रूप से जैविक नहीं रह पाता है। इसकी शक्ल या तो थोपी हुई अधिरचना जैसी दिखेगी जो एक 'लम्बे ऐतिहासिक कालखण्ड' में अंर्तविरोधों के साथ चस्पा हो गई होगी।

सर्वधर्मसमभाव की ऐतिहासिकता को बौद्ध परम्परा और भक्ति आंदोलन और उसकी वैचारिकी मिलकर एक विशेष पृष्ठभूमि बनाती है। लिटिल ट्रेडिशन (स्थानीय परम्पराएँ) और बौद्ध जैन परम्परा का प्रभाव अन्त में भक्ति आंदोलन में समाहित हो जाता है वस्तुत: लिटिल ट्रेडिशन एक सर्वेश्वरवादी, नैतिकता पर आधारित परम्परा को नीचे से भी और ऊपर से भी तैयार करती है यही सर्वधर्मसमभाव की इमारत तैयार करती है।

'लिटिल ट्रैडिशनल' स्थानीय लोक परम्पराएँ + बौद्ध परम्परा और उसका प्रभाव + भक्ति आंदोलन = **सर्वधर्मसमभावी परम्परा और दृष्टि**

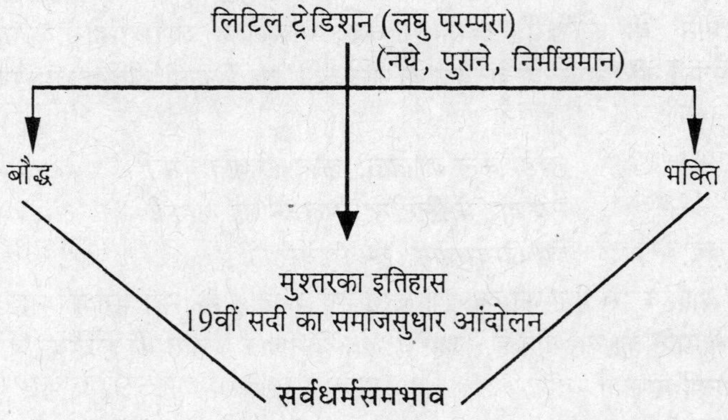

लिटिल ट्रैडिशन जो आमतौर पर गाँव समाज में पलता है वह ज्यादातर विभाजक नहीं होता है। गाँव में एक साथ जीवन संग्राम में बँधे रहने के कारण मजहबी दूरियाँ बदंल जाती हैं। वस्तुत: गाँवों में विभिन्न महजबी धाराओं की एकता और उत्पादन पद्धति और जीवन संग्राम के समान अनुभवों के फलस्वरूप एक नयी संलेषणात्मक प्रक्रिया तैयार होती है।

बौद्ध धर्म में धर्म का तात्पर्य सदाचरण से लगाया जाता है।

बुद्ध के अनुसार-धर्म के दो प्रधान तत्व हैं। प्रज्ञा तथा करुणा। प्रज्ञा का अर्थ बुद्धि (निर्मल बुद्धि) से है। मिथ्या विश्वासों के लिए धर्म में कोई जगह नहीं है। यह गांधी के शब्दों में सत्य की यात्रा है।[1]

करुणा का मतलब है दया, प्रेम, मैत्री। इन तीनों की पृष्ठभूमि बनती है अहिंसा से। अहिंसा की विचारधारा व्याप्त होने पर दया प्रेम और मैत्री जाग्रत होगी।[2] गांधी के विचार वीथिका में दो मुख्य अवयव हैं सत्य और अहिंसा।

बौद्ध परम्परा में मजहब और धर्म में अन्तर किया गया है। मजहब का अर्थ ईश्वर में विश्वास, आत्मा में विश्वास, ईश्वर की पूजा आत्मा का सुधार, प्रार्थना आदि करके ईश्वर को प्रसन्न रखना होता है। उसके विपरीत धर्म की व्याख्या प्रज्ञा और करुणा से की जाती है।

गांधी के जीवन में एक ओर मजहब का पुट था तो दूसरी ओर धर्म का भी पुट था। वस्तुत: बौद्ध दर्शन की ये बारिकियाँ मध्ययुग के भक्ति आंदोलन में संश्लेषित होकर नयी शक्ल पकड़ ली थी।

बौद्ध धर्म को सांदृष्टिक धर्म कहा जाता है सांदृष्टिक या पाली में सांदृष्टिक दु:ख वह दु:ख है जो राग, द्वेष तथा मोह से उत्पन्न होता है। इसके क्षय कर देने की पूरी संभावना रहती है। इसीलिए बौद्ध नित्य प्रति धर्मानुस्मरण में कहा गया।

"भिक्षुओ! इस धर्म में अच्छी तरह से समझाकर कहा गया है कि आओ और स्वयं देख लो यह ऊपर उठने वाला है और हर विज्ञ इसका स्वयं साक्षात कर सकता है।"[3]

बुद्ध ने धर्म की आधारशिला में आदमी-आदमी का परस्पर का योग्य सम्बन्ध ही माना है। बौद्ध धर्म मूलत: मानवीय सम्बन्धों और एक उच्चतर सभ्यता की आधारशिला रखती है यह समाज विभाजन या धर्मों के बीच विभाजन को नहीं मानता है। यह मूलत: आदमी-आदमी के परस्पर योग्य सम्बन्धों को ही प्राधान्य देता था।

---

1. अम्बेदकर, बी.आर.। भगवान बुद्ध और उनका धाम। नागपुर, नागपुर बुद्धिस्ट सेन्टर, 2001, पृ. 250-251
2. वही। पृ. 251
3. वही। नम्र निवेदन (प्रस्तावना आनन्द कौसल्यान द्वारा)

धर्मों के बीच द्वेष भाव का अभाव और मानवीय सम्बन्धों पर ही आधारित है सर्वधर्मसमभाव। इस पूरे विमर्श में निम्नोक्त पंक्तियों का कोई लेना-देना नहीं बल्कि यह एक विरोधाभास है।

जाके हृदय न राम वैदेही ।
तजो ताहि कोटि बैरी सम यद्यपि परम सनेही ।।

तुलसी का अपने उपास्य देव के प्रति यह एक निष्ठ समर्पण भाव सर्वधर्मसमभाव पोषित नहीं कर पाती है। इस तरह के नोटेशन लगभग सभी धर्मों के किनारे से झाँकते हैं। उपरोक्त पंक्तियाँ सर्वधर्मसमभाव का सम्पूर्ण निषेध करती हैं।

गांधी की वैचारिकी में संकीर्णता चाहे वह धर्मग्रन्थों के पृष्ठों से उठकर आयी हो फिर भी वह त्याज्य होता था चूँकि वे सर्वधर्मसमभाव में विश्वास रखते थे इसलिये वे किसी एक धारा को दास्यभाव से स्वीकार नहीं करते थे बल्कि नीर-क्षीर विवेक के माध्यम से जो ग्रहणयोग्य था उसे लेते थे और जो त्याज्य था उसे छोड़ देते थे। शुद्र, गँवार, पशु और नारी ताड़न के अधिकारी जैसे कथनों पर गांधी की प्रतिक्रिया स्पष्ट थी जबकि वे तुलसी के प्रशंसक और सनातनी संदर्भ में रामभक्त थे। गांधी ने उपरोक्त चौपाई पर निम्नलिखित वक्तव्य दिया।

"कोई-कोई अपनी स्त्री को जानवर के बराबर समझते हैं। इस स्थिति के लिए कुछ संस्कृत के वचन और तुलसीदासजी की वह प्रसिद्ध चौपाई भी बहुत जिम्मेदार है। तुलसीदासजी को पूज्य मानता हूँ परन्तु मेरी पूजा अन्धी नहीं है। या तो उपर्युक्त चौपाई प्रक्षिप्त है अथवा तुलसीदास की है तो उन्होंने बिना विचार, केवल प्रचलित प्रथा के अनुसार जोड़ दिया है। संस्कृत वचनों के बारे में भी ऐसा कुछ भ्रम व्यक्त है कि संस्कृत में लिखे वचन शास्त्र वचन ही होने चाहिए।

यह भ्रम मिटाकर स्त्रियों को ही न समझने की जो प्रथा पड़ी हुई है हमें उसे जड़ से उखाड़ फेंकना होगा।"[1]

गांधी यथार्थ के गाँव और प्रचलित हिन्दू धर्म से अलग हटकर बराबर अपनी कल्पना का गाँव, स्वराज और धर्म की बात करते थे और यहीं से बनती थी उनकी सर्वधर्मसमभावी अवधारणा।

मेरी कल्पना का हिन्दू धर्म कोई संकुचित संप्रदाय नहीं है। वह काल के समान ही पुरानी, महान और सतत विकास की एक प्रक्रिया है। उसमें जरथुस्त्र,

1. महात्मा गांधी। आजादी और औरत, संकलन संपादन, कुमार प्रशांत, सर्व सेवा संघ प्रकाशन, राजघाट, वाराणसी-221001, जनवरी 2008, पृ. 27

मूसा, ईसा, मुहम्मद, नानक और ऐसे ही दूसरे कई धर्मसंस्थापकों का समावेश हो जाता है उनकी व्याख्या इस प्रकार है :

विद्वद्भि: सेवित: सद्भि नित्यद्वेषरागिभि।
हृदयेनाम्ननुज्ञातो यो धर्मस्तं निबोधित।।

अर्थात् जिस धर्म को राग द्वेषहीन ज्ञानी संतों ने अपनाया है और जिसे हमारा हृदय एवं बुद्धि भी स्वीकार करती है वह सद्धर्म है।[1]

गांधी का वक्तव्य था। आनेवाले समाज की नव रचना में जो धर्म संकुचित रहेगा और बुद्धि की कसौटी पर खरा नहीं उतरेगा, वह टिक नहीं सकेगा।[2]

भक्ति आंदोलन और सर्वधर्मसमभाव

क्या भक्ति एक आंदोलन के रूप में विकसित हुआ? भक्ति के कवि क्या अपने युग की समस्याएँ अस्तित्ववादी संशयों को रख रहे थे या वे अपने युग से आगे बढ़े हुए थे? यदि इस युग में आधुनिकता की ओर चलने की गति नहीं पकड़ी थी क्या यह सोता हुआ मध्ययुग था? क्या ये भक्त कवि अपने युग के उत्पाद थे अथवा महज कुछ असाधारण व्यक्तित्व थे जो युग की सीमा तोड़कर अपनी बातें रखते है।

मध्ययुग का यदि विवेचन करें तो हम इस काल खण्ड में दो तरह की प्रक्रियाएँ देख सकते हैं। ऊपर आभिजात्यवर्गीय, साम्राज्यीय ढाँचे का निर्माण, अपेक्षाकृत स्थिरता, एक केन्द्रीय साम्राज्यी संगठन का जन्म। नीचे हम देखते हैं एक वेगवती प्रवाह जो युगों की जड़ता की चूलें हिला दे रही थी वर्णाश्रमी धर्म का अतिक्रमण, सन्त मत साहित्य का आगमन, हिन्दू-मुस्लिम एकता एवं एक संयुक्त संस्कृति का जन्म।

एक गतिशील समाज को यदि पारिभाषित करने का उपक्रम किया जाय तो उससे मध्यकाल और भक्ति काव्य काल को अलग नहीं किया जा सकता है। वस्तुत: यूरोप केन्द्रीक दृष्टिकोण में पूरब के समाजों में गति का अभाव, गतिहीनता यूँ ही बता दी गई बिना किसी प्रामाणिकता के। इस तरह की अवधारणा साम्राज्यवाद में गोरे आदमी की सभ्यताई जिम्मेदारी जैसी धारणाओं को धारदार बनाती थी। यह आकस्मिक नहीं था कि सर विलियम जोन्स द्वारा सन् 1984 में एशियाटिक सोसाइटी की स्थापना ने एक नयी

---

1. महात्मा गांधी। आजादी और औरत, संकलन संपादन, कुमार प्रशांत, सर्व सेवा संघ प्रकाशन, राजघाट, वाराणसी-221001, जनवरी 2008, पृ. 29
2. वही। पृ. 29

प्राच्यदेशीय कोलोनियल दृष्टि का निर्माण किया जिसके अनुसार पूरब के समाज में निरंकुश तानाशाही ने समाज और इतिहास की गति अवरूद्ध कर दी थी।[1]

जब भी हम देशज आधुनिकता की बात करे उसके ऐजेण्डे में सबसे कठिन दो काम थे-एक तो वर्णाश्रमी धर्म की सीमाओं का अतिक्रमण और दूसरा संयुक्त या काम्पोसिट संस्कृति का बनाना। 1921-22 गांधी का असहयोग और खिलाफत का संयुक्त आंदोलन कम्पोसिट कल्चर और आधुनिक भारतीय राष्ट्रवाद का कदम था। 1932 के पूना पैक्ट से सन् 34 और आगे गांधी आजीवन वर्णाश्रम धर्म की सीमाओं को अतिक्रमित कर एक बेहतर सभ्यता बनाने में लगे रहे।

पश्चिम का ज्ञानशास्त्र इस मायने में असम्पूर्ण था पर एक दूसरे मायने में भी पश्चिम का ज्ञानशास्त्र पूरब के समाजों को समझने में इसलिए अधिकांशत: असमर्थ था क्योंकि दोनों समाज की ऐतिहासिकता भिन्न-भिन्न संदर्भों में नियत होती थी। पर अधिक जटिलताएँ तो हमारे ऐसी व्याख्याकारों ने की जिसके बारे में पुरूषोत्तम अग्रवाल ने अपनी 'अकथ कहानी प्रेम की' में ठीक ही कहा है-

"भारत बल्कि किसी भी गैर युरोपीय समाज का अतीत और वर्तमान को समझने के रास्ते में सबसे बड़ी बाधा है-चेतना का उपनिवेशीकरण। कुछ लोगों को लगता है कि अंग्रेजी राज की स्थापना के पहले का भारत धरा पर स्वर्ग समान था। हमारी हर समस्या विदेशियों की देन है।"[2]

ज़्यादातर पोस्ट कोलोनियल लेखन और चटपटी अति राष्ट्रवादी लेखन इसी रोग से ग्रस्त दिखलाई पड़ते हैं। कोफ्त तो होती है पोस्ट कोलोनियल लेखकों के विलाप को देखकर। उनके लिए भी 19वीं सदी के मार्डनिस्टों की तरह ही इतिहास अंग्रेजी राज के आने के बाद एक आधुनिक, नागरिक अधिकार सम्पन्न राष्ट्र बनना शुरू होता है। केवल फर्क है कि उनको अंग्रेजी राज के पहले के इतिहास में सामन्ती ढाँचों से कोई आपत्ति नहीं है। अंग्रेजी राज के संस्पर्श से ही इतिहास बनना बेठीक होता जाता है। जैसे कि उसके पहले के भारत में सब कुछ ठीक था।

---

1. शर्मा, रामविलास। भारतीय साहित्य की भूमिका। नई दिल्ली, राजकमल प्रकाशन, 1998, पृ. 229
2. अग्रवाल, पुरुषोत्तम। अकथ कहानी प्रेम की : कबीर की कविता और उनका समय। राजकमल प्रकाशन, 2009, पृ. 15

दूसरी ओर कुछ लोगों को लगता है कि अंग्रेजी राज अपने साथ प्रगति लाई, बरना भरतीय समाज तो बर्फ में जमा हुआ था-अंग्रेजी राज के पहले के भारतीय जनजीवन में सिवाय अत्याचारों और तर्कविहीन परम्पराओं के अन्धानुकरण के, था क्या?[1]

ये दोनों प्रतिस्थापनाएँ एक ही सिक्के के दो पहलू हैं तथा कथित उत्तर आधुनिक आधुनिकतावादी तथा कथित अति और अन्ध राष्ट्रवादी और पोस्ट कोलोनियल आम तौर पर इस दृष्टि दोष से छुटकारा नहीं पाते हैं।

क्या 'देशज आधुनिकता' का कोई चिह्न अंग्रेजी राज के पहले दिखाई पड़ता है।

वस्तुतः 'सर्वधर्मसमभाव की प्रक्रिया' प्राक औपनिवेशक युग में आम जनता के स्तर पर कुछ हद तक भक्ति और सूफी परम्परा में देखी जा सकती है।

'सर्वधर्मसमभाव' की इमारत इसी दौरान बनी और 'देशज आधुनिकता' का यह महत्वपूर्ण पड़ाव था। पर कालान्तर में यही देशज आधुनिकता किस प्रकार से एक पर्वटेड माडर्निटी में बदल जाती है उसका भी लेखा-जोखा लेना चाहिए।

प्री-कोलोनियल युग में पनपी सर्वधर्मसमभाव मूलतः आम आदमी, आम जीवन, व्यवहार का परिणाम था। अगर आर्थिक आधार की हम चर्चा करें तो पाएँगे खासतौर पर ग्राम समाज में जजमानी व्यवस्था कायम थी। लेकिन साथ ही विस्तृत पैमाने के बाजारों की भी उपस्थिति दर्ज की गई है।

अठारवीं शताब्दी के एक दस्तावेज से प्रकट होता है कि दक्षिण भारत में गाँव के शिल्पियों के पारिश्रमिक दो प्रकार के होते थे जिसे बूयम और अर्प्पम कहा जाता था। इस जजमानी व्यवस्था में निम्नलिखित धन्धों में लगे लोगों को किसान अन्न आवन्टित करता और वे थे-पटवारी, मुखिया, बढ़ई, धोबी, पुरोहित, नाई, लोहार, मोची, चौकीदार, कहार और कुम्हार।[2]

ये ग्राम समाज थे जिसमें भूमिधरी अधिकार का स्वरूप समाजी और निजी दोनों का मिला हुआ था। ये ग्राम समाज स्वायत्तता के औजार थे साथ ही दूसरी ओर देश के दो मुख्य धार्मिक समुदायों के बीच एक 'कोम्पोसिट' समाज भी बन रहा था। इस कम्पोजिट समाज का तानाबाना निम्नलिखित डायग्राम में दर्शाया गया है।

---

1. अग्रवाल, पुरुषोत्तम। अकथ कहानी प्रेम की : कबीर की कविता और उनका समय। राजकमल प्रकाशन, 2009, पृ. 17
2. चिचिरोव, अलेक्सेंडर आई.। मुगलकालीन भारत की आर्थिक संरचना। नई दिल्ली, ग्रंथशिल्पी, 2003, पृ. 29

कम्पोजिट संस्कृति का तानाबाना

कम्पोजिट भाषा का निर्माण

↓

(शहरी प्रक्रिया) मध्यम वर्गीय एवं बाजार अनुश्रुत = मूलतः शहरी प्रक्रिया मध्यमवर्गीय बोलचाल की भाषा बन जाती है साहित्य और संस्कृति की भाषा

↓

(1) हिन्दुस्तानी
(हिन्दी + संस्कृत + उर्दू + फारसी + अरबी)
उपभाषाएँ/डायलेट एकता की बिन्दु बनती है। — ग्रामीण अंचलों में

↓

(2) ब्रज अवधी भोजपुरी — ग्रामीण और आंचलिक हिन्दू मुसलमान दोनों की भाषा मानी जाती है

↓

मिश्रित साहित्य (कम्पोजिट लिटरेचर) — साझा संस्कृति → कम्पोजिट समाज और संस्कृति
विभिन्न रस्मे विवाह
त्योहारो में साझेदारी
विवाह की समानान्तर रस्में
जन्म की समानान्तर रस्में
दरगाह दर्शन पूजन इबादत

↓

(3) धार्मिक कम्पोजिट कल्चर — कम्पोजिट संस्कृति
भक्ति आंदोलन
सूफी आंदोलन
हिन्दी में मुस्लिम भक्त कवियों की विशाल परम्परा
भक्ति आंदोलन कबीर की वैचारिकी — { ना हिन्दू / ना मुसलमान }

कम्पोजिट समाज और संस्कृति → कम्पोजिट कल्चर मिश्रित संस्कृति मुशतरका तहजीब का निर्माण

↓

(4) संगीत की कम्पोजिट संस्कृति

↓

(5) किसान बनाम सामन्त — वर्गीय एकता

↓

(6) बाजार की भूमिका एकता खड़ी करने में
ग्रामीण अंचल की स्वायत्तता — ग्राम गणतन्त्र

कम्पोजिट कल्चर का अनाम योद्धा

कम्पोजिट संस्कृति एक महत्वपूर्ण अवदान है प्राक-कोलोनियल युग की। अंग्रेजी राज के स्थापित होने के बाद भी लगभग 19वीं सदी के आठवें दशक तक यह कम्पोजिट कल्चर चलन में रहा। इसका एक नमूना है बुन्देलखण्ड इलाके के मुंशी रहमान खान की डायरी। मुन्शी रहमान खाँ 1898 में जब वे 24 वर्ष के थे शर्तबन्द

कुली प्रथा के अन्तर्गत सुरीनाम दक्षिणी अमेरिका में चले गए। मुंशी रहमान खाँ की डायरी पिछले लगभग 200 वर्षों से चली आई समाज और खासतौर पर उत्तर भारत के इलाके में प्रचलित कम्पोजिट सोसाइटी का वर्णन करती है। मुंशी रहमान खाँ ने अपने जीवनी लिखने के पहले 'हिन्द' का इतिहास लिखा है।

मुंशी रहमान खाँ पठान थे। उनका परिवार यू.पी. के बुन्देलखण्ड इलाके में बस गया। रहमान खाँ ने बताया है कि किस प्रकार से उन जैसे आभिजात्यवर्गीय मुसलमान से हिन्दू आभिजात्यवर्गीय का भाव्रत्व भाव था। राजपूत हिन्दू और पठान मुसलमान समाज में एक ही समाज के सदस्य माने जाते थे। शिक्षित मुसलमानों और शिक्षित ब्राह्मणों के बीच भी अच्छा रिश्ता था। उर्दू तब तक महज मुसलमानों की भाषा नहीं समझी जाती थी। 'हिन्दुस्तानी' देश की भाषा थी। रहमान खाँ उच्चवर्णीय हिन्दुओं से अच्छी दोस्ती रखते थे और हिन्दू धर्म की ओर उनमें आदर और श्रद्धा का भाव था। उन्होने हिन्दू दर्शन कर्मकाण्ड का अध्ययन भी किया था। मूलत: एक पठान होने के बावजूद वे हिन्दू जनता और उनके धार्मिक मतों के बारे में पूर्ण श्रद्धा रखते थे।[1]

रहमान खाँ की यह पुस्तक इस मायने में महत्वपूर्ण है कि यह 19वीं सदी के उस समाज का वर्णन करती है जिसमें कम्पोजिट संस्कृति का ही वर्चस्व था नार्थ वेस्टर्न प्राविंसेस में।

खासतौर पर बनारस में हुए 1809 के दंगे के बाद भी यह कम्पोजिट समाज कहीं भी किसी प्रकार से टूटा नहीं था। यह निश्चित तौर पर कम्पोजिट सोसाइटी की मजबूती को दर्शाती थी।

सम्भवत: एण्डरसन जिस प्रिंट कैपिटलिस्म की बात करते हैं, वह भी अभी तक बुन्देलखण्ड के दूर-दराज गाँवों में बन नहीं पाया था। इसके अतिरिक्त कम्पोजिट संस्कृति की इमारत लगभग अभेद्य थी। पर यह इमारत टूटना शुरू हुई तथाकथित समाजसुधार और साम्प्रदायिकता के एक अप्राकृतिक मिश्रण के कारण। रहमान खाँ ने बीसवी सदी के शुरुआती दिनों में सूरीनाम में आर्य समाजियों के आगमन के साथ साम्प्रदायिकता के बीज सुरीनामी भारतीय समाज में छिटकते देखा।

तवारीखे हिन्द में रहमान खाँ उत्तर प्रदेश में अपने गाँव समाज में हिन्दू मुस्लिम एकजुटता का नैरेटिव रखते हैं। अपने आटोबायोग्राफी की शुरुआत में उन्होने लिखा है।

1. सिन्हा, काथिका-कर्कहाफ, एलेन बाल, आलान देव सिंह-आटोबायोग्राफी आफ एन इण्डियन इण्डेन्चर लेबर मुन्शी रहमान खाँ। दिल्ली, शिप्रा प्रकाशन, 2005, पृ. 19

जिस हिन्दुस्तान का रहमान खाँ वर्णन करते हैं उसमें उनके परिवार और उन्हें पूर्ण सम्मान प्राप्त था। साम्प्रदायिक तनाव का कोई आभास नहीं था जबकि थोड़े ही समय बाद अवध और उत्तर प्रदेश का इलाका साम्प्रदायिक दंगों में डूब गया। रहमान खाँ हिन्दी और उर्दू दोनों जानते थे उन्हें रामायण में विशेष रुचि थी जबकि वे अपने को एक पक्का मुसलमान मानते थे।[1]

मुंशी रहमान खाँ ऊँ और 786 उतनी ही मुस्तैदी से लिखते थे जितना कि एक हिन्दू या मुसलमान दावा कर सकता था। ऊँ और 786 का सहज सहअस्तित्व जो रहमान खाँ को उनके बुंदेलखण्डी पृष्ठभूमि के कारण सहज स्वीकार्य और स्वाभाविक था। यह 15वीं सदी तक चली आ रही कम्पोजिट संस्कृति का बोध कराती है।

रहमान खाँ की कृति 'जीवन प्रकाश' जो दोहा और चौपाइयों से भरा पड़ा है। यह पद्य संग्रह हिन्दी में लिखा गया है। उदाहरणार्थ-

जगदीश्वर पद वन्द कर, गुरु को करूँ प्रणाम।
होय ज्ञान मम हृदय महँ, बल बुद्धि दे अभिराम।।
लिखी हिन्द इतिहास यहँ, कर संक्षेप बखान।
निशि दिन दुनिया बदलती, जानै सकल जहान।।

'जीवन प्रकाश' की यह कृति 19वीं सदी हिन्दुस्तान की एक कम्पोजिट संस्कृति का स्पष्ट नमूना है। मध्ययुग में मुस्लिम कवियों की एक विराट जमात है जिन्होने हिन्दू देवी-देवताओं के कसीदे पढ़े हैं। अधिकांश रचनाएँ उच्च कोटि की 'भक्ति' परम्परा में रससिक्त रचनाएँ हैं-रसखान, जायसी इस परम्परा में महत्वपूर्ण नाम हैं। साथ ही हिन्दवी के विकास में मसऊद-ए-सअद-ए सलमान, शेख फरीद-उद्-दीन शकरगंज, शेख बू अली अलंदर और सर्वोपरि अमीर खुसरो और मौलाना दाउद ने बेहद महत्वपूर्ण भूमिका निभायी है। दक्खिनी हिन्दी सैय्यद मुहम्मद हुसैनी गेसूदराज वंदानवाज, सैय्यद मुहम्मद अकबर हुसैनी और पूर्वी हिन्दी या अवधी को विकसित करने में शेख शर्फ-उद्दीन याहिया मनेरी।

इन्डेन्चर मजदूरी के 5 वर्ष पश्चात हिन्दुस्तान से लाए हुए यह शर्तबन्द श्रमिक (इन्डेन्चर्ड कुली) आजाद हो जाते थे, वे भारत लौटने के लिए भी आजाद थे लेकिन अधिकांश लोगों ने इस नये जमीन को ही अपना नयी रिहाइश मानी और इन नये मुल्कों में अपना घर बसाया।

शर्त के 5 साल पूरे हो जाने के बाद एक मुक्त रहमान खाँ न केवल सुपरवाइजर पद पर पदोन्नति प्राप्त करते हैं और इस प्रकार से वे शर्तबन्द कुली से

---

1. सिन्हा, काथिका-कर्कहाफ, एलेन बाल, आलान देव सिंह-आटोबायोग्राफी आफ एन इण्डियन इण्डेन्चर लेबर मुन्शी रहमान खाँ। दिल्ली, शिप्रा प्रकाशन, 2005, पृ. 23

सरदार में परिवर्तित हो जाते हैं पर इसके अलावा उन्हें हिन्दू जनता भी अपना गुरू (मुन्शी) मान लेती है और उनको अपना पण्डित भी मान लेती है। रहमान खाँ को 5 साल के कड़े परिश्रम के पश्चात जो आदर और सम्मान मिलता है इस बिना पर वे फैसला करते हैं कि उन्हें हिन्दुस्तान अब नहीं लौटना है वे अब यहाँ ही खुशी-खुशी जीवन बिता लेंगे।[1]

रहमान खाँ के नये रिहाइश और मुल्क सूरीनाम में हिन्दू-मुस्लिम विभेद न केवल पाट दिये जाते है बल्कि एक स्वस्थ डायस्पोरिक कम्पोजिट संस्कृति बनती है जिसमें एक मुसलमान भी हिन्दू कर्मकाण्ड से लेकर रामायण पाठ मुसलमान रहते हुए भी कर सकता है। इससे अधिक विकसित कम्पोजिट संस्कृति कहीं नहीं विकसित हुई थी। इस नयी संस्कृति की शुरुआत उन शर्तबन्द प्रथा के मजदूरों द्वारा जहाज पर चढ़ने से पूर्व ही हो जाया करती थी जिसका वर्णन रहमान खाँ ने किया है-हालाँकि रहमान खाँ उस पूरी प्रक्रिया से असंतुष्ट नजर आते हैं। जीवन प्रकाश में रहमान खाँ कलकत्ता बैरेक में प्रवेश के पहले का वर्णन करते हैं।

डिपो में 8 बजे प्रात: के करीब सरदार जो एक ब्राह्मण था साबुन, तेल हर व्यक्ति को थमाता है और उसके बाद नहाने के लिए भागीरथी नदी में ले जाता है साथ ही जमादार के दो पुत्र जो हमें फैजाबाद से कलकत्ता तक ले आए थे वे भी थे। सभी पुरुष और स्त्री नहाने लगे और रहमान खाँ ने विस्मय के साथ देखा कि सभी बिरादरी के लोग ब्राह्मण, क्षत्रिय, वैश्य और अन्य हँसते हुए अपने जनेऊ, अँगूठी और कण्ठीमाला को गंगा के पानी में बहाते हुए यह प्रार्थना की कि "माँ गंगा हम अपना सब कुछ आप को समर्पित करते हैं अगर कभी हमें फिर लौटे, तो उन्हें हम फिर पहनेंगे।" वे सभी फिर अपने शरीर पर तेल लगाए और अब पूरी जमात ही शुद्र बन गयी। जो ब्राह्मण कर्मचारी हमें वहाँ ले आए थे उन्होंने भी कुछ नहीं कहा शान्त होकर देखते रहे।

इस सामूहिक स्नान और जनेऊ कण्ठीमाला समर्पण ने हमारी जाति विभाजन रेखा को तोड़ दिया। इसके पश्चात सभी को पीला कुर्ता और धोती दिया गया और वही कपड़ा पहनकर हम बैरेक पर लौटे। उच्च जाति और निम्न जाति में अन्तर मिटा दिया गया इस घटना ने 24 वर्षीय रहमान खाँ को आश्चर्यचकित कर दिया था।

जहाज पर यह गैर बराबरी और भी टूट गयी क्योंकि सभी को एक ही जहाज में महीनों रहना था। 1 हफ्ते बाद एक बड़े तुफान से जहाज का सामना हुआ। 13 अप्रैल 1898 में जहाज सूरीनाम की राजधानी पारामारिबो पहुँच गया।[2]

---

1. सिन्हा, काथिका-कर्कहाफ, एलेन बाल, आलान देव सिंह-आटोबायोग्राफी आफ एन इण्डियन इण्डेन्चर लेबर मुन्शी रहमान खाँ। दिल्ली, शिप्रा प्रकाशन, 2005, पृ. 19 और 20
2. सिन्हा, काथिका-कर्कहाफ। पूर्व उद्धृत। पृ. 77-85

रहमान खाँ का नैरेटिव बतलाता है कि किस प्रकार से कलकत्ता बैरेक में ही जातिगत भेदभाव खत्म कर दिया गया। जहाज चढ़ने पर सभी लोगों का भाग्य तुफान, कैप्टेन और बेहतर मौसम पर टिक गया। जहाज में हिन्दू-मुस्लिम अन्तर भी खत्म हो गया, सभी लोग अपनी मातृभूमि छोड़कर जीविका की तलाश में सात समुद्र पार अनाम देश की ओर जा रहे थे। जहाज की यात्रा ने माँ भागीरथ को जनेऊ, टीका, कण्ठी समर्पण के बाद एक कदम और आगे बढ़ा दिया इस जमात को। अब ये सभी जहाजयात्री 'जहाजीभाई' हो गए इनकी नयी आइडेंटिटी अब 'जहाजीभाई' की हो गयी। जहाजीभाई अर्थात् एक ही जहाज पर यात्रा करनेवाले सभी शर्तबन्द कुली। जहाजी भाई आइडेंटिटी का मतलब होता था कि जातपात और धार्मिक भेदभाव सभी खत्म हो गए। कम्पोजिट कल्चर का यह सर्वोत्तम नमूना था। यह जहाजी भाई आइडेंटिटी ही है जो रहमान खाँ को प्लांटेशन बैरेक में शाम को हिन्दू भाइयों की जमात में रामायण बाँचने की इज़ाजत देता है-यह जहाजीभाई आइडेंटिटी ही है जिसके जरिये रहमान खाँ मौलवी साहब नहीं बल्कि अपने बैरेक के पण्डितजी के नाम से मशहूर हो जाते हैं।

वस्तुत: कम्पोजिट संस्कृति जो लगभग 13वीं शताब्दी से बनना शुरू हुई थी वह 19वीं सदी तक कायम रही जब तक कि उसे साम्प्रदायिकता के कुल्हाड़े से तोड़ा नहीं गया। इस मायने में मुंशी रहमान खाँ का जीवन चरित स्पष्ट तौर पर कम्पोजिट संस्कृति के प्रभाव को प्रदर्शित करता है।

यदि हम रहमान खाँ के व्यक्तिगत जीवनी को ले लें तो हम स्पष्टत: देख सकते हैं कि वे किस प्रकार से आकुल थे अपने पुराने कम्पोजिट संस्कृतिवाले हिन्दुस्तान को पुनर्निर्मित करने के लिए। सौभाग्य से रहमान खाँ को यह मौका मिल भी गया चूँकि वे एक छोटे से लाटिन अमेरिकी देश सूरीनाम के हिन्दुस्तानियों के बीच काम कर रहे थे। उन्होने धार्मिक अस्मिता की जगह अपनी देसी अस्मिता को वरीयता दी।

रहमान खाँ को सूरीनामी भारतीय समाज श्रद्धा के साथ देखता था, मुसलमान होने के बावजूद उनके रामायण पाठ को सम्भवत: किसी हिन्दू पण्डित के रामायण पाठ से अधिक महत्व मिलता था उनकी प्रसिद्धि उस भारतीय डायस्पोरा समाज में पंडित की भी थी। जहाजी भाई जो एक नयी आइडेंटिटी बनती है, वह न केवल जातपात और वर्णाश्रमधर्मी व्यवस्था और हिन्दू-मुस्लिम धार्मिक विभेद को अतिक्रमित कर जाती है अपितु यह सही मायने में सबसे अधिक विकसित कम्पोजिट कल्चर का निर्माण करती हैं जहाँ रहमान खाँ ने ठान लिया कि वे सूरीनाम को 1898 के बाद वाला हिन्दुस्तान नहीं बनने देंगे और इसमें उन्हें सफलता भी मिली।

मुन्शी रहमान खाँ अंग्रेजी नहीं जानते थे। उन्होंने हिन्दी और उर्दू मिश्रित भाषा को लोकप्रिय बनाया जिसे आज सरनामी या स्रानांग टोंगों कहते हैं। वे अन्त तक सन् 1898 के पहलेवाली हिन्दुस्तानी दुनिया में हिन्दू-मुस्लिम भाईचारेवाले माहौल को सूरीनाम में वापस लाने के लिए जद्दोजहद करते रहे अपने धर्म में पूर्ण आस्था रखते हुए उन्होने सुरीनाम के भारतीय मूल के अधिवासियों में एकता कायम रखी साथ ही अपनी पठानी जिन्दगी के मूल्य भी कायम रखे। जो भारत में हुए 1893-94 के दंगों में साम्प्रदायिक सौहार्द्र खो गया था, उसे रहमान खाँ ने पुनर्स्थापित किया सुरीनाम में। 1951 में हालैण्ड की रानी जुलियाना ने उन्हे सम्मानित किया। 1972 में उनकी मृत्यु के बाद उन्हे हिन्दी के एक कवि और सरनामी भाषा के पुरोधा के रूप में याद किया गया।[1]

रहमान खाँ नें 1898 के पहले का हिन्दुस्तान सूरीनाम में बनाने की कोशिश की। महात्मा गांधी ने (1893-1915) में अपने दक्षिण अफ्रीका प्रवास के दौर में हिन्दू-मुस्लिम एकता स्वाभाविक रूप से फलता-फूलता देखा था उस भावना को भारत में असहयोग-खिलाफत आंदोलन के नेतृत्व के माध्यम से भारत में उतारने की कोशिश की। उन दोनों कोशिशों में एक एकरूपता है।

सर्वधर्मसमभाव के लिए कम्पोजिट कल्चर, कम्पोजिट भाषा और एक स्वस्थ राजनीति आवश्यक होती है। गांधी के 1915 में भारत में लौटने के पश्चात उन्हें पहली बार तेजी से साम्प्रदायिकता की आँच दिखलाई पड़ने लगी।

यह निहायत विडम्बना ही है कि पूर्वी उत्तर प्रदेश एवं पश्चिमी बिहार में गोरक्षिणी सभाओं के निर्माण से साम्प्रदायिकता की कहानी शुरू होती है।

पर रहमान खाँ ने बड़े दु:ख के साथ नोट किया कि यह साम्प्रदायिक भाईचारे की स्थिति आर्यसमाजी प्रचारकों के सूरीनाम में आने के बाद बदल गया। रहमान खाँ ने जीवन प्रकाश में लिखा है कि 1929 में आर्यसमाजी प्रचारक मेहता जैमानी के सूरीनाम पहुँचने पर 1930 से रहमान खाँ मुस्लिम डायस्पोरा का हिस्सा बना दिये जाते हैं। चूँकि रहमान खाँ को बुन्देलखण्ड में अपने रिश्तेदारों से लगातार चिट्ठी मिलती रहती थी और उन्हे साथ ही श्री विश्वेश्वर स्टीम प्रेस बम्बई से अखबार भी नियमित मिलता था इसलिए वे अब दु:खी मन से उस भारत को याद करते हैं जिसे छोड़ने का उन्हें पहले बेहद मलाल था पर अब उनकी इच्छा उस भारत में लौट जाने की नहीं है। उनकी जवानी और बचपन का भारत अब बदल चुका है ऐसे में रहमान खाँ प्रतिज्ञा करते हैं कि वह सूरीनाम में उस भारत को पुन: स्थापित करेंगे जहाँ हिन्दू-मुस्लिम एकता की विशिष्ट भूमिका है।[2]

1. सिन्हा, काथिका-कर्कहाफ। पूर्व उद्धृत। पृ. 15 एवं 33
2. जाफरी, जमीला अली। कविता इस्लामी परिप्रेक्ष्य में। वाराणसी, विश्वविद्यालय प्रकाशन, 1975, पृ. 119

भक्ति और कम्पोजिट समाज का लोकवृत्त निर्माण

वस्तुत: धर्मों का लोकजीवन पर प्रभाव इतिहास के ही अध्ययन से प्राप्त किया जा सकता है। आज का हिन्दू धर्म भक्तिकाल का ही वह रूप है, जो कोलोनियल शासन के दबाव के कारण अंशत: वर्णाश्रयी अंशत: आधुनिक अशांत पिछड़ी अंधविश्वासी शक्ल लिए हुए दिखलाई पड़ती है। इस विकृत स्वरूप के लिए बड़े पैमाने पर कोलोनियल राजपाट द्वारा पुन: चातुर्वर्णीय व्यवस्था का लादना एक अपराध था जिसको अमलीजामा कोलोनियलिस्म ने पहनाया। जबकि मध्ययुग में हिन्दू परम्परा भक्ति आंदोलन के प्रभाव से काफी हद तक लोचदार और जनअभिमुखी हो गयी थी। इस मामले में इस्लाम और खास तौर पर हिन्दुस्तानी इस्लाम को कोलोनियलिस्म उतना नुकसान नहीं पहुँचा पाया जितना कि हिन्दू विश्वदृष्टि को।

कम्पोजिट कल्चर के बनने में भक्ति और उसके लोकवृत्त की विशेष भूमिका है। सर्वधर्मसमभाव इसी कम्पोजिट संस्कृति से निकली है। कम्पोजिट, मिश्रित, मुश्तरका संस्कृति ही भारतीय राष्ट्रवाद का मूल है। यह आवश्यक है कि हम इस भक्ति और उसके लोकवृत्त पर एक नजर दौड़ा लें।

वस्तुत: भक्ति साहित्य के निर्माण की परिस्थितियाँ एक हद तक इस्लाम से प्रभावित हुई हैं इस पर विभिन्न मत हैं। आचार्य हजारी प्रसाद द्विवेदी ने इस्लाम से भक्ति आंदोलन को संदर्भित नहीं किया है उनका कहना है कि अगर इस्लाम नहीं भी आया होता तो भी हिन्दी साहित्य का बारह आना वैसा ही होता जैसा आज है। परन्तु पीतांबरदत्त बड़थ्वाल का कहना है कि मुसलमानों के भारत विजय के बाद भारत की राजनीतिक अवस्था में जिसमें दो अत्यंत विरोधी संस्कृतियों का व्यापक संघर्ष आरम्भ हुआ भक्ति आंदोलन के प्रसार के लिए उपयुक्त भूमिका प्रस्तुत की। आचार्य रामचन्द्र शुक्ल का विचार है कि जब मुस्लिम साम्राज्य स्थापित हो गया तब परस्पर लड़नेवाले हिन्दू और मुसलमान स्वतन्त्र राष्ट्र भी नहीं रह गए। इतने भारी राजनीतिक उलटफेर के पीछे हिन्दू समुदाय में बहुत दिन तक उदासी छायी रही। अपने पौरुष से हताश जाति के लिये भगवान की शक्ति और करुणा की ओर ध्यान ले जाने के अतिरिक्त दूसरा मार्ग ही क्या था।[1]

भक्ति आंदोलन का पारिपाश्र्व सल्तनत और शुरुआती मुगलकाल तक चलता है, पर भक्ति आंदोलन आंतरिक विद्रोह तथा सुधार का आंदोलन के रूप में ज्यादा दिखलाई पड़ता है। वर्णाश्रमी धर्म के पिंजड़े में बन्द हिन्दू जनता के सन्तों की गीत

1. जाफरी, जमीला अली। कविता इस्लामी परिप्रेक्ष्य में। वाराणसी, विश्वविद्यालय प्रकाशन, 1975, पृ. 96

और प्रार्थना ही उसे सांत्वना देती थी। दिल्ली की राज्यसत्ता ऐसे लोगों के हाथ थी जो वर्णाश्रमधर्म से बँधे नहीं थे। राजसत्ता का दबाव निम्नवर्गीय जमात पर अब अपेक्षाकृत शिथिल हो गया था और एक समानान्तर प्रतिमान के तौर पर इस्लाम खड़ा था जहाँ वर्णाश्रमधर्मी व्यवस्था नहीं थी हालाँकि वहाँ भी अफगानी, तुर्की, अरब, मुगल, बनाम भारतीय मुसलमान का प्रभु वर्ग और साधारण जनता की विभिन्न श्रेणियाँ खड़ी हुई थीं।

राजनैतिक परिवर्तनों का साहित्य और सामाजिकजन जीवन पर अपरोक्ष प्रभाव तो पड़ता ही है पर भक्ति आंदोलन का रसद आंतरिक विभाजन रेखाओं को अधिक प्रभावित करता था। हाँ दिल्ली की राजसत्ता अब वर्णाश्रमी धर्म को प्रोत्साहित करने के लिए नहीं खड़ी थी। 'यह स्वतन्त्रता' का स्पेस था। इसकी संभावना है कि इन परिस्थितियों के चलते यह आंदोलन बढ़ चला। दक्षिण में मध्ययुगीन सल्तनत और मुगल साम्राज्य न ही पूरे तरह से जा पाए और न ही प्रभावित कर पाए। हम देखते हैं कि भक्ति का जन्म दक्षिण की भूमि पर ही होता है। उत्तर में निश्चित तौर पर एक वर्णाश्रमधर्म के विरोध की ओर निरपेक्ष दृष्टि रखनेवाले राज्य सत्ता के फलस्वरूप भक्ति आंदोलन का प्रसार तेजी से और गहराई से हुआ। संभवतः आचार्य हजारीप्रसाद इस मायने में सत्य के अधिक निकट हैं। द्विवेदीजी की दृष्टि धर्मेतर है जबकि आचार्य रामचन्द्र शुक्ल की दृष्टि धर्मावृत ढाँचे में फँसी हुई लगती है।

दरअसल 19वीं सदी का हिन्दुस्तान दोदुल्यमान (द्वैधवृत्ति) के विचारों में झूल रहा था। एक ओर पश्चिम से एक अज्ञात किस्म की राज्यसत्ता ने हिन्दुस्तान पर कब्जा कर लिया था दूसरी ओर इनके द्वारा स्थापित नयी राज्य व्यवस्था ने शताब्दियों पुराने सामाजिक ढाँचों को तोड़ औपनिवेशिक राज्य सत्ता कायम किया। इन दोनों के बीच एक संक्रमणकालीन पड़ाव था।

प्राक कोलोनियल जमाने में शक्ति संचयन, राज्यक्षमता तथा धार्मिक समुदायों में आपस के सम्बन्धों के बारे में कुछ आम सहमतियाँ और कुछ राज्यादेश की मान्यता समाज को अपेक्षाकृत शांति कायम कर पाती थी, पर नयी कोलोनियल राज्यसत्ता आने के साथ यह शताब्दियों तक इस्तेमाल आनेवाली देसी प्रवृत्तियाँ बदलने लगी। लेकिन दूसरी ओर धार्मिक आइडेंटिटी को अतिक्रमित कर उपनिवेशवाद विरोधी मंच भी बनती दिखलाई पड़ने लगती है। मूलरूप से यह जमाना शताब्दियों से बनी स्थिर आइडेंटिटियों के नये कलेवर में परिवर्तित होने का है इसलिए हम इस काल को महज संक्रमण ही नहीं (एज आफ फ्लक्स) और पेंडुलम की तरह दुविधा से भरे जमाने के तौर पर देखते हैं।

इस प्रसंग में बनारस दंगों और 19वीं सदी के बनारस पर सान्ड्रिया फ्राइटाग के द्वारा लिखित पुस्तक पब्लिक एरिनास एण्ड इमरजेन्स आफ कम्युनलिस्म इन नार्थ इण्डिया[1] के प्रथम दो लेख एक सुगठित विमर्श को प्रस्तुत करतें हैं फ्राइटाग ने शुरू में ही स्पष्टीकरण कर दिया है कि वे भारतीय इतिहास को समुदाय और समाज की अन्तर्क्रियाओं से समझने की कोशिश किया है और दूसरी ओर यह प्रतिस्थापित किया है कि 19वीं सदी के आधुनिक होते हुए भारत में जुर्गेन हेबरमास द्वारा प्रस्तावित पब्लिक एरिना प्रयोज्य नहीं है।[2]

वस्तुत: हेबरमास जब लोक वृत्त की बात उठाते हैं तो वे यूरोप के आधुनिक क्षेत्रीय राष्ट्र राज्यों में स्वतन्त्र तथा बराबरी की साझेदारी के आधार पर पब्लिक ओपिनियन का वर्णन करते हैं। वस्तुत: जब भारत के सन्दर्भ में पब्लिक स्फीयर या लोकवृत्त का प्रश्न उठता है जैसा कि पुरुषोत्तम अग्रवाल ने परिभाषित किया है वह तो यूरोपीय लोकवृत्त से भिन्न स्थिति है।

वाराणसी के लाट भैरव 1809 के दंगों का आकलन करते हुए फ्राइटाग ने परिलक्षित किया कि इस दंगे में बनारस के राजा की भूमिका महज निरपेक्ष दर्शक की थी चूँकि जो कुछ अर्थपूर्ण अधिकार था वह अंग्रेज रेसिडेन्ट द्वारा आत्मसात कर लिया गया था। बनारस के राजपूत लड़ाकों पर भी राजा का अधिकार छिन गया था, फलस्वरूप यह दंगा भीषण रूप से युद्ध में बदल गया। कोतवाल की पारम्परिक हैसियत भी खत्म हो चुकी थी-ऐसी दशा में यह दंगा लम्बा चलता रहा। वस्तुत: इस युग में हिन्दू और मुस्लिम अलग-अलग आइडेंटिटी भी नहीं बन पायी थी। पूरा बनारस मुस्लिम, मराठा, राजपूत, गोसाईं और जुलाहा में बँटा हुआ था। इस दंगे के फलस्वरूप एक हिन्दू आइडेंटिटी (पहचान) का निर्माण हो गया था। साम्प्रदायिकता की दृष्टि भी इस दौर में विकसित होने लगी। साम्प्रदायिकता वस्तुत: हिन्दू-मुस्लिम समुदाय में नये वर्गों के निर्माण और पुराने वर्गों की शक्तिहीनता और नये वर्गों के बीच शक्ति प्राप्त करने के लिए रस्साकसी का मुक्तांगन बन गया। नइ आइडेंटिटीस औपनिवेशिक राज्य सत्ता द्वारा प्राक औपनिवेशिक युग के भारसम्यता को तोड़ देने के फलस्वरूप बना।[3]

पर जहाँ एक ओर वाराणसी के लाट भैरव विवाद में साम्प्रदायिक आइडेंटिटी का बनना शुरू हो जाता है दूसरी ओर 1810-11 में एक मजबूत एकता,

---

1. फ्राइटाग, सान्ड्रिया बी.। पब्लिक एरिनास एण्ड इमरजेन्स आफ कम्युनलिस्म इन नार्थ इण्डिया। आक्सफोर्ड प्रेस, 1997
2. वही। पृ. 19
3. वही। पृ. 36-4

साम्प्रदायिकता, वर्णाश्रमधर्मी विभाजन को अतिक्रमित करते हुए इसी बनारस शहर में नो टैक्स कैम्पेन के रूप में दिखलाई पड़ता है जहाँ 20,000 बनारस के शहरी (लगभग पूरे शहर की जनसंख्या) अपने घरों पर कुण्डा चढ़ाकर एक बड़े मैदान पर कम्पनी प्रशासन द्वारा लगाए गए गृह कर के खिलाफ लगभग 1 महीने तक बैठे रह जाते हैं। यह सत्याग्रह है जो 'सर्वधर्मसमभावी' संदर्भ में अंग्रेजी हुकूमत के खिलाफ संगठित होता है। अंग्रेज मजिस्ट्रेट को दिये गए परिपत्र में कहा गया कि मुसलमानों के शरीयत में और हिन्दू शास्त्रों में मकान को जिन्दगी के जरूरियात के रूप में परिभाषित किया गया था, ये सम्पत्तियाँ व्यापार करने के लिए नहीं थी। अतएव ऐसे जरूरियात पर कर लगाने का कोई प्रश्न ही नहीं उठता था ऐसा ही मानना था प्राक औपनिवेशिक काल के प्रशासनों का। अतएव यहाँ पर टैक्स नहीं लगता था। हिन्दुस्तान में मुस्लिम राज और हिन्दू राज में कभी भी मकानों पर टैक्स की उगाही सरकारों ने नहीं किया।[1]

दरअसल ब्रिटिश कोलोनियल स्टेट देशी जनता के रिवाज दस्तूरों से अवगत नहीं था। 1810-11 का सत्याग्रह इस मायने में एक ओर अंग्रेजी राज की अज्ञानता और दूसरी ओर हिन्दुस्तानी जमात द्वारा ऐतिहासिक क्षणों में व्यापक एकता बनाने की क्षमता को प्रदर्शित करता है। 1809 का दंगा पारस्परिक राज्य संरचना को तोड़ देने की वजह से हुआ। 1810 का सत्याग्रह राज की अज्ञानता पर एक महत्वपूर्ण टिप्पणी है और साथ ही प्रदर्शित करती है कि जनता में धार्मिक विभाजनों और जातिगत विभाजनों को अतिक्रमित करने की शक्ति थी।

फलतः 1794 में बनारस पाठशाला बनाई जाती है। हिन्दू विधि व्यवस्था को अंग्रेजी राज में लागू करने के लिए बनारस पाठशाला का निर्माण किया गया था। पुरुषोत्तम अग्रवाल 1794 को मनुवाद का पुनर्जन्म मानते हैं। इसके पहले मनुस्मृति बीस में से बस एक स्मृति थी। निश्चय ही थोड़ी अधिक महत्वपूर्ण लेकिन अन्तिम रूप से निर्णायक या हर स्थिति में हर स्थान पर बाध्यकारी कदापि नहीं।

1794 में अंग्रेज बहादुर द्वारा कराये गए हिन्दू विधि निर्माण ने मनुस्मृति को वह केन्द्रीयता प्रदान की, जो उसे आरम्भिक आधुनिक काल में तो क्या, हिन्दू चिन्तन के इतिहास में कभी भी हासिल नहीं की थी। देशज आधुनिकता के अस्तित्व को नकारते हुए, विचारों और रुझानों में आए परिवर्तनों से आँख मुँदते हुए, धर्मशास्त्रीय चिंतन के लोक संवादी विकास को भी धत्ता बताते हुए, औपनिवेशिक ज्ञानकाण्ड ने मनुवाद के विरुद्ध देस भाषा और संस्कृत दोनों में

---

1. फ्राइटाग, सान्ड्रिया बी.। पब्लिक एरिनास एण्ड इमरजेन्स आफ कम्युनलिस्म इन नार्थ इण्डिया। आक्सफोर्ड प्रेस, 1997 पृ. 45

वैचारिक सैद्धान्तिक संघर्ष को ऐतिहासिक स्मृति से बेदखल कर दिया और मनुस्मृति को पारम्परिक हिन्दू विधि (ला) का सर्वप्रमुख बल्कि एकमात्र स्रोत के रूप में स्थापित कर दिया।[1]

डेविड लोरेंजों ने अपनी पुस्तक 'हू इन्वेंटेड हिन्दुइस्म' में बसुधा डालमिया, राबर्ट फ्राइकेनवर्ग, क्रिस्टोफर फूलर, जान हाली, जेराल्ड लारटन, हरजोत ओबेराय, ब्रायन स्मिथ और हेनरिख वान स्टिटेनकान को उस धारा का समर्थक माना है जिनका दावा था कि हिन्दू धर्म या हिन्दुइस्म वास्तव में अंग्रेजी राज और अंग्रेजी विद्वानों द्वारा निर्मित, कल्पित धर्मव्यवस्था है।[2]

इसमें दो राय नहीं कि हिन्दू धर्म का निर्माण अंग्रेजी राज और उनके विद्वतजनों ने नहीं किया पर यह तो जग जाहिर है कि उन्होंने हिन्दू धर्म का एक विशिष्ट शैली में कोडिफिकेशन किया। अंग्रेजी राज की बाध्यता थी कोडिफिकेशन कराना। देशी धर्मों से अनभिज्ञ होने के कारण उन्होंने हिन्दू धर्म और इस्लाम का कोडिफिकेशन करवाया। हिन्दू धर्म बहुलवादी और एक हद तक डायलेक्टिकल होने के कारण तथा इन दोनों के प्रभाव में लगातार परिवर्तित, विभिन्न धाराओं के निर्मित होने के कारण उसके पाठ्य (टेक्स्ट) का निर्णय नहीं हो पा रहा था। इस्लाम में यह कठिनाई नहीं थी।

पर यह आवश्यक नहीं कि अंग्रेजी राज शुरू से ही महज धर्मविभाजन को केन्द्रबिन्दु बना कर कोडिफिकेशन की प्रक्रिया चालू की थी। इस प्रक्रिया ने दो प्रभाव भारतीय समाज पर छोड़ा। एक तो उसने क्रमश: परिवर्तित होनेवाली बहुलवादी धार्मिक परम्परा को परम्परा और संस्कृति में लगातार परिवर्तन, जोड़-तोड़, अनिश्चितता, निर्मीयमान दिशा (सोसाइटी इन फ्लक्स) के स्वत:स्फूर्त गति को रोक दिया और एक बँधी हुई धारा में बदल दिया। एक नया अपरिवर्तनशील चातुर्वर्णीय व्यवस्था के लिए सैद्धान्तिक जमीन फोर्ट विलियम्स और जोनाथन डंकन के अनुरोध पर बनी पाठशाला ने मुहैया करा दी। एक अपरिवर्तनशील गतिहीन व्यवस्था कहीं-न-कहीं सामाजिक अन्तर्द्वंदों में एक निषेधात्मक रूप भी ले लेती है।

पब्लिक एरिना या लोकवृत्त में देशी जमात का आगमन होता है। मुनिसपलिटी में चुनाव, कैपिटलिस्म का आना एक नयी घटना थी जिसके लिए इस देशी प्रांगण में साम्प्रदायिक रस्साकसी में धीरे से बदल चुकी यूरोपीय शैली का लोकवृत्त और उसमें देसी हिस्सेदारी ने एक पर्वटेड माडर्निटी को जन्म दिया। इस परिस्थिति में यह एक स्वाभाविक घटना थी। आर्यसमाज और सनातमधर्म के विचारों से प्रभावित जो नया विकसित होता हुआ हिन्दू मध्यम वर्ग बन रहा था उसकी उर्जा का चैनेलाइजेशन

1. अग्रवाल, पुरुषोत्तम। पूर्व उद्धृत। पृ. 75,76
2. लोरेन्जेन, डेविड एन.। हू इन्वेन्टेड। दिल्ली, थोडा प्रेस, पृ. 1

साम्प्रदायिक टकराहट में हो यह न तो आश्चर्यजनक था और न ही अस्वाभाविक। यह नया उभरता हुआ मध्यमवर्ग बेहद ऊर्जावान था। या तो यह वर्ग एक आलोकित नव ओजस वर्ग के रूप में उभरता या यह आइडेंटिटी की टकराहट में साम्प्रदायिक संकुचन के वृत्त में दाखिल हो जाता। दरअसल 19वीं सदी के अन्त में दोनो प्रक्रियाएँ हुई, पर क्षेत्रीय पटल में इसके विविध स्वरूप थे। बंगाल रेनेसाँ में एक ओर ब्राह्मो समाज तो दूसरी ओर सनातनी हिन्दू समाज में रामकृष्ण-विवेकानन्द-निवेदिता प्रक्रिया थी। राममोहन राय, देवेन्द्रनाथ टैगोर, रामकृष्ण परमहंसदेव और विवेकानन्द ने इस नये ओजस मध्यम वर्ग को पुनर्जागरण का केन्द्रबिन्दु बनाया था। बाद के दिनों में रवीन्द्रनाथ टैगोर ने आधुनिक बंगाल की सांस्कृतिक अस्मिता को आधुनिकता के नये पर्याय पर ढाला।

हिन्दी पट्टी में एक अति ऊर्जावान मध्यमवर्ग का निर्माण होना शुरू होता है पर साथ ही साथ हिन्दी पट्टी खास तौर पर पंजाब और पश्चिमी उ. प्रदेश में इस मध्यम वर्ग पर आर्यसमाज का प्रभाव बढ़ने लगा था। आर्यसमाज समाज सुधार के साथ ही साथ हिन्दू साम्प्रदायिकता का भी मंच था। आर्य समाज, सनातन धर्म समाज, हिन्दू धर्म महामण्डल का प्रभाव हिन्दी पट्टी में इस नये निर्मित होते हुए मध्यम वर्ग पर पड़ा पर इसके ठीक विपरीत बंगाल में मध्यमवर्ग पर डिरोजियो के नव बंगाल आंदोलन और ब्राह्मो समाज से बेहद प्रभावित होने के कारण साम्प्रदायिकता जड़ नहीं जमा पाई। ये दोनों आंदोलन साम्प्रदायिक नहीं थे और डिरोजियो तो इसाई थे। पब्लिक एरिना में जब मध्यमवर्ग का पदार्पण होता है उसकी वैचारिकी ही उसे संचालित करने लगती है।

जहाँ एक ओर उत्तर भारत में भारतेन्दु हरिश्चन्द्र से लेकर राजा शिवप्रसाद सितारे हिन्द और बाद के दिनों में हिन्दी साहित्य में एक नवोन्मेषी परम्परा जिसमें आचार्य रामचन्द्र शुक्ल से लेकर हजारीप्रसाद द्विवेदी और बालकृष्ण भट्ट से लेकर प्रेमचन्द जैसे आलोचक और कथाकार ने एक स्वस्थ पीठिका हिन्दी पट्टी में तैयार की पर दूसरी ओर आर्यसमाज से लेकर सनातनधर्मियों ने साथ ही साथ साम्प्रदायिक विभाजन की भी रेखा खींची। दयानन्द सरस्वती ने पंजाब में 1882 में पहली गोरक्षिणी सभा की शुरुआत की, और इस विषय पर एक पुस्तक भी लिखी।[1]

तत्कालीन नार्थ वेस्टर्न प्राविंसेस के जिलों में यह आंदोलन शीघ्र ही फैल गया पर इस साम्प्रदायिक विभाजक आंदोलन की धार सबसे तेज थी पूर्वी उत्तर प्रदेश में।

---

1. फरकूहर, जान निकोल। माडर्न रेलिजियस मूवमेन्ट्स इन इण्डिया। न्यू यार्क, मैकमिलन प्रेस, 1918, पृ. 111

1888 में इलाहाबाद हाई कोर्ट ने गोहत्या पर रोक नहीं लगाई। अदालत के अनुसार गाय को एक पवित्र जानवर नहीं माना जा सकता था। इस प्रकार गोहत्या धारा 295 (सीआरपीसी) के अनुसार दण्डनीय नहीं ठहरा।[1]

इस फैसले ने आग में घी डाल दिया और यह पंजाब से लेकर उत्तर प्रदेश और खासतौर पर हिन्दू जनता में धार्मिक अस्मिता का प्रश्न बन गया, यह गुस्सा केवल मुस्लिम विरोधी नहीं था, यह ईसाई विरोधी भी था और अन्ततोगत्वा यह अंग्रेजी राज के खिलाफ भी एक प्रतिवादी आंदोलन में कालान्तर में बदल गया। उत्तर प्रदेश में कांग्रेस के विकास के पीछे गोरक्षिणी सभाओं का विस्तार भी एक प्रमुख तत्व है इसलिए शुरुआती दौर में उत्तर प्रदेश के कांग्रेस में हिन्दुत्ववादियों की अच्छी खासी पकड़ एक अवधि तक बनी रही।

गोरक्षिणी सभा का साम्प्रदायिक अभियान और अंग्रेजी राज का कुछ-कुछ जगहों में अति उत्साही दमन के निजाम ने इस साम्प्रदायिक दावानल को और भी बढ़ा दिया।[2]

1893 से चले दंगों ने हिन्दी पट्टी में अब अभी तक अपरिभाषित समुदायों को हिन्दू और मुसलमान में बदल दिया। वस्तुतः इसमें हिन्दू आइडेंटिटी जो बहुलवादी सन्दर्भों में अधिक जानी जाती है, वह नेस्तनाबूद हो गई। डॉ. गिरीश पाण्डेय अपनी पुस्तक मुस्लिम लीग और साम्प्रदायिक राजनीति में लिखते हैं कि 19वीं सदी के अन्तिम दो दशकों में हिन्दू जनता जो पहले असंगठित था, अब खुलकर मूर्तिपूजा, जाति, पुराण एवं गाय की पवित्रता तथा परम्परागत रीति-रिवाजों की वकालत करने लगा था। मुसलमान ब्रिटिश आधिपत्य का सामना करने के लिए अपने गौरव बिन्दु इस्लामिक इतिहास में खोज रहे थे। वे भी हिन्दुओं की तरह अपने पैन इस्लामिक पहचान की खुलकर वकालत करने लगे थे।[3]

गांधी और सर्वधर्मसमभाव

गांधी के सर्वधर्मभावी दृष्टिकोण बनने में उनका दक्षिण अफ्रीका में (1893-1914) 22 वर्षीय प्रवास की विशिष्ट भूमिका है। गांधी का सर्वधर्मसमभाव वस्तुतः गांधी के डायस्पोरिक प्रवास का उत्पाद है।

---

1. फ्राइटाग, सान्ड्रिया वी.। पूर्व उद्धृत। पृ. 150
2. वही। पृ. 166
   एच.इ.एल.पी. उपरवक्स नाम के एक कार्यवाहक मजिस्ट्रेट के बकरीद के वख्त बेहद उत्साही कार्य के कारण आजमगढ़ में दंगे 1893 में भड़क गए।
3. पाण्डेय, गिरीश चन्द्र। पूर्व उद्धृत। पृ. 21

पर गांधी का व्यक्तिगत जीवन, उनकी पान्थिक मान्यताएँ और जीवन शैली जो उन्होंने बचपन से अख्तियार किया उसकी भी बड़ी भूमिका है सर्वधर्मसमभावी मानस बनाने में।

इस सन्दर्भ में महात्मा की पृष्ठभूमि भी स्पष्ट होती है। महात्मा की सन् 34 में वाराणसी के कबीर मठ की यात्रा महात्मा के अन्तरतम मन और मिजाज को दर्शाता है। 3 अगस्त 1934 के आज अखबार में महात्मा की कबीर मठ में यात्रा का वृत्तान्त निम्न शब्दों में छपा है।

"कबीर मठ मूलगादी में मौलसरी के वृक्ष के नीचे बैठकर महात्मा ने मठ के महन्त से रू. 105 हरिजन फण्ड का चन्दा स्वीकार किया। महन्त रामविलास दास की ओर से मानपत्र सम्पूर्णानन्दजी जो बाद में उत्तर प्रदेश के मुख्यमंत्री बने उन्होंने प्रस्तुत किया।

महात्मा ने कहा कि उनकी माता कबीरपंथी थी। उन्होने आगे कहा कि महन्त रामविलासदास का निमन्त्रण इसलिए स्वीकार किया कि वे ऊँचनीच का भेदभाव नहीं करते और महात्माजी के जो उद्देश्य है वही उद्देश्य उनके भी हैं। ज्ञातव्य हो कि वियोगी हरि की ओर मुड़कर उन्होने कहा कि उन्होंने इस मठ का निमन्त्रण स्वीकार इस वजह से किया चूँकि वियोगी हरि ने उन्हें आश्वस्त किया था कि कबीर मठ के महन्त अन्य महन्तों की तरह महज महन्ताई नहीं करते हैं बल्कि वे कबीर साहब के वचन का पालन अक्षरश: करते हैं उसी कारण से अस्पृश्यता विरोधी अभियान में कबीरपंथी आश्रम के महन्त होने के कारण शुरू से ही वे जोर-शोर से शामिल थे। महात्मा हिन्दू धर्म के महन्तों के बारे में अच्छी राय नहीं रखते थे पर वियोगी हरि ने उन्हें बताया कि कबीर मठ के महन्त रामविलास दास जी सच्चे साधु हैं।

महात्मा ने आगे कहा कि उनकी माता जिस समय उनका विवाह हुआ था उन्हें लेकर और देवताओं के मन्दिरों के अतिरिक्त कबीर मठ में भी गयी थी।

महात्मा ने कहा कि वे प्राकृत पुरुष है इसीलिए 'प्राकृत' मनुष्य ही उन्हें लुभा सकते हैं।" महात्मा का यह कहना कि वे प्राकृत पुरुष हैं महत्वपूर्ण कथन है। वस्तुत: महात्मा का सर्वधर्मसमभाव की अवधारणा उनके 'प्राकृत' मूल्यों की वजह से ही आता है एक प्राकृत पुरुष ही ईमानदारी से सर्वधर्मसमभावी हो सकता है जो किसी वर्ग, औपचारिक कर्मकाण्ड और धर्म, भेदाभेद के विचारों से जुड़ा होगा वह सर्वधर्मसमभावी नहीं हो सकता है। वस्तुत: महात्मा की अर्थशास्त्र और नैतिक राजनीति की व्याख्या भी उनके प्राकृतपन से ही की जा सकती है।

कबीर परम्परा से महात्मा ने चर्खा तो ग्रहण किया ही अपितु उसे राष्ट्रीय प्रतीक बनाने की पुरजोर कोशिश की। साथ ही साथ उसे स्वराज और स्वदेशी का मुख्य औजार भी बना डाला।

कबीर सत्य के मार्ग के पथिक थे। महात्मा ने कबीर के ही पथ को 20वीं सदी में ग्रहण किया।

भाषण के पश्चात महात्मा को महंत रामविलासदास ने एक कमण्डल और कुबड़ी थमाई इसे पाते ही महात्मा ने मुस्कुराते हुए कहा बस काशी में कमण्डल और कुबड़ी ले ली अब बचा ही क्या? सभी लोग आसपास हँस पड़े।

महात्मा की कबीर मठ की यात्रा बेहद महत्वपूर्ण थी क्योंकि वे न ही पुजारियों का और न ही मंहतों का निमन्त्रण आम तौर पर स्वीकार करते थे। पर उन्हें लगा कि कबीर मठ भी अन्त्यजों और गरीब जनता के बीच काम करती है इसलिये उन्होंने यहाँ आना स्वीकार किया।

गांधी की वैचारिकी 'प्राकृत उन्मुख' थी उसमें नयी अनुभूतियों के संयोजन की पूरी गुंजाइश थी। साथ ही वह आम जन के बोधगम्य थी। वे ऊपर से उपदेशात्मक लहजे में बात नहीं करते थे उनके लिए उनके कर्म ही उनके विचार थे इसीलिए उन्होंने कहा है कि उनका जीवन ही उनका संदेश है।

गांधी जब अफ्रीका से भारत लौटे तो उन्होंने तीन प्रयोगों के माध्यम से भारतीय राजनीति में क्या संभव था उसका थाह पाए। चम्पारन, खेड़ा और अहमदाबाद टेक्सटाइल मिल युनियन तीनों में से दो गरीब अत्याचारित किसानों से सम्बन्धित था तो एक गरीब मजदूरों से जुड़ा हुआ था। किसान और मजदूरों को लेकर गांधी ने अपनी यात्रा शुरू की थी। उनका पदार्पण एक ऐसे हिन्दुस्तान में हुआ था जो बुरी तरह से साम्प्रदायिक झगड़ों में उलझा हुआ था। जिस वर्ष गांधी ने भारत का तट छोड़ा था वही 1893 हिन्दू-मुस्लिम झगड़ों और खासतौर पर हिन्दू साम्प्रदायिकता का दुर्भाग्यजनक वर्ष बन गया था। गांधी इस खण्डित हिन्दुस्तान से वाकिफ नहीं थे। रहमान खाँ भी इस खण्डित हिन्दुस्तान से वाकिफ नहीं थे। हालाँकि उन्होंने सन् 1898 में भारत का तट छोड़ा था। यह बल्कि सौभाग्य का विषय है कि बुन्देलखण्ड के उन दूर दराज के गाँवों में अभी भी आजमगढ़ के दंगों का विषदन्त बैठ नहीं पाया था। इसका कारण है कि सम्भवत: वहाँ आर्य समाज और हिन्दू महासभा के निपुण खिलाड़ी या तो पहुँच नहीं पाए थे या उनका वर्चस्व कायम नहीं हो पाया था। पंजाब उत्तर प्रदेश में रुहेलखण्ड और पूर्वी उ. प्रदेश में गोवध विरोधी आंदोलन का केन्द्र बनता जा रहा था। 1892-93 में इस साम्प्रदायिक उफान के भड़कने का सम्भवत: कारण एज आफ कन्सेन्ट बिल भी था। आर्यसमाज द्वारा समाज सुधार में बाल विवाह की खिलाफत के कारण साम्प्रदायिक आग उतनी नहीं भड़क पायी जितनी कि नये म्युनिसिपल चुनावों में हिन्दू-मुस्लिम सत्ता के रस्साकसी ने भड़काया चूँकि इन इलाकों में हिन्दू व्यापारियों, बैंकरों और सूदखोर तेजी से बढ़े और मुस्लिम

सामन्तशाही पर हावी हो गए।[1] पर पूर्वी उ. प्रदेश में न तो सुधार की हवा आई थी, साम्प्रदायिक बयार तो था पर धीमे था। एज आफ कन्सेन्ट बिल ने शायद एक प्राचीनपंथी कर्मकाण्डी समाज को हिला दिया जिसके फलस्वरूप दंगों का मुक्त क्षेत्र पूर्वी उत्तर प्रदेश बन गया। इसके अतिरिक्त पूर्वांचल में साम्प्रदायिकता पर शोध चौकाने वाले तथ्य मिले हैं कि मऊ गोपीगंज (आजमगढ़ जिला) जैसे जगहों पर जमींदारों और ताल्लुकेदारों ने कोई साम्प्रदायिकता के प्रकरण में कोई रुचि नहीं दिखाई। दंगों के पीछे हाथ वहाँ के सरकारी कर्मचारियों का था। इस इलाके के तीन तहसीलदारों की भूमिका दंगाइयों की मदद की रही इसलिए सरकार ने इन्हें तबादला और पदावनति की।[2]

गांधी ने जटिलता में बेहद उलझी हुई समाज में सर्वधर्मसमभाव का बीड़ा उठा रखा था। इसी दृष्टि से गांधी ने 1921 में असहयोग आंदोलन के साथ खिलाफत को जोड़ा था उस कड़ी को जोड़ने के लिए जिसे 1893 के दंगों, हिन्दी उर्दू विवाद, मुस्लिम आशंकाएँ और डर और आर्य समाज जैसे साम्प्रदायिक आंदोलन ने तोड़ दिया था।

गांधी इतिहास की एक पूरी धारा को मोड़ना चाहते थे और यह साहस और साथ ही महसूस गांधी के लिये ही सम्भव था। वे अकेले थे इस बेहद संगीन महाभारत की लड़ाई में। पर दक्षिण अफ्रीका में उनका डायस्पोरिक सफर ने उनको दृढ़ निश्चय का धनी बना दिया था। उनके पास कुल पूँजी दृढ़ निश्चय और ईमानदारी और हिन्दू-मुस्लिम की एकता की कामना उनके हाथ में थी। अभी तक वे महात्मा भी नहीं थे...महात्मा बनने की प्रक्रिया तो सन् 1919-20 से शुरू होती है।

गांधीजी की दृष्टि :

गांधी और प्राकृतपन

कबीर परम्परा का एक छोर गांधी को स्पर्श करता था-अपने को सनातनी घोषित करने के बावजूद उनके सनातनपन का अर्थ या कबीरी भाषा में **बेहद का क्षेत्र** था। गांधी उस बेहद के पार जाने की क्षमता रखते थे, वे अध्यात्म , राजनीति, समाज और दैनन्दिन जीवन संग्राम को जोड़ कर आगे बढ़ने की बात करते हैं। उनकी मूल प्रतिस्थापनाएँ बहुतेरे को यूटोपियन लगती है। दुनियावी लोगों के लिए असम्भव भी ! पर वे एक अहिंसक समाज के यूटोपिया की तरफ लगातार चलते हैं पूरी जमाने को

1. पाण्डेय, गिरीश चन्द्र। पूर्व उद्धृत। पृ. 27
2. फ्राईटाग, सान्ड्रिया बी.। पूर्व उद्धृत। पृ. 170

धत्ता बताकर। उनकी सत्य की ओर यात्रा भी नितनूतन अनन्त सत्य की सीढ़ियों की यूटोपियन यात्रा लग सकती है बहुतेरों को। लेकिन उन्हे नहीं। वे सत्य का प्रयोग हर पल, हर क्षण करते हैं। यह कबीरीपन है महात्मा में जो झलकता है संत कबीर के निम्नोक्त पदों में-

हद चले सो मानवा बेहद चले सो साध।
हद बेहद दोऊ तजै ताकर मता अगाध।।

(बीजक 189 पृ.163)

यही उन्हें सनातन हिन्दू, मुसलमान, ईसाई, जैन, सिख, यहुदी सभी हदों को अतिक्रमित करते की क्षमता दे रही है उनके लिए इन दीवारों को लाँघना स्वाभाविक है। वे सभ्यता और विश्व मानवता के सागर में निरन्तर गोता लगाते रहते है। जैसे कबीर की साधना हिन्दू धर्म, इस्लाम, नाथ पथ, देशाचार, लोकाचार से न्यारी थी ठीक उसी तरह महात्मा कभी भी पिटे-पिटाए लकीरों पर नहीं चलते थे।

हिन्दू-मुस्लिम विभाजन रेखा को अतिक्रमित करने की एक परम्परा जो खड़ी होती है उसके सबसे मजबूत निदर्शन हैं कबीर। एक लम्बी परम्परा जिसमें रसखान अगले जन्म में ब्रज रज बनकर कृष्ण चरणों के स्पर्श पाने की कामना करते हैं कन्हैया जी के बालपन वर्णन में सराबोर नजीर, चिरागे दैर वाले ग़ालिब जिस प्रकार से सीमा रेखाएँ अतिक्रमित करते हैं गांधी उस परम्परा शैली को बखूबी निभाते हैं।

कबीर के 'सर्वधर्मसमभावी' व्यक्तित्व और चेतना से गांधी का सीधा पाला पड़ता है। जिसका नतीजा होता है कि राष्ट्रीय आंदोलन की एक क्षीणधारा जो उच्च मध्यमवर्गीय नेतृत्व के तहत चलनेवाली कांग्रेस जैसी संस्था भी सन् 30 आते-आते समुद्र के समान हिलोरें खाने लगती है। कबीर के सर्वधर्मसमभावी दृष्टि का परिचय निम्नलिखित कविता से दिया जा सकता है। मध्ययुग में धार्मिक तंगनज़री पर इस तरह का हमला कबीर ही कर सकते थे। गांधी पर कबीर का प्रभाव गांधी के 'सर्वधर्मसमभावी' दृष्टि निर्माण में दिखलाई पड़ता है।

एक निरंजन अलह मेरा
हिन्दू तुरकदुहू नहीं मेरा
राखु व्रत ने महतम जाना तिसही सुमिरु जो रहै
पूजा करू न निमाज़ गुजारु निदसा
एक निराकार हिरदै नमस्कारु...
न हज जाऊँ न तीरथ पूजा एक पिछांना तौ काइजा
कहै कबीर भरम सब भागा एक निरंजन सू मन लागा

(ग्रन्थावली दास पृ.152)

कबीर के राम जैसे दाशरथि राम नहीं हैं। गांधी का राम और रामराज भी वह यूटोपियाई ठिकाना है जिसे हासिल करने के लिए वे पूरी जिन्दगी लगा देते हैं। यही प्राकृत पुरुष का लक्षण है जिसे उन्होंने काशी के कबीर मठ में स्वीकारा।

गांधी का प्राकृतपन जहाँ एक ओर कबीरी यात्रा की याद दिलाता है। दूसरी ओर उनका जीवन पश्चिम में जो एक समानान्तर धारा पश्चिमी दौड़, पूँजीवाद, यांत्रिकता और साम्राज्यवाद के विरुद्ध चल रहा था उससे भी प्रभावित था। काउंट लियो टालस्टाय, थियासाफिस्ट पेत्रोवना व्लावत्स्की, जान रस्किन, थामस कार्लाइल और अमेरिका से आर उबन्रू इमर्सन तथा हेनरी डेविड थोरे ने भी गहरी छाप छोड़ी थी गांधी पर। एक मायने में गांधी पूरब और पश्चिम के हद को पार करने के एक सार्वदेशिक सेतुबन्ध बन गए थे। गांधी को बेहद प्रभावित किया था, टालस्टाय की कृति 'दि किंगडम आफ गाड इज वीदीन यू'। धर्म और राज्य में समझौता नहीं हो सकता है, यह सारांश था इस पुस्तक का। अपने अन्तरतम मन की ओर झाँक के देखने को एक भाषा देती थी यह पुस्तक। इसी तरह से उनका प्रिय पाठ्य था 'सरमन आन दी माउण्ट' यह उनके मुख्य जीवन मूल्य अहिंसा के लिए एक बेहद मौजू पाठ था। जान रस्किन का 'अनटू द लास्ट' उन्हें सर्वोदय और आखिरी आदमी के लिए समाजनीति तक लाती है। थोरे का आन दि ड्यूटी आफ सिविल डिसओबिडियंस ने भी उन्हें बेहद प्रभावित किया था।

सर्वधर्मसमभाव की जमीन इसी विचार बीथिका पर निर्मित हुई थी। बालक गांधी को काठियावाड़ का सर्वधर्मसमभावी समाज की छाया मिली थी, आजमगढ़ में 1000 मृत्यु गोरक्षिणी सभा के आंदोलन फलस्वरूप 1893 में हुई थी पर उसकी आँच गुजरात के इस प्रांत में नहीं आ पाई थी जहाँ काठियावाड़ के अधिकांश व्यवसाय वहाँ के बोहरा और मेमन मुसलमान ताजिरों के हाथ में था। 1893 में जब पूर्वी उत्तर प्रदेश में आजमगढ़ में साम्प्रदायिकता का नरमेध शुरू हो गवा था युवक गांधी को उस वक्त एक अब्दुल करीम झवेरी जो गांधी की तरह ही काठियावाड़ी थे और जिनका व्यापारिक सम्बन्ध दक्षिण अफ्रीका के एक बड़े भारतीय फर्म दादा अब्दुल्ला एण्ड को.से था उन्होंने संदेश भेजा कि यदि वह दक्षिण अफ्रीका जाने को राजी हों तो उन्हें दादा अब्दुल्ला एण्ड कम्पनी उन्हें अपना वकील नियुक्त कर सकती है हालाँकि दादा अब्दुल्ला एण्ड को. के मामले अंग्रेज बैरिस्टर देख रहे थे पर उन्हें ज्यादा भरोसा होगा यदि एक काठियाबाड़ी बैरिस्टर उनकी मदद करे। दादा अब्दुल्ला को पत्राचार भी विभिन्न विषयों में करने पड़ते थे इसके लिये भी उन्हें अपने इलाकाई वकील की आवश्यकता थी चूँकि फर्म के मालिकान अंग्रेजी भाषा से वाकिफ नहीं थे। हालाँकि उनके पास विशाल व्यापार और व्यापारी जहाज भी थे।

राजकोट में असफल झल्लाए हुए दु:खी मोहनदास के लिए यह एक स्वर्णिम मौका था। गांधी इच्छुक थे। वे झवेरी से बातचीत करने के लिए पोरबन्दर गए। युवा मोहनदास ने झवेरी से पूछा कितने दिनों तक उन्हें दक्षिण अफ्रीका रहना पड़ेगा? झवेरी ने कहा मात्र 1 साल, आपकी कुल तनख्वाह 105 पौंड और रखरखाव के सारे खर्च कम्पनी देगी। और उन्होने युवा गांधी के हाथ प्रथम श्रेणी का टिकट थमा दिया। बम्बई पहुँचने पर युवा गांधी को निराश होना पड़ा क्योंकि जहाज के सारे प्रथम श्रेणी के केबिन मोजाम्बिक के अंग्रेज गवर्नर ने अपने नाम बुक करवा लिये थे। निराश गांधी को जहाज के चीफ अफसर ने ढाढस बँधाया और कहा कि वे उनके केबिन में रह सकते हैं। अप्रैल 1893 में गांधी ने भारत छोड़ा। 1 साल की नौकरी का वायदा था। गांधी लौटे 22 साल बाद।

वस्तुत: दक्षिण अफ्रीका गांधी के लिए जीवन निर्माण की भूमि थी। दक्षिण अफ्रीका में उनको आंदोलन के मित्र मण्डली जिसमें काठियावाड़ी मुसलमान व्यापारियों का बहुमत था से लेकर जर्मन यहूदी कालेनबाख, अंग्रेज पोलक, अंग्रेज पादरी डोक (जो गांधी के प्रथम जीवनी लेखक भी थे) और दर्जनों अंग्रेजों, डचबोअर, हिन्दुस्तानी मुसलमान, ईसाई, तामिल और पूर्वी उत्तर प्रदेश के गिरमिटिया मजदूरों का संग साथ मिला।

यह एक 'मल्टीकल्चरल सोसाईटी' थी जहाँ विविध धर्मों, जातियों, नस्लों के लोग गांधी से जुड़ते गए, स्वाभाविक है कि गांधी की 'सर्वधर्मसमभाव' की शुरुआत भी यहीं से हुई।

हेनरी पोलक जो गांधी के आश्रम के साथी बने, पोलक से मुलाकात गांधी से 1904 में उनके छोटे से घर रिसिक स्ट्रीट जोहान्सबर्ग में हुई। हेनरी पोलक को आश्चर्य हुआ जब उन्होंने ईसामसीह की एक बड़ा चित्र गांधी की मेज पर देखा उस चित्र के अलावा तीन और चित्र जस्टिस रानाडे, दादाभाई नौरोजी और गोखले का था।[1]

इसीलिए 1915 में भारत लौटने पर गांधी को थोड़ा आश्चर्य ही हुआ जब उन्होंने देखा कि भारतीय समाज किस तरह से विखण्डित हो गया है। इसी को जोड़ने में उन्होंने फिर सारी जिन्दगी लगा दी।

गांधी 1925 में कहते हैं कि "मेरे लिए धर्म से अलग राजनीति गन्दगी मात्र है-सर्वथा त्याज्य। राजनीति का सरोकार राष्ट्र कल्याण है जो भी राष्ट्र के कल्याण से जुड़ाव महसूस करता है उसमें धार्मिक प्रवृत्ति आवश्यक है। दूसरे शब्दों में उसे ईश्वर और सत्य का खोजी होना चाहिए। आगे वह टालस्टाय की शब्दावली में

1. पाईन, राबर्ट। दी लाइफ एण्ड डेथ आफ महात्मा गांधी। नई दिल्ली, रूपा एण्ड कं., पृ. 145

कहते हैं कि हमें किंगडम आफ गॉड को राजनीति में भी स्थापित करना है। यह ध्यान देने योग्य है कि गांधी का तात्पर्य यहाँ किसी प्रवर्तित या संगठित धर्म से नहीं था।[1]

गांधी धर्म को एक सार्वभौम/विश्वजनीन प्रक्रिया के रूप में देखते थे। इसलिए आश्चर्य नहीं होता कि गांधी को समझने में बहुत सारे टिप्पणीकारों को कठिनाई होती थी क्योंकि जब भी वे धर्म शब्द का उपयोग करते थे तो उससे नैतिकता पर टिकी व्यवस्था का पुट सबसे अधिक होता था। कहीं-कहीं गांधी का धर्म नैतिकता आधारित व्यवस्था और अध्यात्म का पर्यायवाची था।

गांधी के धार्मिक विश्वासों को लेकर अटकलें अक्सर हास्यास्कर बन जाती हैं। तरह-तरह की टिप्पणियाँ निश्चित तौर पर टिप्पणीकार की अज्ञानता और अपने मनोगत मन:स्थिति को ही दर्शाती है।

कुछ लोग भ्रमवश उन्हें थियोसोफिस्ट मानते थे। तो कुछ अन्य लोग उन्हें भ्रमवश ईसाई-मुसलमान मानते थे। श्यामजी कृष्ण वर्मा ने गांधी के सत्याग्रह और उससे जुड़े आत्म यातना को ईसाई धर्म से जोड़कर देखा। यहाँ तक कि तिलक को भी गांधी की अवस्थिति का आभास नहीं था क्योंकि वे संभवत: हिन्दू समाज को एक अभेद्य वर्णाश्रमी समाज मानते थे जिसमें कोई नया तत्व कभी जुड़ ही नहीं सकता है, यह एक पुरातनपन्थी दिमाग की समझ थी। तिलक एक अर्से तक गांधी के अहिंसा, सत्याग्रह, उपवास और आचार व्यवहार के आधार पर उन्हें जैन धर्म का अनुयायी मानते थे उन्हें और भी आश्चर्य हुआ जब उन्हें पता चला कि गांधी जाति से मोद वैश्य हैं पर विश्वास से पूरे वैष्णव हैं।[2]

दरअसल गांधी उन सभी मूल्यों के जोड़ या उनसे अंशत: प्रभावित थे जिसे खण्ड-खण्ड में उपरोक्त कथन में दर्शाया जा रहा था। उनमें समुद्र मन्थन से अमृत तत्व ग्रहण कर लेने की महारथ हासिल थी। उनमें 'विभिन्नदर्शनग्राहिता' की विशेष क्षमता थी, वे किसी ढाँचे, डाग्मा से महज बँधे हुए व्यक्ति नहीं थे।

गांधी की धर्मीय दृष्टि में एक सीमलेसनेस का दर्शन साफ तरीके से होता है उनमें क्षमता थी 'सरमन आन दी माउण्ट' मैथ्यू आर्नोल्ड के सांग सेलेस्टियल और आर्नोल्ड की भगवान बुद्ध की जीवनी 'दी लाइट आफ एशिया' के सारतत्व को एक विचारधारा में पिरोने की। वे धर्म को 'बेहद' के दायरे में ही देखते थे। धर्म ग्रन्थों या दार्शनिक ग्रन्थों की व्याख्या में जहाँ एक ओर एक वस्तुपरक भाष्य निर्मित होता है तो दूसरी ओर मनोगत भाष्य भी बनता है।

1. वरनवाल, वीरेन्द्र कुमार। हिन्द स्वराज : नव सभ्यता विमर्श। राजकमल, 2011, पृ. 289
2. वही। पृ. 289

प्रश्न तो केवल इतना ही है कि कौन सा मनोगत भाव लोकहितकारी मानवीय संपृक्त दृष्टि है।

"हम सभी के सेवक हैं" इस लेख में गांधी ने स्पष्ट शब्दों में कहा है। मैं अपने को जितना भी हिन्दू मानता हूँ उतना ही अपने को मुसलमान मानता हूँ और उतना ही अपने को ईसाई या पारसी मानता हूँ।[1]

गांधी के सर्वधर्मसमभाव की इससे सरल व्याख्या और कहीं नहीं मिल सकती है।

गांधी जब अफ्रीका से भारत लौटे तो अन्जुमन जियाउल इस्लाम बम्बई में भाषण देते हुए कहा कि जबसे मैं भारत लौटा हिन्दू-मुस्लिम एकता एवं तुर्की प्रश्न मेरे दिमाग में सर्वोपरि था। मैंने उसी वक्त प्रण किया था कि मैं दो उद्देश्यों के प्राप्ति के लिए अपना जीवन समर्पित कर दूँगा पहला हिन्दू और मुस्लिमों के बीच स्थायी एकता और दूसरा सत्याग्रह।[2]

गांधी के सामने चुनौतियाँ क्या थीं उसके बारे में भी वे स्पष्ट थे।

"मेरी प्रकृति में किसी को महज खुश करने के लिये अपने आत्म सम्मान को गिरवी रखकर बयान देना नहीं था। लेकिन दक्षिण अफ्रीका में बिताए हुए दिनों के अनुभव से मैं यह महसूस कर रहा था कि हिन्दू-मुस्लिम एकता के प्रश्न पर ही हमारी अहिंसा की नीति का इम्तहान होगा पर साथ ही यह परीक्षा हमारी अहिंसा की नीति को बहुत सारे पक्षों को उजागर कर देगी जो अभी तक सम्भव नहीं था। मैं प्रतिक्षण महसूस कर रहा हूँ कि ईश्वर हमसे परीक्षा ले रहा है।"[3]

'सर्वधर्मसमभाव' गांधी के लिए एक महज सान्दर्भिक प्रश्न नहीं था यह उनके जीवन का बुनियादी प्रश्न था जहाँ अहिंसा से लेकर सत्याग्रह की परीक्षा होनेवाली थी।

वस्तुतः 'सर्वधर्मसमभाव' ही 'सामाजिक अहिंसा' की सर्वोच्च स्थिति है। और गांधी का मानना था कि सत्याग्रह की क्षमता की भी जाँच हो जाएगी कि वह सर्वधर्मसमभाव की स्थिति तक जनभावना को ले चलने में समर्थ है या नहीं। गांधी इसी प्रयोग के दौरान ईसा की तरह बलि वेदी पर चढ़े। अगर आँकड़ों और तथ्यों की दृष्टि से भी देखें तो गांधी की मृत्यु ने पूरे देश को स्तब्ध कर दिया। साम्प्रदायिकता के नरमेध में लगे लोगों को किंकर्तव्यविमूढ़ बना दिया था उनके

1. महात्मा गांधी। दी व टू कम्युनल हारमनी। नवजीवन, पृ. 1, हरिजन मार्च 8, 1947, पृ. 59, फरवरी में रायपुरा में भाषण)
2. वही। पृ. 4
3. वही। पृ. 5

हाथों से उनके अस्त्र गिर पड़े थे। यह असाधारण घटना थी विश्व इतिहास में। गांधी के बलिदान ने एक उपमहादेश में पुनः शांति लौटा लायी थी। यह अनायास ही नहीं था कि नोआखाली में बैठे गांधी के बारे में गवर्नर जेनरल लॉर्ड माउण्टबेटेन टिप्पणी करते कि एक ओर पश्चिमी छोर में पंजाब में भारत की पूरी सेना लाव लश्कर लेकर भी हम शांति नहीं ला पा रहे हैं। दूसरे तरफ पूरब में बंगाल में गांधी अकेले खड़े हैं और शांति लौट रही है।

महात्मा ने यरवदा जेल से सन् 1930-32 के बीच में अपने आश्रमवासियों को कुछ पत्र लिखे थे उसका पहला संग्रह है 'मंगल प्रभात'। 'मंगल प्रभात' में दो लेखों के माध्यम से उन्होंने सर्वधर्मसमभाव की व्याख्या की है। यह संग्रह धर्मनीति नामक पुस्तक में मुद्रित है।

धर्मनीति नामक पुस्तक के प्राक्कथन में महात्मा ने कहा है कि "कोई आदमी धर्म विशेष को माने या न माने, पर वह नीति के नियमों का पालन न कर सके तो ऐसे आदमी के लिए इस लोक या परलोक में अपना या दूसरों का भला नहीं होने वाला है। जो लोग कुछ पंथ सम्प्रदायों में पाखण्ड का बोलबाला देखकर धर्ममात्र को नफरत की निगाह से देखते हैं ऐसे लोगों की शंकाओं का समाधान इस मण्डल का उद्देश्य है। इस मण्डल को चलानेवाले सभी धर्मों का सार निकालकर उसमें से केवल नीति के विषय पर चर्चा करते हैं। इस मत को वे नीतिधर्म या एथिकल रेलिजियन कहते हैं। सभी धर्मों के माननेवाले उसमें दाखिल हो सकते हैं। जो अपने धर्म का अधिक दृढ़ता से पालन करने लगे हैं और उसकी नीति के विषय में जो उपदेश दिये गए उस पर अधिक ध्यान देते हैं वही धार्मिक हैं।

पाठकों से मेरा अनुरोध है जो कोई भी नीतिवचन उन्हें सच्चा जान पड़े उसके अनुसार वे चलने का यत्न करें तो मैं अपने इस प्रयास को सफल मानूँगा।"[1]

सर्वधर्मसमभाव की पृष्ठभूमि धर्म के नीति पक्ष या नीति धर्म से बनती है और यहाँ व्यवस्थित धर्मों की सीमारेखा किसी को बाँधती नहीं है। उपरोक्त प्राक्कथन में गांधी ने 'सर्वधर्मसमभाव' की मूल संरचना में नीति धर्म को वरीयता दी है। यहीं पर धर्मों की तथाकथित सीमारेखा समाप्त हो जाती है। वस्तुतः सर्वधर्मसमभाव विभिन्न धर्मों से उत्पन्न नीति धर्म का ही संग्रह है। गांधी का मानना है धर्मों का आधार नीति ही होता है।

1. महात्मा ने धर्मनीति पुस्तक के प्राक्कथन में जिक्र किया है कि अमेरिका में एक ऐसा मण्डल बना है जो विभिन्न धर्मों के नीति सार को इकट्ठा कर जनसमक्ष रख रही है। यही प्रक्रिया सर्वधर्मसमभाव की है और इसके पश्चात धर्मों के झगड़े या धर्मों में पाखण्ड देखकर जो लोगों की विरक्ति है वह दूर हो जाएगी।

गांधी की दृष्टि में नीति के बिना धर्म टिक नहीं सकता। सच्ची नीति में धर्म का समावेश हो जाता है।

धर्म को ईश्वर सत्ता से जोड़ते हुए गांधी आगे कह रहे हैं-

"खुदा या ईश्वर सर्वशक्तिमान है, सम्पूर्ण है, उसके बड़प्पन, उसकी दया उसके न्याय की सीमा नहीं है। अगर ऐसी बात है तो हमलोग जो उसके बन्दे माने जाते हैं। नीति मार्ग को कैसे छोड़ सकते हैं।"

नीति को धर्म का मूल तत्व मानते हुए गांधी नीति और नैतिकता के आचरण को वरीयता देते हैं और कहते हैं कि नीतियाँ कोई आवश्यक नहीं कि केवल कुछ ही धर्मों में सिमटी हों, वे सभी धर्मों की रीढ़ हैं और धर्मेतर जिन्दगी की भी रीढ़ है, गांधी का सर्वधर्मसमभाव इसी मायने में सारसंग्रहवादी प्रक्रिया है जो एक सभ्य और आस्थावान समाज की नींव डालता है।

गांधी ने मंगल प्रभात के अन्तर्गत 23.9.30 के एक पत्र में 'सर्वधर्मसमभाव' की एक स्पष्ट रूपरेखा खींची।

"सब धर्म ईश्वरदत्त है, पर मनुष्य कल्पित होने के कारण मनुष्य द्वारा उनका प्रचार होने के कारण वे अपूर्ण हैं। ईश्वरदत्त धर्म अगम्य है। उसे भाषा में मनुष्य प्रकट करता है, उसका अर्थ मनुष्य लगाता है। कौन सा अर्थ माना जाय? सब अपनी-अपनी दृष्टि से, जब तक वह दृष्टि बनी है तब तक सच्चा या झूठा होना भी असम्भव नहीं है। इसीलिये हमें सभी धर्मों के प्रति समभाव रखना चाहिए। इसमें हममें अपने धर्म के प्रति उदासीनता नहीं आती है, बल्कि स्वधर्मविषयक प्रेम अंधा न रहकर ज्ञानमय हो जाता है। मन भी अधिक सात्विक और निर्मल बनता है। सब धर्मों के प्रति समभाव आने पर ही हमारे दिव्य चक्षु खुल सकते हैं।

धर्मांधता और दिव्यदर्शन में उत्तर दक्षिण में जितना अन्तर है। धर्मज्ञान होने पर अंतराल मिट जाते हैं और समभाव उत्पन्न हो जाता है।"[1]

समभाव के विकास से हम अपने धर्म को अधिक पहचान सकते हैं। यहाँ धर्म अधर्म का भेद नहीं मिटता यहाँ तो उन धर्मों की बात है जिन्हें हम निर्धारित धर्म के रूप में जानते हैं। इन सभी धर्मों के मूल सिद्धान्त एक है। सभी में सन्त स्त्री-पुरुष हो गए है जो आज भी मौजूद हैं। मनुष्य मात्र में दुष्ट और श्रेष्ठ के प्रति धर्मी और अधर्मी के प्रति समभाव की अपेक्षा है पर अधर्म के प्रति यह भाव कदापि नहीं है।

---

1. महात्मा ने धर्मनीति पुस्तक के प्राक्कथन में जिक्र किया है कि अमेरिका में एक ऐसा मण्डल बना है जो विभिन्न धर्मों के नीति सार को इकट्ठा कर जनसमक्ष रख रही है। यही प्रक्रिया सर्वधर्मसमभाव की है और इसके पश्चात धर्मों के झगड़े या धर्मों में पाखण्ड देखकर जो लोगों की विरक्ति है वह दूर हो जाएगी। पृ. 123

तब प्रश्न यह होता है कि बहुत से धर्मों की आवश्यकता क्या है? गांधी का उत्तर है कि हम जानते हैं धर्म अनेक हैं। आत्मा एक है पर मनुष्य देह अगणित है। धर्म का मूल एक है जैसे वृक्ष पर उसके असंख्य पत्ते।

गांधी और पोस्ट माडर्निस्म ?

गांधी के सर्वधर्मसमभाव को हमें नीति, एथिक्स की दुनिया से जोड़कर ही देखना चाहिए। मंगल प्रभात में ही एक दूसरे पत्र में उन्होने वर्णन किया है कि किस प्रकार से उनके आश्रम में चलने वाले राम धुन में पारसी रुस्तम सेठ के आराध्य देव होरमज्द और जोसेफ रोयेपन नाम के एक ईसाई का वैष्णवजन के साथ क्रिश्चियन जन जोड़ देने से एक अदभुत आध्यात्मिक एका बन जाती थी। वस्तुतः भिन्न धर्मों के कर्मकाण्ड, नीति और अध्यात्मगत अवधारणाएँ जितने स्पष्ट शब्दों में एक साथ पिरो पाते हैं सर्वधर्मसमभाव की उतनी ही मजबूत हो जाती है।

गांधी ने यह प्रयोग लगातार जारी रखा, दक्षिण अफ्रीका के फिनिक्स फार्म से लेकर नोआखाली के गाँवों तक उनका प्रयोग जारी रहा। गांधी की 'सत्य की यात्रा' में एक 'प्रयोग धर्मी उत्तरोत्तर विकास' को हम देख सकते हैं। लायड रुडोल्फ, सुसान रुडोल्फ ने 'पोस्टमाडर्न गांधी' में इस प्रयोगधर्मिता का आकलन 'पोस्टमाडर्निटी' के सन्दर्भ में रखकर बहुत सारे प्रश्न खड़े कर दिये हैं। दरअसल गांधी पर पोस्ट माडर्निस्म पूरे तरह से चस्पाँ नहीं किया जा सकता है। उसके दो मुख्य कारण हैं। गांधी के पास भविष्य यात्रा के लिए एक 'ग्रैंड नैरेटिव' है और यह है उनकी रामराज्य की कल्पना जिसकी तुलना किसी भी अन्य विचारधारा के ग्रैण्ड नैरेटिव से की जा सकती है। दूसरा, गांधी की यात्रा सांदर्भिक सत्य के लिए ही नहीं बल्कि पूरे जीवन में सतत सत्य के प्रयोग में लगी हुई थी। यही कारण है कि 40 के उत्तरार्ध में गांधी आंध्रप्रदेश के निरीश्वरवादी गोरा से भी सहमत होते हैं और गोरा से सहमति व्यक्त करते हुए गांधी ने कहा कि वे निरीश्वरवाद को भी सत्य का अंश मान लेने को तैयार हैं। ज्ञातव्य हो कि गांधी ने इसके पहले सत्य को ही ईश्वर माना था इसलिए उन्हें जहाँ तक सत्य की रोशनी दिखलाई पड़ती थी उसे मान लेने में उन्हें आपत्ति नहीं थी उनके लिए सत्य ही ईश्वर था।

दरअसल गांधी को गांधी दृष्टि से ही देखा जाना चाहिए। उनका आकलन द्वितीय महायुद्ध की विभीषिका के पश्चात थके-हारे निराश पश्चिम के पोस्ट माडर्निस्म से करना गांधी को अस्वीकार करना है। गांधी कहीं थके-हारे नहीं थे। गांधी पोस्टमाडर्निस्म में निहित फ्रैगमेन्ट (टुकड़ों) से समझौता नहीं कर सकते थे। कठिनाई, बेहद कठिनाई के क्षणों में भी वे अहिंसा से पलटकर नैराश्यभाव से हिंसा की ओर लौट नहीं गए थे।

वे थके-हारे नहीं थे। वे चुनौतियों का सामना कर रहे थे अपने भविष्य यात्रा के पड़ाव में। थका-हारा तो पश्चिम का राज्यतन्त्र, साम्राज्यवाद और पूँजीतन्त्र था, जो आज 2011 में पुन: हिचकियाँ लेकर रुक-रुक जा रहा है। वस्तुत: रुडोल्फ पश्चिमी दुनिया के अद्यतन विमर्श के सामने विवश है। भारत और गांधी पर जीवन भर अध्ययन के बाद उन्हें पश्चिमी खासतौर पर अमेरिकी विश्वविद्यालयों में पूरब के प्रश्नों को 'पोस्ट माडर्निटी' के शीशे से देखना उनकी अकादमिय बाध्यता है। पर उनकी बाध्यता हमारी बाध्यता नहीं है, पश्चिम में बहुत सारे विमर्शों से हम पूरी तरह से सहमत नहीं हो पाते हैं और तर्कातीत शैली में यदि हम उनके विमर्श को मान भी लें तो वह भी एक प्रकार बौद्धिक नवउपनिवेशवाद के सम्मुख आत्म समर्पण होगा। पोस्ट माडर्निस्म और पोस्टकोलोनियलिस्म दोनों विमर्शों में काफी बड़ी कमजोरियाँ है। 'पब्लिश आर पेरिश' का पागल दौड़ जो अमेरिकी विश्वविद्यालयों में व्याप्त है, यह दौड़ जिस तरह से पूरे अमेरिकी समाज में खासतौर पर आर्थिक जगत में जो पागल दौड़ चल रही है जिसका परिणाम वे भुगत रहे हैं उसी का विश्वविद्यालयी संस्करण है। हमें इस मायने में रुडोल्फ को याद दिला देना चाहिए कि अच्छा होगा गांधी का आकलन, गांधी के बनाए हुए बौद्धिक औजारों से करें तो हम गांधी के ज्यादा करीब से समझ पाएँगे।

सर्वधर्मसमभाव का ऐतिहासिक विकास

सत्य के निरन्तर पथिक गांधी कभी भी पिछे नहीं मुड़े, ज्यों-ज्यों उन्हें प्रकाश मिलता गया 'ज्योतिर्मय सद गमये' उस सत्य की ज्योति से सत्यपथ पर लगातार चलते रहे और पिछली मंजिलें पीछे छूटती रही इसीलिये गांधी का आंकलन कभी भी उनके एक वक्तव्य से नहीं करनी चाहिए क्योंकि हो सकता है कि उसके तत्काल वाद उस वक्तव्य में कुछ असत्य या कमी दिखलाई पड़े ऐसी हालत में वे तत्काल उस पर दूसरा वक्तव्य देकर प्रतिकार करते रहते हैं। गांधी किसी भी मायने में ठहरा हुआ पानी नहीं हैं।

गांधी ने अपने को सनातनी हिन्दू निम्नलिखित आधार पर कहा-

1. मैं वेद, उपनिषद, पुराण और वह सब कुछ जो पुराण के नाम पर जाना जाता है उस पर विश्वास करता हूँ।
2. मैं वर्णाश्रम धर्म में विश्वास करता हूँ लेकिन यह विश्वास वेदविहित वर्णाश्रमधर्म में है, आज जिस तरह का क्रियाकलाप वर्णाश्रम धर्म के नाम किया जाता है उस पर मेरा विश्वास नहीं है।
3. मैं गोरक्षा पर विश्वास करता हूँ पर यह विश्वास एक विस्तृत दायरे में है न कि जिस तरह से आज गोरक्षा पर क्रियाकलाप किये जा रहे हैं।
4. मेरा मूर्तिपूजा पर अविश्वास नहीं है।

पर इस वक्तव्य के तुरन्त बाद वे कहते हैं कि वे वेद को ईश्वरीय कृति नहीं मानते हैं। वे कहते हैं "मुझे बाईबिल, कुरान और जेंद अवेस्ता में भी उतना ही विश्वास है जितना कि वेदों पर है।" यही पर गांधी सनातनी हिन्दू नहीं 'सर्वधर्मसमभावी' हिन्दू बन जाते हैं। यदि सनातन संज्ञा को यदि अभी भी रखना है तो कहा जा सकता है कि गांधी 'नवसनातनी' हैं पारम्परिक संकीर्णमना सनातनी नहीं।

दूसरे ही क्षण उसी लेख में गांधी कहते हैं "मैं हिन्दू धर्म के ऐसे किसी भाष्य को स्वीकार करने को तैयार नहीं हूँ जो तर्क, युक्ति और नैतिकता की मान्यताओं के विरुद्ध जाता हो।"

इस प्रकार से वे सनातनी हिन्दू के सारे 'आस्थातन्त्र' को अस्वीकार करते हैं उनकी आस्था मूल रूप से नैतिकता और युक्ति पर टिकी हुई है।

नैतिकता और युक्ति दोनों धार्मिक शब्दावली से अलग हैं। नैतिकता को ही गांधी धर्म मानते हैं और वह भी ऐसी नैतिकता जो बेसिर पैर न हो बल्कि युक्तिपूर्ण हो।

"इस प्रकार हमने देख लिया कि सच्ची नीति का सच्चे धर्म में समावेश होना चाहिए। यानि नीति का आचरण धर्म रूप में करना चाहिए। फिर हम यह भी देखते हैं कि दुनिया के बड़े धर्मों में जो नीति के नियम बताए गये हैं वे अधिकांश एक ही है और उन धर्मों के प्रचारकों ने यह भी कहा है कि धर्म की असली बुनियाद 'नीति' है। ग्रंथकार यह भी बतलाता है कि धर्म और नीति को एक कहने में अड़चन नहीं है। डाक्टर क्लाइट इबादत में यह कहता है- "या खुदा, नीति के सिवा मुझे दूसरा खुदा नहीं चाहिए।

(मो.क. गांधी धर्मनीति नवजीवन पृ.33-34)

गांधी नीति को मूलाधार बनाते हैं वे शंकराचार्यों और शास्त्रियों की व्याख्याओं से भी असहमत हैं। वे कहते हैं कि जो अहिंसा, सत्य और ब्रह्मचर्य (संयम) से आबद्ध नहीं हैं वह शास्त्रों का ज्ञाता हो ही नहीं सकता।

गांधी का सनातनी रूप इन वक्तव्यों के फलस्वरूप बिलकुल बदल जाता है। उपरोक्त वक्तव्यों को 1921 में दिया गया था।[1] पर 1921 से महज 1924 तक की यात्रा में ही महात्मा के विचार सत्य की खोज में और भी परिष्कृत होते जाते हैं। गांधी ने अप्रैल 24, 1924 में यंग इण्डिया में लिखा "अगर मुझसे कोई हिन्दू धर्म को परिभाषित करने के लिए कहे तो मैं कहूँगा हिन्दू धर्म का अर्थ है अहिंसा के माध्यम से सत्य की खोज। एक व्यक्ति यदि भगवान पर विश्वास न भी करे (लेकिन उपरोक्त

---

1. गांधी, एम. के.। दी एसेंस आफ हिन्दुइस्म। अहमदाबाद, नवजीवन, 2007, पृ. 31

पथ पर अडिग हो) तो उसे भी अपने को हिन्दू कहने का अधिकार है, हिन्दू होने का मतलब है सत्य का लगातार अनुधावन करना।"[1]

अपने सचिव प्यारेलाल को एक पत्र (जो हरिजन में 8.12.46 में छपा) में गांधी ने कहा कि-

"हिन्दू धर्म के दो पहलू हैं एक ऐतिहासिक हिन्दू धर्म है जो अस्पृश्यता, अंधविश्वास, पत्थर-पूजा, पशुबलि को मानता है। दूसरा हिन्दू धर्म गीता, उपनिषद और पातंजलि के योगसूत्र से परिभाषित होता है। ये सभी, हिन्दू धर्म के मूल को अहिंसा में पाते हैं। अहिंसा तथा सभी जीवों में समानता, शुद्ध मन से साधना, निर्गुण में आस्था अर्पित करना ही हिन्दू होना है। अहिंसा मेरे विचार से धर्म की पराकाष्ठा है।"[2]

1926 से 1946-1947 तक गांधी की विचारयात्रा बहुत सारे पड़ाव को पार कर आगे बढ़ गई है। इसी सन्दर्भ में 1947 में गांधी एक प्रार्थना सभा में कहते हैं।

"वे हिन्दू धर्म की कोई अवमानना नहीं करते हुए व्यक्त करते हैं कि इस्लाम के अच्छे विचार ईसाई धर्म, यहूदी धर्म और जोरोस्थ्रियन के अच्छे विचारों के प्रति उनकी समान सम्मान और श्रद्धा है। उन्होंने तुलसीदास के एक दोहे को इस प्रार्थना सभा में दोहराया और कहा कि यही दोहा हिन्दू धर्म को परिभाषित करता है।

दया धरम को मूल है पाप मूल अभिमान।
तुलसी दया ना छाँड़िये जब लग घट में प्रान।।

गांधी ने अहिंसा और करुणा को धर्म का सार बताया है। स्वाभाविक रूप से 1921 में गांधी के सनातनी हिन्दू धर्म के सारतत्व के वर्णन की अपेक्षा 1947 का वक्तव्य कहीं अधिक सार्वदेशिक और सभी धर्मावलम्बियों के लिए स्वीकार्य बन जाता है। वस्तुत: सन् 47 में इस प्रार्थना सभा में महात्मा का भाषण यह बोध कराता है कि 'सर्वधर्मसमभाव' ही उनका धर्म है।[3]

इसी तरह से गांधी अपने रामराज की व्याख्या 1947 में करते हुए कहते हैं कि उनका रामराज धर्म आधारित है पुन: वह धर्म की व्याख्या करते हैं।

धर्म के तौर पर हिन्दूमत, इस्लाम, ईसाई मत गिने जाते हैं, पर वास्तविक धर्म इन मतों से उच्चतर स्थिति में हैं (मेरी व्याख्या में धर्म प्रचलित हिन्दू, इस्लाम, ईसाई

1. गांधी, एम. के.। दी एसेंस आफ हिन्दुइस्म। अहमदाबाद, नवजीवन, 2007, पृ. 3
2. वही। पृ. 4
3. वही। पृ. 9

मतों से कहीं सर्वोच्च स्थिति है जिस धर्म की गांधी कल्पना करते थे वह धर्म इन्क्लुसिव था)।[1]

गांधी एक धर्मेतर मानवतावादी के रूप में सन् 47 तक एक निहायत ही प्रौढ़ दृष्टि का परिचय देते हैं। ये वक्तव्य सन् 21 के गांधी के सनातन धर्म की व्याख्या को पूरे तरह से अतिक्रमित कर जाता है। इसीलिए इस दौर में गांधी कहते हैं।

मैं इस्लाम को निश्चय ही एक ईश्वर प्रणीत धर्म मानता हूँ और इसलिए कुरान शरीफ को भी ईश्वर प्रणीत मानता हूँ तथा मुहम्मद साहब को पैगम्बर मानता हूँ। मैं हिन्दू धर्म, ईसाई धर्म, पारसी धर्म आदि के बारे में भी ऐसा ही मानता हूँ। सभी धर्मों का यथासम्भव अध्ययन करने के बाद मैं इस निर्णय पर पहुँचा हूँ कि यदि सभी धर्मों का एकीकरण करना उचित और आवश्यक हो तो उन सबकी एक गुरुकिल्ली (मास्टर कुंजी) होनी चाहिए और यह कुंजी सत्य और अहिंसा है। इस कुंजी से जब मैं किसी धर्म की पेटी खोलता हूँ तो मुझे अन्य धर्मों से ऐक्य साधने में जरा भी मुश्किल नहीं होती है।[2]

गांधी तत्वतः अहिंसा और सत्य को ही धर्म का सारतत्व मानते हैं।

इस तरह की धारणा गांधी में सन् 28 से ही उभरना शुरू हो जाती है। यंग इण्डिया के 8.3.28 को प्रकाशित नोट्स में गांधी योगवाशिष्ठ उद्धृत करते हुए करते हैं "शास्त्र मनुष्य द्वारा निर्मित ग्रन्थ हैं और उन्हें तभी स्वीकार किया जाना चाहिए जब वे आपके तर्क या विवेक बुद्धि को प्रभावित करें। यदि तर्कसंगत नहीं तो उन शास्त्रोक्त कथनों को अस्वीकार कर देना चाहिये। हमें न्याय और केवल न्याय दृष्टि से परिचालित होना चाहिए। अगर एक शिशु भी तर्कयुक्त कथन हमारे सम्मुख रखता है तो उसे स्वीकार कर लेना चाहिए। उसके विपरीत यदि ब्रह्मा के मुख से ऐसा कोई वचन निकले जो तर्कयुक्त न हो तो उसे तत्काल अस्वीकार कर देना चाहिए।"

समयश्चापि साधूनां प्रमाणं वेदवद् भवेत।
योगवाशिष्ठ (न्याय प्रकरणम्)

भलाई के लिए उठाए गए कदम जो अच्छे व्यक्तियों द्वारा उठाए जाते हैं, वे वेद वाक्य के बराबर हैं।[3]

---

1. मजुमदार, उमा। गांधीज पिलग्रिमेज आफ फेथ, स्टेट युनिवर्सिटी आफ न्यू यार्क प्रेस, न्यूयार्क, 2005, पृ. 211
2. गांधी, महात्मा। धर्म तलवार है। कुमार प्रशांत संग्रहित। वाराणसी, सर्व सेवा संघ, 2008, पृ. 11
3. वही। पृ. 118

यंग इण्डिया में योगवाशिष्ठ और माधव स्मृति (माधवीय व्याख्या) की विशद व्याख्या कर महात्मा ने अपने 1921 के सनातनी हिन्दू व्याख्या को कहीं पीछे छोड़ दिया है और काफी हद तक उसे अस्वीकार भी कर दिया है। पुरानी व्याख्याएँ लगभग अस्वीकृत हो गयी हैं। 1928 से 1947 तक गांधी लगातार सत्य के अनुसन्धान में लगे रहते हैं और उत्तरोत्तर उनकी विश्वदृष्टि स्पष्टत: सत्य, अहिंसा, न्याय और सर्वधर्मसमभाव के ऊपर टिकने लगती है। यह उनकी क्रमश: विकसित होती हुई विश्वदृष्टि का परिचायक है।

यंग इण्डिया में 29.9.27 में निम्नलिखित वार्तालाप गांधी और एक शास्त्रज्ञ पण्डित के बीच-

पण्डित : कलियुग में हम क्यों न पराशरस्मृति को दैवी और अकाट्य मार्गदर्शक मान लें।

गांधी : मैं किसी आदेश को नहीं मानता हूँ और कोई भी शास्त्र अकाट्य नहीं है।

पण्डित : तो आप स्मृति के एक हिस्से को दैवी और अकाट्य सत्य मानते हैं पर दूसरे हिस्से को अस्वीकार करते हैं।

गांधी : मैं या तो पूरे का आदर करता हूँ तो ऐसी दशा में उसके हिस्से को भी मानता हूँ।

पण्डित : तो आप जिसको उचित और उपयुक्त मानेंगे उसे ग्रहण कर लेंगे और बाकी को अस्वीकृत कर देंगे।

गांधी : यह अच्छा प्रश्न है। हिन्दू धर्म कोई कोडिफाइड धर्म नहीं है। मेरी दृष्टि में जो हिन्दू धर्म का सारतत्व है उससे मैं आपको परिचित कराऊँगा। जब मुझे यह जानना होता है कि क्या शुभ है और क्या अशुभ, क्या अच्छा, क्या खराब है। तो मैं किसी विशेष पुस्तक का सहारा नहीं लेता हूँ। हिन्दू मत में एक महत्वपूर्ण सूत्र है कि जो 'सत्य' को बोधित करे उसे धर्म की मान्यता दे दी जाय।[1]

1927-28 तक गांधी धर्म की व्याख्या को तभी सम्पूर्ण मानते थे जब गीता जैसे बीज ग्रन्थ का पारायण एक ऐसे व्यक्ति द्वारा किया गया हो जिसकी मन:स्थिति अहिंसा, सत्य, ब्रह्मचर्य, अपरिग्रह और अस्तेय से संचालित हो।[2] पर

---

1. गांधी, महात्मा। धर्म तलवार है। कुमार प्रशांत संग्रहित। वाराणसी, सर्व सेवा संघ, 2008, पृ. 118
2. वही। पृ. 124

1934 जिस वर्ष उन्होंने कांग्रेस से संन्यास लिया, उस वर्ष से उन्होंने धर्म और धर्म के मूलतत्व को समझने के लिए केवल दो गुणों से विभूषित होना आवश्यक माना और ये दो गुण या पूर्व आवश्यकताएँ थीं धर्म के सारतत्व की गहराई में जाने के लिए। धर्म ज्ञान की कुंजी केवल 'सत्य' और 'अहिंसा' ही है। यही गांधी दृष्टि थी।

स्पष्ट है कि सन् 34 से 47 के बीच गांधी दृष्टि स्पष्ट तौर पर प्रौढ़ और बदलती हुई नजर आती है। गांधी ही ऐसा साहस बटोर सकते थे अपने को एक धर्मनिष्ठ हिन्दू का दावा करते हुए कहें कि उनका गीता का भाष्य एक जीवित आध्यात्मिक दृष्टि से दिया गया है। मृत दृष्टि से नहीं। उन्होने भाष्य के बदलते आयाम की भी चर्चा की और कहा कि उनके (हिन्दुओं) के पुरखे पशुओं के बलि के माध्यम से नाराज देवता को प्रसन्न रखने की कोशिश करते थे। बाद में उन्होंने ही उसी प्रथा का नया भाष्य बनाया कि अब पशुओं को देवता के सम्मुख बलि की जगह अपने व्यक्तित्व में पशुत्व को समाप्त करना कर्तव्य है। कल तक की 'बलि' बदल गयी मनुष्य के व्यक्तित्व में दैवी पक्ष को उभारने में और पशुत्व तथा दानवी पक्ष की तजने में।

गांधी का ही साहस था कि वे गीता को 'अहिंसा के शास्त्र'' में बदल सकते थे। गांधी के एक प्रशंसक ब्रिटिश शांति आंदोलन के भाष्यकार केवन शेपर्ड ने गांधी के भाष्यों पर आपत्ति दर्ज की थी, पर गांधी ने कहा कि जबकि यह सच है कि गीता न ही अहिंसा और न ही हिंसा का पाठ्य है और यह भी सत्य है कि गांधी जिस प्रकार से हिंसा की खिलाफत करते हैं उसे समसामयिक हिन्दू मत समर्थन नहीं करती है पर इस प्रश्न पर गांधी ने अपनी दलील रखी कि हिन्दू मत में कोई अन्तिम या एकमात्र भाष्य और पुस्तक जैसे कि बाइबिल या कुरान नहीं है और हिन्दू धर्म क्रमशः परिवर्द्धित होनेवाला धर्म है इसलिए उन्होंने पूरे आध्यात्मिक वाङ्गमय का अध्ययन करने के बाद गीता का भाष्य अहिंसा के पक्ष में किया है। गांधी कहते हैं कि भाष्य के लिए तर्कशास्त्र और प्राकृतिक दृष्टि का होना आवश्यक है।[1]

यह गांधी की विद्रोही, साहसी और आधुनिक दृष्टि ही है कि वे धर्मों का भाष्य एक युग की आवश्यकता और शुभ और बेहतरी के लिए करते हैं। गांधी की विश्वदृष्टि भी लगातार वर्धित होती रहती है-उनकी दृष्टि ''ठहरे हुए पानी'' की तरह कतई नहीं है। धर्म के रूढ़िवादी भाष्यकार ठहरे हुए गंदे पानी में ही गोता

---

1. गांधी, महात्मा। धर्म तलवार है। कुमार प्रशांत संग्रहित। वाराणसी, सर्व सेवा संघ, 2008, पृ. 129

लगाते रहते हैं, गांधी नित्य नूतन भागीरथ में स्नान करते हैं-युग की ऐतिहासिक आवश्यकता के अनुसार अपने कदम बढ़ाते हैं इसी को गांधी धर्म मानते हैं। स्वाभाविक है कि इतिहास की अग्रगामी गति झूठ के अम्बार और हत्याओं के बर्बर नाटक से पूरी नहीं हो सकती है। गांधी का धर्म इसीलिए सन् 36-37 आते-आते अपने आसपास जमी परत-दर-परत काई को हटाकर अहिंसा और सत्य की यात्रा का अनुसरण करने लगती है। अन्तिम दौर में गांधी का धर्म सारतत्व में अहिंसा और सत्य ही ठहरता है। और यही दृष्टि गांधी को 'सर्वधर्मसमभाव' का सबसे महत्वपूर्ण तीर्थ यात्री बना देता है।

□□□